«ECLECTICA»

20ste Jaargang - Nr. 84-85
Reeks monografieën uitgegeven door de
ECONOMISCHE HOGESCHOOL SINT-ALOYSIUS
Brussel

84-85

SCHMITTIANA - III

herausgegeben von

Prof. Dr. Piet Tommissen

1991

SCHMITTIANA — III

Verantwoordelijke uitgever :
K. DE ROOMS
V.Z.W. Economische Hogeschool Sint-Aloysius
Stormstraat 2 - 1000 Brussel

Vertrieb außerhalb
Belgien, Holland und Luxemburg
durch VCH Verlagsgesellschaft mbH,
Postfach 101161, D-6940 Weinheim

ISBN : 3-527-17728-0

Inhaltsverzeichnis

Die in diesem Band veröffentlichten Beiträge bringen nur die Meinung des jeweiligen Verfassers zum Ausdruck.

Zum Geleit

Als ich « Schmittiana II » zusammenzustellen begann, stellte sich alsbald heraus, daß ich über zu viel Material verfügte. Deshalb mußten die Beiträge und Unterlagen auf zwei Bände verteilt werden, die in einem Abstand von etwa sechs Monaten erscheinen sollten. Ein Doppelband der Schriftenreihe « Eclectica » darf normalerweise jedoch höchstens 130 Seiten umfassen, während für « Schmittiana II » und « Schmittiana III » 164, bzw. 181 Seiten unumgänglich waren. Daß auch dieses zweite Hindernis überwunden werden konnte, ist Herrn Diplomwirt Paul Minten zu verdanken ; als zuständiger Mitarbeiter der Hochschule für die administrativen Aspekte ihrer Veröffentlichungen hat er ausnahmsweise die Überschreitung der Seitenzahl großzügig gebilligt.

Wie seine Vorgänger enthält « Schmittiana III » wenig oder gar nicht bekannte Texte und Briefe, die wieder – soweit möglich – um erläuternde Anmerkungen ergänzt worden sind. Denn mich dünkt, daß die C.S.-Forschung im gegenwärtigen Stadium bio-bibliographische Auskünfte dringender benötigt als weitere Deutungsversuche.

Herr Kollege Helmut Quaritsch, Speyer, hat mein Vorhaben abermals unterstützt, wofür ich ihm aufrichtig danke. Sein Assistent, Herr Assessor Thomas Menk, mag. rer. publ., ermittelte für mich Details, die in meinem Land unaufklärbar waren. Er hat obendrein Korrektur gelesen, so daß ich ihm für diese doppelte Hilfeleistung aufs herzlichste Dank sage. Auch Frau Gabriele Dennhardt, die Sekretärin von Professor Quaritsch, hat sich für « Schmittiana III » eingesetzt und verdient deswegen ein Wort des Dankes.

Ohne die C. S.-Inedita wäre der Band weniger gehaltvoll geworden. Für die Abdruckgenehmigung verdient Herr Kollege J.H. Kaiser, Freiburg, nicht nur meinen Dank, sondern auch den Dank aller Leser von « Schmittiana III ». Aus diesem und noch aus anderen Gründen sei ihm dieser Band zugeeignet.

Piet Tommissen

ANSCHRIFTEN DER MITARBEITER

1. Dr. William GUEYDAN DE ROUSSEL, C.C. 21, El Bolson 8430 (Argentinien)
2. Minister a.D. Prof. em. Dr. Hendrik FAYAT, Kruisdagenlaan 87, B-1200/Brussel (Belgien)
3. Herr Günter MASCHKE, Rödelheimer Landstraße 174, D-6000/Frankfurt a.M. 90 (Deutschland)
4. Dr. med. Veronica RUNTE-SCHRANZ, Maikottenhöhe 25, D-4400/Münster (Deutschland)
5. Prof. Dr. Piet TOMMISSEN, Reinaertlaan 5, B-1850/Grimbergen (Belgien)

CARL SCHMITT

Die Ära der integralen Politik
(Aus dem Italienischen übersetzt von Günter Maschke)

Der nachstehende Text erschien zuerst unter dem Titel « L'era della politica integrale » in : *Lo Stato. Rivista di Scienze politiche, giuridiche ed economiche,* April 1936, S. 191-196. Es handelt sich dabei um die Zusammenfassung eines Vortrags, den C.S. April 1936 im 'Istituto italiano di studi germanici' hielt und den er, laut Einladungskarte (vgl. unten), mit « Die heutigen Theorien des Politischen » betitelte. Trotz dieses Titels

ISTITUTO ITALIANO DI STUDI GERMANICI

GIOVEDI, 16 APRILE, ALLE ORE 17, NELLA SEDE DELL'ISTITUTO (VILLA SCIARRA-WURTS SUL GIANICOLO), IL PROFESSORE

CARL SCHMITT

DELL'UNIVERSITÀ DI BERLINO, TERRÀ UNA CONFERENZA SULL'ARGOMENTO :

DIE HEUTIGEN THEORIEN DES POLITISCHEN

LA S.V. È INVITATA A INTERVENIRE.

IL DIRETTORE **G. GABETTI**	IL PRESIDENTE **G. GENTILE**

könnte C.S. seinen Vortrag in italienischer Sprache gehalten haben (eine deutsche Fassung ist bis jetzt noch nicht gefunden worden). Karl LÖWITH schildert in seinem Buch *Mein Leben in Deutschland vor und nach 1933,* Stuttgart 1986, S. 86-87, diesen Vortrag von C.S.

Die Redaktion von *Lo Stato* irrte sich in ihrer Nachbemerkung, als sie behauptete, der Vortrag hätte im Goethe-Haus in Rom stattgefunden. Die Nachbemerkung (S. 196-197) lautet:

« Wir veröffentlichen die Zusammenfassung der Rede, die Prof. Carl Schmitt, Staatsrat und Professor der Universität Berlin, am 16. April d.J. im Goethe-Haus in Rom hielt und die er für unsere Redaktion zum Diktat gab.

Jeder Kommentar unsererseits ist überflüssig, da gerade wir vor geraumer Zeit bekräftigt haben, daß die Politik von den nationalen Revolution aufgerufen ist, in der geistigen Ordnung die Führungsaufgabe zu übernehmen, dabei sukzessive die Theologie und die Philosophie ablösend.

Wir möchten nur bemerken, daß es für die Würde unserer Revolution und für ihren endgültigen Sieg unabdingbar ist, die Arbeit des wissenschaftlichen Wiederaufbaus zu intensivieren. Wenn der Nationalsozialismus die Abstraktion und die entfesselte Suche nach Abstraktionen bekämpft, die den größten deutschen Denkern so teuer waren, so muß der Faschismus, aus dem Stamm der italischen Rasse hervorgegangen und wesenhaft realistisch, eines guten Tages die Nebel auflösen, die sich zwischen uns gebildet haben, diese Illusionen ohne Glauben, die schlicht durch geistige Trägheit sowie durch die Gewohnheit entstanden, das Ausland nachzuahmen. »

Diese Nachbemerkung stammt vermutlich von Carlo COSTAMAGNA, dem Herausgeber von *Lo Stato* und Verfechter einer etatistischen Linie im Faschismus. COSTAMAGNA, der C.S. des öfteren in seiner Zeitschrift vorstellte und sogar mit ihm ein Deutsch-Italienisches Völkerrechtsinstitut gründen wollte (so C.S. mehrfach in Gesprächen mit mir in den Jahren 1981/82; Belege dafür finden sich auch in der SD-Akte C.S.s), schrieb u.a.: *Elementi di Diritto pubblico fascista,* Turin 1934; *Dottrina del Fascismo,* Turin 1938 (deutsch u.d.T. *Faschismus. Entwicklung und Lehre,* Berlin/Wien 1939); *Elementi di Diritto pubblico generale,* Turin 1943. Besonders das letzte Werk enthält zahlreiche Hinweise, Bezugnahmen, Kommentare, usw. zu C.S. – Zu COSTAMAGNA, vgl. Gennaro MALGIERI, *Carlo Costamagna – Della caduta dell'« ideale moderno » alla « nuova scienza » dello Stato,* Vibo Valentia: Settecolori, 1981. Die von Alessandro CAMPI veröffentlichte Sammlung der in *Lo Stato* erschienenen Aufsätze C.S.s *(Scritti politico-giuridici (1933-1942) – Antologia da « Lo Stato »,* a cura di Alessandro Campi, Perugia: Bacco & Arianna, 1983) ist leider nicht vollständig und enthält auch vorl. Text nicht.

Sämtliche Fußnoten sind von mir angefertigt worden und mit (G.M.) gekennzeichnet.

Günter Maschke

*
**

– Das Charakteristische an der gegenwärtigen wissenschaftlichen Ausrichtung des Rechts, der Staatslehre und der Politik in Deutschland ist der Kampf gegen die Allgemeinbegriffe (1).

– Ein liberales Jahrhundert hatte für die gesamte moralische Welt ein vollständiges System von « Allgemeinbegriffen » ausgearbeitet und damit jede soziale und geistige Wirklichkeit entstellt. Die philosophische und abstrakte Tendenz jenes Jahrhunderts hatte die Entwicklung der « allgemeinen Teile » in der Rechtswissenschaft gefördert. Auf diese Weise entstanden der « allgemeine Teil » des Zivilrechts, des Strafrechts, des Verwaltungsrechts, usw. Und vor allem entstand die « Allgemeine Staatslehre ». Die kritischen und polemischen politischen Begriffe des Individualismus erhielten so, mittels der Methode der Generalisierung, eine ihnen eigene, von der Zeit unabhängige Gültigkeit und eine wissenschaftliche Form, die scheinbar apolitisch und agnostisch war.

– Heute sind wir imstande, die wirkliche Bedeutung dieser begrifflichen Deformation zu durchschauen, und wir erkennen, daß es – auch wenn es für die politische Situation des 19. Jahrhunderts gültig war – heute absurd und gefährlich wäre, maßte man sich an, die Generalisierungen der Vergangenheit zu benutzen, um ihnen die Ordnungen und Begriffe eines neuen Typus Staat zu subsumieren, der aus den im Gange befindlichen, nationalen Revolutionen hervorbricht.

– Der Aufgang einer auf integrale Weise politischen Ära der Zivilisation wie jener, in der wir leben, zeigt sich gerade an der Tatsache, daß die falschen Abstraktionen der moralischen Wissenschaften, treten sie wieder in den Umkreis des Rechts, der Moral und der Ökonomie, der Prüfung durch ein politisches Kriterium unterworfen werden. Die Logik dieser rekonstruktiven Wissenschaft liegt darin, daß jede wissenschaftliche Definition in sich selbst einen konkreten politischen Standpunkt enthält. Auch der Beschluß darüber, was politisch und was nicht politisch ist, hat einen politischen Charakter, und die Entscheidung über die « Politizität » einer Frage ist stets Politik, auch wenn diese in einem negativen Sinne formuliert wird. Das Sich-zurückziehen in die Apolitizität kann die tückischste und gefährlichste Äußerung einer politischen Tätigkeit der Opposition sein. Gegenüber der Totalität (2) einer großen politischen Umwälzung gibt es in der Tat keine Neutralität, die dazu berechtigte, sich der Pflicht zur Mitarbeit zu entziehen.

– Der Begriff der Politik von ARISTOTELES war wesentlich vom Blickwinkel der Innenpolitik bestimmt. Im 18. Jahrhundert wurde die Politik hauptsächlich als Außenpolitik aufgefaßt, während für die Innenpolitik, aus derselben griechischen Etymologie von « politeia », der Ausdruck

Polizei entstand. Der liberal-demokratische Staat des 19. Jahrhunderts konzipierte die Politik auf besondere Weise als Innenpolitik, nämlich als Politik der Parteien. Mit dem Ende des liberalen Zyklus und dem Beginn der neuen Ära einer integralen Politik erweisen sich die theoretischen Vorstellungen, die bisher die Struktur der Politik fast beherrschten, als unzureichend ; es erhebt sich die Notwendigkeit, neue Begriffe zu finden. Tatsächlich ist nicht anzunehmen, daß man, gleichsam durch eine ewige Pendelbewegung, zur Außenpolitik im Stile des 18. Jahrhunderts zurückkehren kann ; auch der Begriff der Außenpolitik erhält in der Epoche der integralen Politik eine neue Tiefe und eine totale Bedeutung. Heute gibt es, wir wiederholen es, kein einziges Problem, welcher Art auch immer, das nicht potentiell politisch wäre.

– Es ist bekannt, daß BISMARCK die Politik die Kunst des Möglichen nannte. In seiner Situation und in seiner Epoche war dies auch völlig zutreffend. Man hat einmal die gegenwärtige hohe Politik als die Kunst, das Unmögliche möglich zu machen (3), bezeichnet ; diese Definition ist vielleicht allzu dialektisch. Der gegenwärtige Begriff der Politik hat seine charakteristische Totalität durch die Tatsache offenbart, daß der Krieg selbst total geworden ist. Das ist eine gegebene Größe, von der die Analyse der Probleme der inneren wie der äußeren Politik auszugehen hat. Mit dem totalen Krieg hat sich in der Tat die essentielle Notwendigkeit der vollständigen, inneren Einheit jeder kriegführenden Macht erwiesen und, dementsprechend nach außen, die Totalität der Feindschaft (4). Der Staat, der zu solcher inneren Totalität nicht fähig ist, kann heute nicht mehr Protagonist großer politischer Kämpfe sein (5). Man muß dafürhalten, daß in der gegenwärtigen Epoche, die auf besondere Weise politisch bestimmt ist, das entscheidende Kriterium der inneren und der äußeren Politik auf der Unterscheidung von Freund und Feind beruht.

– Wie schon oft und aus gutem Grund gesagt wurde, sind die europäischen Nationen 1914 « in den Krieg hineingeglitten » (6). Ohne Zweifel geschah solches auch andere Male in der Geschichte, doch bestand die Singularität des Weltkrieges darin, daß die Staaten – gerade durch die Auffassungen des 18. und 19. Jahrhunderts – denen die Idee der politischen Totalität vollständig fremd war – in einen totalen Konflikt hineingerissen wurden, ohne daß eine wirkliche Feindschaft existiert hätte, die seiner Heftigkeit adäquat war, d.h. ohne daß die Bedingungen einer totalen Feindschaft zwischen den europäischen Völkern bestanden hätten.

– Die Konsequenz war, daß man durch einen gleichfalls inadäquaten Vertrag und durch die Bildung eines Völkerbundes, beruhend auf völlig abstrakten Allgemeinbegriffen, zu keinem wirklichen Frieden gelangte.

– Die Versuche, eine kollektive Sicherheit auf der universalen Ebene des Bundes zu organisieren, hatten den Fehler, die einfache und fundamentale politische Frage zu umgehen: Freund oder Feind? Vielmehr wird, seitdem das System des gegenseitigen Beistands aufgerichtet ist, jeder Staat, der nicht Partei ist, gleichzeitig potentiell als Angreifer gedacht, d.h. als Feind, wie als Angegriffener, d.h. als Freund (7). Die geistige Absurdität eines solchen Systems ist offenkundig; sie kann nur überwunden werden, wenn in aller Klarheit die Frage gestellt wird, ob heute eine europäische Nation wirklich auf totale Weise die Feindin einer anderen sein kann.

– Bis jetzt haben zwei europäische Nationen, Deutschland und Italien, die der heutigen Wirklichkeit adäquaten Formen der politischen Einheit gefunden. Dem komplexen Problem Europas stellen sich deshalb diese beiden Nationen mit größerer Bewußtheit als jene, die, in einer abgeschlossenen, überwundenen Begriffswelt verharrend, sich einbilden, das 19. Jahrhundert müsse ewig dauern. Die politische Klarheit des italienischen Geistes hat sich auch in dieser neuen politischen Situation offenbart.

– Im 16. Jahrhundert hat MACHIAVELLI mit unfehlbarer Objektivität die entscheidende politische Gestalt seiner Epoche erfaßt, die des Principe Nuovo. Die dem Unglück seiner Zeit und seines Vaterlandes sich verdankende Idee des Stato Moderno, seinem klaren Bewußtsein entstammend, wurde nicht in Italien verwirklicht, sondern bei anderen Nationen. Heute ist die faschistische Bewegung von dieser Idee durchdrungen und sie ist dabei, mit der gleichen Klarheit, zugleich aber mit einer unvergleichlich größeren politischen Macht, den Stato Nuovo zu schaffen. Die deutsche Nation will ihr analoges Problem auf eigene, aber übereinstimmende Weise lösen. Es ist dieselbe Linie, historisch und geistig, die von der Konzeption des Principe Nuovo zur Wirklichkeit des Stato Nuovo führt. Und schließlich drängen sich Vorzeichen auf, daß sich diese große Linie, durch die Zusammenarbeit der italienischen und der deutschen Nation, auf ein Europa Nuova erstrecken kann.

---

(1) (G.M.) Zur Gefährlichkeit abstrakter Allgemeinbegriffe im Staats- und Völkerrecht vgl. von C.S. etwa: « Nationalsozialistisches Rechtsdenken », in *Deutsches Recht,* 25.5.1934, S. 225-29, bes.S.225 f.; « Paktsysteme als Kriegsrüstung – Eine völkerrechtliche Betrachtung », in: *Münchner Neueste Nachrichten*, 31.3.1935; « Die geschichtliche Lage der deutschen Rechtswissenschaft », in: *DJZ,* 1936, H.l, Sp. 15-21, bes. Sp. 20.

(2) (G.M.) Im italienischen Text « totalitarietà », später « guerra totalitaria », « totalitariamente », usw. Wir benutzen hier stets das für C.S. typische « total », zumal er seinen « totalen Staat » auch auf MUSSOLINIs « stato totalitario » zurückführte; vgl. etwa: C.S., *Positionen und Begriffe,* Berlin, ^{2}1989, S.186, S.235. – Zur Geschichte und Bedeutungsvielfalt von « total » und « totalitär », vgl. M. JÄNICKE, *Totalitäre Herrschaft. Anatomie eines politischen Begriffes*, Berlin 1971, S. 20 ff. u. passim; auch Cl. POLIN, *Le totalitarisme*, Paris 1982, S. S.-5-12 (« Le Mot »).

(3) (G.M.) Dieses Aperçu stammt von GOEBBELS.

(4) (G.M.) Vgl. etwa die Aufsätze C.S.s: « Totaler Feind, totaler Krieg, totaler Staat » (1937) und « Über das Verhältnis der Begriffe Krieg und Feind », in: C.S., *Positionen und Begriffe* (FN 2), S. 235 ff. und S. 244 ff.

(5) (G.M.) Vgl. besonders C.S., « Die siebente Wandlung des Genfer Völkerbundes », in : *Positionen und Begriffe* (FN 2), S.210 ff. ; die Anspielung auf den Abessinien-Krieg ist deutlich.

(6) (G.M.) Vgl. C.S., « Über das Verhältnis der Begriffe Krieg und Feind, » in : *Positionen und Begriffe* (FN 2), S.244. (Nachdruck in : C.S., *Der Begriff des Politischen,* Berlin 1963, S.102 ff.).

(7) (G.M.) Dies eine Folgerung, die C.S. implizit oder explizit in seiner ausgedehnten Kritik am Genfer System übt, vgl. die betr. Aufsätze in *Positionen und Begriffe* (FN 2) und die Schrift *Die Kernfrage des Völkerbundes,* Berlin 1926. Die Frage « Freund oder Feind » berührt sich mit der Frage « Bund oder Bündnis », die der Völkerbund – und das war ein zentraler Punkt der Kritik C.S.s – nie klar beantwortete.

CARL SCHMITT

Prolog zu « Estudios políticos » (Madrid, 1941)
(Aus dem Spanischen übersetzt von Günter Maschke)

Dieser « Prólogo del autor a la Edición española », 1939 geschrieben, erschien, ohne Paginierung, als Vorwort zu C.S.s *Estudios políticos,* Madrid, Verlag Cultura española, 1941, 189 S. ; eine 2. Auflage erschien 1975 im Madrider Verlag Doncel und ist textlich völlig identisch (doch 166 S.). Der « Prólogo » ist auch abgedruckt in : C.S., *Teología política,* Buenos Aires, Editiorial Struhart & Cia., 1985, S. 31-33 ; dort ohne Datierung.

Die *Estudios políticos* enthalten die Arbeiten « La época de la neutralidad », « Teología Política » und « El concepto de la política ». « La época de la neutralidad » ist die Übersetzung von « Das Zeitalter der Neutralisierungen und Entpolitisierungen », erstmals in *Der Begriff des Politischen,* München u. Leipzig, Duncker u. Humblot , 1932, S. 66-81 ; nachgedruckt in der Ausgabe des Buches von 1963, Berlin, Duncker u. Humblot, S. 79-95. Dem Text zugrunde liegt ein Vortrag C.S.s, « Die europäische Kultur in Zwischenstadien der Neutralisierung », im Oktober 1929 in Barcelona gehalten und veröffentlicht in *Europäische Revue*, Nov. 1929, S. 517-530. Der hier noch vorherrschende Begriff 'Kultur' wird in der späteren, von CONDE übersetzten Fassung meist durch 'Politik' ersetzt. Von der ursprünglichen Fassung erschien eine anonyme spanische Übersetzung in der *Revista de Occidente*, Februar 1930, S. 199-211 ; sie wurde nachgedruckt in der gleichen Zeitschrift, April 1987, S. 93-106 und trägt den Titel « El proceso de neutralización de la cultura ».

Die von CONDE vorgestellte « Teología política » ist die *Politische Theologie* der Ausgabe 1934 (München u. Leipzig, bei Duncker u. Humblot) ; der « Concepto de la política » hat zur Grundlage *Der Begriff des Politischen*, Hamburg, Hanseatische Verlagsanstalt, 1933.

Francisco Javier CONDE Y GRAUPERA (1908-1974) war 1933-34 Schüler C.S.s in Berlin. Nach dem spanischen Bürgerkrieg wurde er Professor für 'Derecho político' in Santiago de Compostela und Madrid ; zeitweise war er Direktor des 'Instituto de Estudios Políticos' und Herausgeber der *Revista de Estudios políticos*. In seinen letzten Lebensjahren war er spanischer Botschafter in Bonn. Neben den *Estudios políticos* übersetzte er u.a. C.S.s *Leviathan* sowie mehrere von dessen Aufsätzen.

Persönlichkeit und Werk CONDEs würdigt José María NIN DE CARDONA in der *Revista de Estudios políticos,* Nr. 208-209, Juli-Oktober 1976, S. 221-235. Eine Auswahl von CONDEs oft stark von C.S. beeinflußten Schriften bieten die *Escritos y fragmentos políticos,* Madrid, Verlag Instituto de Estudios políticos, 1974, 2 Bde., 529 u. 468 S. C.S. rezensierte CONDEs Erstlingswerk *El pensamiento político de Bodino* (1935) in *Deutsche Juristen-Zeitung,* 1936, H.3, Sp. 181-182.

Günter Maschke

***

Dort, wo die « Unterscheidung der Geister » beginnt, findet sich der äußerste Punkt der Unterscheidung von Freund und Feind.

Alle Völker Europas stehen heute in einem erbitterten geistigen Kampf von universaler Tragweite ; hierbei sind vielleicht taktische Stellungswechsel möglich, jedoch keine geistige Neutralität. Wer neutral bleiben will, schließt sich selbst aus. Das spanische Volk, das zu allen Höhepunkten der Weltgeschichte seine Kühnheit bewiesen hat, sich, was den Geist betrifft, zu entscheiden, kann weniger als jedes andere Volk auf die Entscheidung verzichten. Anderen Völkern, betrachten sie diese spanische Energie zur Entscheidung, kommt es zu, an diesem Vorbild ihre Stärke zu messen.

Die Tatsache, daß man meine Publikation, die mein Beitrag zu solch großartigem Kampf ist, in spanischer Sprache zum Druck gibt, besitzt für mich eine unendlich größere Bedeutung als nur eine rein literarische. Sie ist der Anruf von einer Front, und sie entschädigt für viele Anstrengungen und viele Bitternisse ; ihr elementarer Wert liegt möglicherweise darin, daß meine Arbeit Früchte tragen könnte in einem Volke, dessen Geist und dessen Musterhaftigkeit mir mehr gegeben haben, als ich jemals zurückerstatten kann.

Wer die Härte des gegenwärtigen universalen Kampfes kennt, weiß, daß nicht die taktischen Verbündeten zählen, sondern die wirklichen Freunde. Deshalb bereitet es mir übergroße Freude, daß die spanische Übersetzung das Werk von Francisco Javier CONDE ist, dessen Geist und dessen Seele kennenzulernen und zu bewundern ich in schicksalhaften Jahren und in zahlreichen und intensiven Gesprächen Gelegenheit hatte.

Berlin, März 1939

CARL SCHMITT

Die planetarische Spannung zwischen Ost und West und der Gegensatz von Land und Meer (1959)

In der von mir zusammengestellten C.S.-Bibliographie vom Jahre 1959 wird der Aufsatz von C.S. « La tensión planetaria entre Oriente y Occidente y la oposición entre tierra y mar » (in : Revista de Estudios Políticos, Band 54, Nr. 81, Mai-Juni 1955, S. 3-28) bezeichnet als eine von Enrique TIERNO GALVÁN (1918-1986) (1) angefertigte spanische Übersetzung des Beitrags C.S.s zu der von Armin MOHLER (geb. 1920) herausgegebenen Festschrift für Ernst JÜNGER (geb. 1895) anläßlich dessen 60. Geburtstags (Freundschaftliche Begegnungen, Frankfurt a.M. : Klostermann, 1955, 235 S. ; dort S. 135-167 : « Die geschichtliche Struktur des heutigen Welt-Gegensatzes von Ost und West. Bemerkungen zu Ernst Jüngers Schrift : 'Der gordische Knoten' »). Wenn ich mich nicht irre, hat nur der italienische C.S.-Kenner Carlo GALLI (geb. 1950) die Unrichtigkeit dieser Behauptung bemerkt, aber seine Schlußfolgerung – « ... una traduzione spagnola, con forti tagli e rimaneggiamenti » (2) – ist dennoch ungenau. Ein Vergleich des in meinem Besitz befindlichen deutschen Originals der spanischen Übersetzung und des Festschrift-Beitrags ergibt folgendes : Die beiden Texte haben zwar die gleiche Problematik zum Gegenstand, und einige Abschnitte des Festschrift-Beitrags sind in das Original des spanischen Textes eingegangen, aber es handelt sich um zwei verschiedene Texte, und der spanische ist wohl während der Korrektur der Fahnen des Festschrift-Beitrags abgefaßt worden.

Die von C.S. stammenden Fußnoten sind mittels der Sigle (CS), meine wenigen Erläuterungen mittels der Sigle (PT) gekennzeichnet. Ich habe mir allerdings erlaubt, die meist dürftigen bibliographischen Angaben C.S.s im Rahmen des Möglichen zu präzisieren. Zu guter Letzt sei Professor Joseph H. KAISER herzlichst gedankt für die Abdruckerlaubnis dieses Ineditums, über dessen Bedeutung kaum ein Zweifel möglich ist.

P.T.

*
**

Der Gegensatz von Ost und West, der uns heute in Atem hält, umfaßt offensichtlich Gegensätze verschiedenster Art : ökonomische Interessen, Verschiedenheiten der Eliten und geistige Feindschaften. Alles das steigert sich gegenseitig. Aber diese Verbindung von ökonomischen, soziologischen und geistigen Spannungen hat sich in allen großen Kriegen der Menschheit gezeigt. Die Besonderheit des heutigen Gegensatzes besteht darin, daß die Spannung global geworden ist und den ganzen Planeten erfaßt. Um so notwendiger ist es, die eigentliche geschichtliche Struktur dieser Spannung richtig zu erkennen.

Wir sprechen von einem Gegensatz von Ost und West. Dabei versteht es sich von selbst, daß der geographische Gegensatz nicht als solcher gemeint sein kann. Wir werden später im Verlauf unserer Erörterungen den Unterschied einer polaren von einer dialektisch-geschichtlichen Spannung behandeln. Aber der Gegensatz von Ost und West ist kein polarer Gegensatz. Die Erde hat einen Nordpol und einen Südpol, aber keinen Ost- und Westpol. Für unsere Erdkugel ist der geographische Gegensatz von Ost und West fließend und unbestimmt ; er ist nur das « entgegengesetzt Fließende von einem Weniger an Nacht und Licht » (3). Im geographischen Verhältnis zu Europa ist Amerika der Westen ; im Verhältnis zu Amerika sind China und Rußland der Westen ; und im Verhältnis zu China und Rußland ist wiederum Europa der Westen. Rein geographisch ergibt sich hier nicht einmal eine polare Spannung, viel weniger die sinnvolle Erklärung einer globalen Feindschaft und die Möglichkeit einer Erkenntnis ihrer besonderen Struktur.

1

Man kann eine geschichtliche, kulturelle und moralische Bestandsaufnahme des heutigen Ostens und des heutigen Westens vornehmen und auf diese Weise zu einer Reihe von Antithesen kommen, die zweifellos von großer Bedeutung sind. Ich möchte hierfür einen Begriff verwenden, den der Geograph Jean GOTTMANN in seinem glänzenden Buch *La politique des Etats et leur géographie* (4) eingeführt hat : den der Iconographie régionale. Die verschiedenen Weltbilder und Vorstellungen, die aus den verschiedenen Religionen, Traditionen, geschichtlichen Vergangenheiten und sozialen Organisationen entstanden sind, bilden eigene Räume. Zur Ikonographie eines bestimmten Raumes in diesem Sinne gehören nicht nur Bilder und Plastiken, dann aber auch alle sichtbaren Formen des öffentlichen und des privaten Lebens. Auf die wesentliche Bedeutung der Kunst hat uns in diesem Zusammenhang neuerdings Luis DÍEZ DEL CORRAL in seinem Buch *El Rapto de Europa* hingewiesen, ein Buch, das man geradezu als eine Encyklopädie einer europäischen Ikonographie bezeichnen kann (5). Die verschiedenen Begriffe der Form, insbesondere der Herrschafts- und Staatsform, hat Carlos OLLERO geklärt (6). Wir dürfen, über die mannigfachen Formen des öffentlichen Lebens hinaus, aber auch alle andern typischen Erscheinungsformen des menschlichen Daseins unter einer « regionalen Ikonographie » einbeziehen, alle Abbreviaturen und Signale des Fühlens und Denkens, wie sie in bestimmten Räumen herrschen und dafür charakteristisch sind. Auch die Bilder geschichtlicher Erinnerungen, Mythen, Sagen und Legenden gehören hierhin, ebenso alle Symbole und Tabus, die in einem bestimmten Raum topographisch lokalisiert sind und dadurch erst ihre geschichtliche Wirklichkeit erlangen. GOTTMANN spricht hier auch von einer Zirkulation der Ikonographien. Auf diese Weise tritt der berühmten Zirkulation der Eliten PARETOs eine nicht weniger wichtige Zirkulation der Ikonographien an die Seite (6a).

Wort und Begriff der Ikonographie scheint mir hier vor allem deshalb besonders brauchbar und fruchtbar, weil es naheliegt, den Kern des Gegensatzes von Ost und West dadurch zu bestimmen, daß der Osten als bildfeindlich, der Westen dagegen als ein Hort der Bilderverehrung aufgefaßt wird. Wenn von Bildersturm und Ikonoklasmus die Rede ist, erinnert sich der gebildete Europäer zunächst an Vorgänge aus der Geschichte von Byzanz, an den Bilderstreit unter Kaiser LEO (717-741) und die ihm entgegengesetzte Anerkennung der Bilderverehrung durch KARL DEN GROßEN. Wir erinnern uns aber auch des Bilderverbotes im Alten Testament und im Islam. Manche sind soweit gegangen, daß sie hier einen Ur-Gegensatz von Wort und Bild erkannten, den sie auf den allgemeinen Gegensatz von Gehör und Gesicht, akustisch und visuell zurückführten, wobei Wort und Gehör dem Osten, Bild und Gesicht dem Westen zugeordnet werden.

Ein Wort wie Ikonographie, in dem eben genannten umfassenden Sinne gebraucht, ist geeignet, uns vor solchen Vereinfachungen zu bewahren. Es gibt keine konkrete geschichtliche Verortung ohne irgend eine Art von Sichtbarkeit. Überall gibt es deshalb Ikone und Ikonographie und überall infolgedessen auch die Möglichkeit eines Ikonoklasmus. Dergleichen beschränkt sich keineswegs auf Byzanz oder den Islam. Auch der Westen kennt mannigfache und sehr intensive Arten und Erscheinungsformen von Bilderfeindlichkeit und Bildersturm. Wiklifiten und Hussiten, täuferische Sektierer und Puritaner, religiöse Erneuerer und rationalistische Vereinfacher haben sich gerade im Westen ikonoklastisch betätigt. Der große weltpolitische Kampf, der im Zeitalter der Entdeckungen und der Landnahme einer damals Neuen Welt entbrannte, also die erste globale Auseinandersetzung der Weltgeschichte, erscheint in der üblichen Darstellung als ein Streit konfessioneller Dogmen, ein Kampf zwischen römischem Katholizismus und nordischem Protestantismus, zwischen Jesuitismus und Calvinismus. Der ikonographische Aspekt führt uns hier zu tieferen geschichtlichen Einsichten, die wir wenigstens mit einem Wort andeuten möchten.

Daß die Reconquista die Wiedereroberung Spaniens für die Verehrung des

Muttergottes-Bildes war, ist nicht schwer zu verstehen. Aber meine Bemerkung, daß die Conquista der spanischen Entdecker und Eroberer einer Neuen Welt in dem Bilde der unbefleckten Jungfrau und Gottesmutter Maria das sakrale Bild ihrer geschichtlichen Taten mit sich führte (7), scheint nicht verstanden worden zu sein. Jedenfalls hat ein deutscher katholischer Autor sich nicht gescheut, mir gegenüber in diesem Zusammenhang von « allerhand christlichem Beiwerk » zu sprechen, « das manchen Leser täuschen mag » (8). Für mich ist das Marienbild nicht allerhand christliches Beiwerk, und nach den obigen Darlegungen zu dem Wort und Begriff Ikonographie wird man meine Äußerung zur geschichtlichen Bedeutung des Marienbildes vielleicht besser verstehen. Ich wage es zu behaupten, daß auch die konfessionellen Bürgerkriege des europaïschen 16. und 17 Jahrhunderts, einschließlich des dreißigjährigen Interventionskrieges auf deutschem Boden 1618-1648, in Wirklichkeit Kämpfe für oder gegen die katholische Marienverehrung des Mittelalters, für oder gegen das Marienbild waren. Soll man nun etwa die Bilderfeindlichkeit der englischen Puritaner für etwas spezifisch Östliches halten, angesichts der Bilderverehrung des katholischen Bayern, Spanien oder Polen ? Der Bilderstreit in Byzanz betraf in seinem theologischen Vordergrund das christliche Dogma von der Trinität, in seiner seelischen Wirklichkeit den tiefen ikonographischen Unterschied von unentfalteter Einheit und göttlicher Dreifaltigkeit. Auch hier kann man nicht sagen, daß das Dogma von der Trinität eine wesentlich westliche und der abstrakte Monotheismus eine wesentlich östliche Angelegenheit wäre. Freilich konnte es in bestimmten geschichtlichen Augenblikken so scheinen. Fränkische Mönche haben die Formel, nach welcher der Geist nicht nur vom Vater, sondern auch vom Sohne ausgeht, im christlichen Credo des Westens durchgesetzt, und der Widerstand des griechischen Patriarchen in Konstantinopel gegen dieses *filioque* hat zu dem großen Schisma von Ost- und Westkirche geführt. So liegt es nahe, das *filioque* für eine Sache des Westen gegenüber dem Osten zu halten. Aber demgegenüber haben syrische Kirchenväter in der Lehre von der Trinität und der Geburt von der Jungfrau Ansichten vertreten, die nicht in diese Aufteilung passen, und auf der anderen Seite waren gerade germanische Stämme Arianer und leugneten die Gottheit Christi überhaupt. So entfällt auch dieses, der Lehre von der Trinität entnommene und in mancher Hinsicht frappante Kriterium einer ikonographischen Unterscheidung von Ost und West.

Offensichtlich führt die industrielle Technisierung zu schweren Einbrüchen in die überlieferte Ikonographie. Auch die moderne Psychoanalyse kann man als einen ikonoklastischen Einbruch auffassen. Wir alle müßten dem Meister der psycho-somatischen Wissenschaft, Juan José LOPEZ IBOR, dankbar sein, wenn er seine großartigen Untersuchungen zu dem Thema der Psychoanalyse, auch einmal unter dem Gesichtspunkt des von uns verwendeten Gesichtspunktes der Ikonographie weiterführen wollte (9). Schließlich enthält auch die moderne Malerei – mag sie nun wirklich abstrakt sein oder noch Reste von Gegenständlichkeit aufweisen – die Zerstörung einer alten Bilderwelt, verbunden mit dem Versuch einer Neuschöpfung. Alle drei Einbrüche – industrielle Technisierung, Psychoanalyse und moderne Malerei – stehen in einem offensichtlichen Zusammenhang. Es wäre ein sensationelles Thema, diesen Zusammenhang mit Bezug auf den heutigen Welt-Dualismus von Ost und West zu untersuchen. Aber es scheint mir nicht möglich, in einer abstrakten Weise Bild und Bilderfeindlichkeit so zu unterscheiden, daß die eine Seite regional dem Osten, die andere dem Westen zugeordnet würde. Wir müssen also von einem anderen Kriterium ausgehen, um den strukturellen Kern dieses Gegensatzes zu erkennen.

2.

Über alle die vielen Besonderheiten hinweg, die bei einer Konfrontierung von Ost und West im Laufe der Weltgeschichte in bunter Fülle zu Tage treten, wird heute eine einfache elementare Verschiedenheit sichtbar: der Gegensatz von Land und Meer. Das, was wir heute den Osten nennen, ist eine zusammenhängende Masse festen Landes: Rußland, China, Indien, die gewaltigste Erdeninsel, das Herzland der Erde, wie es der große englische Geograph Sir Halford MACKINDER genannt hat (10). Und was wir heute den Westen nennen, ist eine von den Weltmeeren, dem Atlantischen und dem Pazifischen Ozean bedeckte Hemisphäre. Der Gegensatz einer kontinentalen und einer maritimen Welt ist die gegebene globale Wirklichkeit, von der wir ausgehen müssen, um die Frage nach der geschichtlichen Struktur der Spannungen des heutigen Welt-Dualismus überhaupt erst richtig zu stellen.

Den Lesern der *Revista de Estudios Políticos* ist die Zurückführung der Ost-West-Spannung auf den Gegensatz von Land und Meer bekannt. Ein spanischer Völkerrechts-Jurist von Weltruf, Camilo BARCIA TRELLES, hat sie in zahlreichen Berichten und in zwei großen Werken vertreten (11). Er kann sich dabei auf Sir Halford MACKINDER berufen (12). In Deutschland habe ich mich in mehreren Veröffentlichungen zu dem Thema geäussert (13). Ein junger deutscher Völkerrechts-Jurist, der im Jahre 1952 früh verstorbene Serge MAIWALD, hat in einem großartigen Anlauf versucht, den Gegensatz der Lebensordnungen von Staat und Gesellschaft herauszuarbeiten (14). Meine kritische Einschränkung sowohl des rein maritimen Weltbildes von MACKINDER wie auch der optimistischen Deutung Serge MAIWALDs wird sich aus dem Folgenden ergeben.

Auf der Höhepunkten der Weltgeschichte erscheinen die Auseinandersetzungen der kämpfenden Mächte wie ein Krieg der Elemente Land und Meer. Das haben schon die Geschichtsschreiber der Kriege zwischen Sparta und Athen oder Rom und Karthago gesehen. Doch hatten sie dabei nur die thalassische Welt des Mittelmeeres im Auge und noch nicht die wesentlich andere räumige Welt der großen Ozeane und einer globalen Auseinandersetzung. Es ist aber notwendig, den thalassischen Horizont von dem ozanischen zu unterscheiden. Natürlich finden sich überall geschichtliche Parallelen. So ist noch in den letzten Jahren (1952) eine Stelle aus der ersten Philippika des DEMOSTHENES (38.41) oft herangezogen worden. Ich möchte mich auch nicht mit der gehässigen Bemerkung PLATONs identifizieren, der bekanntlich von seinen Landsleuten, den Griechen, gesagt hat, sie säßen wie Frösche an der Küste des Mittelmeeres.

Trotzdem ist ein wesentlicher Unterschied zwischen einer bloßen Küsten- oder Binnenmeer-Existenz und einer ozeanisch-maritimen Existenz. Der heutige Welt-Dualismus und sein Gegensatz von Land und Meer hat keine geschichtliche Struktur-Parallele. Erst seitdem der Mensch seinen Planeten global erkannt hat, erreicht die weltgeschichtliche Spannung das Ausmaß, das für unsere Gegenwart bestimmend ist.

Ein globales Ausmaß des Kampfes zwischen Land und Meer ist zum ersten Mal in den Kriegen Englands mit dem revolutionären Frankreich und mit NAPOLEON eingetreten. Allerdings war damals weder die Aufteilung nach Land und Meer, noch die nach Ost und West so deutlich wie heute. NAPOLEON wurde schließlich nicht von England besiegt, sondern von den Landmächten Rußland, Österreich und Preußen. Der Nomos der Erde bestand noch in einem Gleichgewicht von Land und Meer ; das Meer konnte für sich allein keine Entscheidung erzwingen. Im Jahre 1812, als die Auseinandersetzung ihren Höhepunkt erreichte, haben die Vereinigten Staaten von Amerika nicht NAPOLEON, sondern England den Krieg erklärt. Damals trat eine Annäherung zwischen Amerika und Rußland ein, wobei diese beiden jüngeren Mächte hoffen konnten, sich sowohl von NAPOLEON wie auch von England zu distanzieren. Frankreich und England erschienen damals als « die beiden Rasenden zu Lande und zur See » (15). Die Gegensätze von Land und Meer und von Ost und West hatten sich also noch nicht zu der klaren Gegnerschaft der Elemente kristallisiert, die im Atlantikpakt von 1949 hervortrat.

Immerhin war der globale Horizont zur Zeit NAPOLEONs bereits vorhanden und rief das Bewußtsein einer durch den Gegensatz der Elemente bestimmten Weltsituation hervor, in der man zwischen Land und Meer optieren mußte. Im Juli 1812, während NAPOLEON auf Moskau marschierte, hat GOETHE ein panegyrisches Gedicht an die Kaiserin MARIE LOUISE gerichtet, in Wahrheit einen Hymnus auf ihren Gatten, den Kaiser der Franzosen (16) :

« Was Tausende verwirrten, löst der Eine (*sc*. Napoleon) ».

In dem globalen Aspekt von Land und Meer fährt der deutsche Dichter fort :

« Worüber trüb Jahrhunderte gesonnen
Er (Napoleon) übersieht's im hellsten Geisteslicht.
Das Kleinliche ist alles weggeronnen,
Nur Meer und Erde haben hier Gewicht. »

GOETHE stand auf der Seite NAPOLEONs. Das war für ihn die Seite des Landes und der Erde. NAPOLEON, das war aber auch der Westen. Damals war also der Westen noch das Land und keineswegs das Meer. Der deutsche Dichter hoffte, der Westen würde terran bleiben, und NAPOLEON werde als ein neuer ALEXANDER dem Meere das Ufer abgewinnen ; dann träte.

« Das feste Land in alle seine Rechte. »

So optierte GOETHE, ein typischer Repräsentant des Westens, im Sommer 1812 für das Land und gegen das Meer. Freilich dachte er sich seiner geistigen Haltung gemäß, den Gegensatz von Land und Meer nur als eine Polarität, nicht als die dialektische Spannung eines einmaligen, geschichtlichen Vorganges. Der Unterschied einer polaren von einer geschichtlich-dialektischen Spannung ist für uns entscheidend.

3

GOETHE dachte in Polaritäten. Die polare Spannung ist aber eine andere als die geschichtlich-dialektische Spannung. Eine polare Spannung enthält eine Gleichzeitigkeit, bei der die polaren Gegensätze in der Struktur immer gleichbleiben und sich in immer neuen Erscheinungsformen immer von neuem, aber immer gleich, wiederholen. Das ist eine Art ewiger Wiederkehr. Die konkret-geschichtliche Betrachtung dagegen sucht eine Aufeinanderfolge von konkreter Frage und ebenso konkreter Antwort. Frage und Antwort ergeben die Dialektik des Geschichtlich-Konkreten und bestimmen die Struktur geschichtlicher Situationen und Epochen. Eine solche geschichtliche Dialektik braucht weder eine hegelische Begriffslogik zu sein, noch darf sie als eine allgemeine Naturgesetzlichkeit zeitlicher Abläufe verstanden werden.

Er kommt uns hier auf die Erkenntnis der Struktur des konkreten heutigen Welt-Dualismus an, und nicht auf eine allgemeine Theorie der Geschichte. Das geschichtliche Denken ist Denken einmaliger Situationen und damit einmaliger Wahrheiten. Auch alle geschichtlichen Parallelen dienen vernünftigerweise nur der schärferen Erfassung dieser Einmaligkeit ; sonst werden sie hoffnungslos zu Ansätzen einer allgemeinen Gesetzlichkeit, eines funktionellen Ablaufs, den es in der Geschichte nicht gibt. Auch die Absurdität irrealer Bedingungssätze, mit deren Hilfe einer sich vermißt zu sagen, was geschehen wäre, wenn dieses oder jenes Ereignis anders verlaufen wäre, wenn z. B. die Sarazenen bei Tours und Poitiers gesiegt hätten oder NAPOLEON die Schlacht bei Waterloo nicht verloren hätte oder wenn der Winter 1941/42 nicht so furchbar kalt gewesen wäre – auch solche Absurditäten, denen man selbst bei berühmten Historikern begegnet, sind Absurditäten nur deshalb, weil sie die Einmaligkeit und Unwiderruflichkeit des geschichtlichen Geschehens vergessen möchten. Die Wahrheit polarer Gegensätzlichkeiten ist ewig wahr, ewig im Sinne einer ewigen Wiederkehr. Eine geschichtliche Wahrheit dagegen ist nur einmal wahr. Wie oft sollte sie denn auch wahr sein, da sie nicht ewig wahr sein kann, weil das ihrer Geschichtlichkeit widerspräche ? Die Einmaligkeit der geschichtlichen Wahrheit ist das uralte Arcanum der Ontologie, wie Walter WARNACH es genannt hat (17). Die dialektische Struktur der konkreten Frage und Antwort, von der wir hier zur Erklärung des Geschichtlichen sprechen, soll die Einmaligkeit nicht abschwächen oder aufheben, sondern nur noch steigern, weil eine geschichtliche Situation erst dann begriffen ist, wenn wir sie als einmalige konkrete Antwort auf den Ruf einer ebenso einmaligen konkreten Situation begriffen haben (17a).

Wären Land und Meer in dem heutigen Welt-Dualismus nur eine polare, auf Ausgleich und ewige Wiederkehr angelegte Verschiedenheit, dann wären sie nicht mehr als ein Stück Natur. Die Elemente im Sinne der bloßen Natur trennen sich und verbinden sich wieder, sie mischen und entmischen sich. Sie verdrängen und verwandeln sich in einem unaufhörlichen Kreislauf der Metamorphosen, der immer neue Gestalten und Erscheinungsformen einer im Kern immer gleichen polaren Spannung aufwirft. Der heutige Gegensatz von Ost und West wäre dann nur die Erscheinungsform einer ewigen Zirkulation von Eliten, von Problemen und von Ikonographien. Das Schauspiel ewiger Wandlung und ewiger Widerkehr kennt keine spezifische Wahrheit der einmaligen Situation und der geschichtlichen Stunde. Dem nur polaren Gegensatz fehlt die geschichtliche Unwiederholbarkeit. In der Weltgeschichte treten zu bestimmten Zeiten handlungsfähige und geschichtsmächtige Völker und Gruppen auf, die in geschichtlicher Freundschaft oder Feindschaft die Erde nehmen und teilen und zu ihrem Teil auf ihr weiden und wirtschaften. Daraus entsteht der Nomos der Erde. Er wird seines eigentlichen Hier und Heute beraubt, wenn die Elemente Land und Meer, von denen wir sprechen, nur ein Stück Natur und natürlicher Spannung bedeuten sollen (18).

Als Natur sind diese Elemente selbst, ebenso wie die ihnen zugehörigen Lebewesen, keiner Spannung im Sinne der geschichtlichen Feindschaft fähig. Die Lebewesen des Landes sind nicht von Natur Feinde der Lebewesen des Meeres oder umgekehrt. Es kommt vor, daß Landtiere sich von Fischen ernähren und daß ein Fisch ein Landtier frißt, aber es wäre kindlich, hier von Feindschaft zu sprechen. Die Fische fressen sich gegenseitig, insbesondere bekanntlich die großen die kleinen, und die Landtiere machen es untereinander nicht viel besser. Man kann also wirklich nicht sagen, daß zwischen Land und Meer eine natürliche Feindschaft bestehe. Eher könnte man sagen, daß Land und Meer einander fremd sind und sogar beziehungslos, so beziehungslos, daß der Gedanke einer derartig intensiven Beziehung wie der einer Feindschaft hier unsinnig wäre. Natürlich ist es, daß jedes Lebewesen in seinem Elemente, d. h. in seiner Umwelt bleibt. Der Bär wird sich nicht in einen Krieg mit dem Walfische einlassen, und der Wal sucht keinen Krieg mit dem Bären. Selbst Raubtiere desselben Elements wissen ihre natürlichen Grenzen und Reviere zu finden. Der Bär kommt dem Löwen oder dem Tiger nicht ins Gehege ; sogar diese großen Jäger unter den Landtieren kennen ihren Bereich und gehen überflüssigen Begegnungen aus dem Wege. Wer die Beziehung von Hund und Katze als Beispiel einer natürlichen Feindschaft ansieht, hat damit schon zum Ausdruck gebracht, daß eine Feindschaft unter Tieren etwas anderes bedeutet als unter Menschen. Indem der Hund die Katze anbellt oder die Katze den Hund anfaucht, machen diese Tiere es nicht wie Menschen, die imstande sind, ihrem Feind die Qualität des Menschen abzusprechen. Der Hund stellt die Katze geistig oder moralisch mit ihrem Wesen nicht in Frage und die Katze nicht den Hund.

Es ist allerdings richtig, daß gerade Tierfabeln politische Situationen und politische Beziehungen zwischen den Menschen in einer spezifischen Weise veranschaulichen und verdeutlichen. Doch ist das Problem der Tierfabel ein wichtiges Thema für sich. Durch eine Übertragung auf das Tier lassen sich politische Situationen und Verhaltensweisen des Menschen enthüllen, weil sie dadurch eines ideologischen Schleiers beraubt werden. Gerade weil sich das Verhalten des Tieres von dem des Menschen wesentlich unterscheidet, kann ein besonders wirksamer Kunstgriff darin bestehen, das Verhalten des Menschen verhüllend zu enthüllen, indem man einen Menschen wie ein Tier und ein Tier wie einen Menschen sprechen läßt. Die Verkleidung in das Tier verfremdet, aber diese Methode der Verfremdung macht das Verhalten des Menschen nur umso deutlicher. Darauf beruht der politische Sinn der Tierfabel, auf den wir hier nicht weiter eingehen (19).

Auf den Menschen übertragen müßte diese saubere Trennung von Land und Meer dazu führen, daß Seekriege nur zwischen Seevölkern und Landkriege nur zwischen Landvölkern stattfinden. Merkwürdigerweise tritt das Gegenteil ein, wenn die weltgeschichtlichen Spannungen einen gewissen Intensitä tsgrad erreicht haben. Nicht die Tiere, wohl aber die Menschen, und nur die Menschen, führen Land- und Seekriege miteinander. Immer, wenn die Feindschaft zwischen großen Mächten einen Höhepunkt erreicht hat, spielt sich die kriegerische Auseinandersetzung in beiden Bereichen zugleich ab und wird der Krieg auf beiden Seiten zum Land- und Seekrieg. Jede Macht ist gezwungen, dem Gegner in das andere Element hinein zu folgen. Wenn die Luft als dritte Dimension noch hinzukommt, wird der Krieg auf beiden Seiten auch zum Luftkrieg. Deshalb scheint es mir sinnvoll, hier immer noch von den Elementen Land und Meer zu sprechen. Nähert sich ein großer weltgeschichtlicher Gegensatz seinem Höhepunkt, dann werden auf beiden Seiten alle materiellen, seelischen und geistigen Kräfte bis zum Äußersten eingesetzt. Dann erstreckt sich der Kampf auf die gesamte Umwelt der beteiligten Mächte. Auch der elementare Gegensatz von Land und Meer wird dann in die Auseinandersetzung einbezogen. Der Krieg erscheint dann als der Krieg des Landes gegen das Meer und umgekehrt ; mit anderen Worten : als ein Krieg der Elemente gegeneinander.

Die Feindschaft zwischen den Menschen enthält im Vergleich zu den Beziehungen zwischen Tieren eine Spannung, die das Natürliche bei weitem transzendiert. Beim Menschen schlägt das Transzendierende immer durch, gleichgültig, ob man transzendent oder transzendental sagt. Man kann dieses Plus, diesen Mehrwert « geistig » nennen, und, wenn man will, mit dem Satz RIMBAUDs belegen : Le combat spirituel est aussi brutal que la bataille d'hommes (20). Jedenfalls ist die Feindschaft zwischen Menschen besonderer Grade und Steigerungen fähig. Sie erreicht ihren Siedepunkt in Bürgerkriegen mit ihren juristischen, moralischen und ideologischen Verfemungen, d.h. in der Kriminalisierung und hors-la-loi-Setzung des Gegners. Hier ruft also nicht die Natur, sondern etwas dem Menschen Spezifisches, das seine Naturhaftigkeit transzendiert, die Spannung und Feindschaft hervor und steigert die natürliche Polarität zu einer konkreten geschichtlichen Dialektik.

Mit dem Wort dialektisch ist hier eine spezifische Verschiedenheit zu allen nur polaren Gegensätzen zum Ausdruck gebracht. Das Wort dialektisch bringt die Frage-Antwort-Struktur aller geschichtlichen Situationen und Ereignisse zum Ausdruck. Eine geschichtliche Situation ist unverständlich, solange sie nicht als ein von Menschen vernommener Ruf und zugleich als Antwort der Menschen auf diesen Ruf verstanden wird. Jede geschichtliche Tat eines Menschen ist die Antwort auf eine Frage, die von der Geschichte erhoben wird. Jedes menschliche Wort ist eine Antwort. Jede Antwort erhält ihren Sinn durch die Frage, auf die sie antwortet und bleibt sinnlos für jeden, der die Frage nicht kennt. Der Sinn der Frage wiederum liegt in der konkreten Situation, in der sie sich erhebt.

Das alles klingt nach der *Question-Answer-Logic* von R.G. COLLINGWOOD und hat auch wirklich vieles damit zu tun. COLLINGWOOD suchte mit Hilfe dieses Frage-Antwort-Denkens das spezifisch Geschichtliche zu finden. Er hat es in aller Schärfe formuliert, weil es für ihn der Weg war, den er gehen mußte, um seine eigene Herkunft aus der Ungeschichtlichkeit des naturwissenschaftlichen Positivismus zu überwinden (21). Der Ansatz war vortrefflich, doch blieb der englische Philosoph selbst viel zu tief in dem Wissenschaftsbegriff des englischen 19. Jahrhunderts stecken, als daß er über eine psychologisch-individualistische Deutung des Frage-Antwort-Problems hinausgekommen wäre. Sonst wären wohl auch die krankhaften Ausfälle seines affektgeladenen Deutschenhasses, mit denen er sein letztes Werk *The New Leviathan* verunstaltet hat, undenkbar gewesen (22). Das große Verdienst seiner *Question-Answer-Logic* bleibt aber unbestritten. Nur handelt es sich darum zu sehen, daß nicht ein einzelner Mensch oder eine Summe von einzelnen Menschen eine Frage stellt und daß noch viel weniger irgendwelche Geschichtsschreiber *ex post* mit irgendwelchen Fragen an die Vergangenheit herantreten, sondern daß die Geschichte selbst aus konkreten Fragen und Antworten besteht. Die Frage selbst ist ein geschichtliches Ereignis, aus dem durch die konkrete Antwort von Menschen weitere geschichtliche Ereignisse erwachsen. Indem die Menschen die Frage und den Ruf der Geschichte vernehmen und durch ihr Verhalten und ihre Taten zu beantworten suchen, wagen sie sich in die große Probe der Geschichtsmächtigkeit hinein und werden geprägt durch ein Gericht. Mit einem Wort : sie treten aus dem Naturzustand in den Stand der Geschichtlichkeit ein.

Arnold TOYNBEE hat die *Question-Answer-Logic* COLLINGWOODs zu einer *Challenge-Response-Struktur* der Kulturgeschichte gesteigert. Die Frage wird zur Herausforderung, zum Challenge erhoben, die Antwort zum Response. Das ist zugleich eine bedeutende Steigerung des geschichtlichen Sinnes und macht eine dialektische, nicht nur polare Spannung erkennbar, die alle individualistisch-psychologische Ungeschichtlichkeit des naturwissenschaftlichen Denkens hinter sich läßt. Auf diese Weise entstehen die mehr als zwanzig Kulturen oder Hochzivilisationen TOYNBEEs, bei denen stets nach der konkreten geschichtlichen Herausforderung, dem Anruf zur Geschichte, und nach der ebenso konkreten geschichtlichen Antwort oder Erwiderung der Menschen gefragt werden muß. Im Falle der ägyptischen Kultur zum Beispiel bedeutet die Lage des Niltales mit seiner Abhängigkeit vom Fluß and seiner ständigen Bedrohung durch äußere Feinde die Herausforderung. Die Regulierung und Ordnung des Niltales, seine Verteidigung gegen fremde, barbarische Einbrüche und die daraus entstehende ägyptische Zivilisation mit ihren Götterkulten, ihren Dynastien, ihren Pyramiden und ihrer Kunst ist die konkrete Antwort auf jene Herausforderung (23).

Der Erkenntnisgewinn dieser Betrachtungsweise ist ganz außerordentlich, weil er die dialektische Struktur jeder geschichtlichen Situation trifft. Aber auch TOYNBEE ist einer typischen Gefahr nicht entgangen, die seine spezifisch geschichtliche Denkweise sofort wieder gefährdet. Indem er seine mehr als zwanzig Kulturen oder Hochzivilisationen nacheinander aufmarschieren läßt, verwischt sich die kernhafte Einmaligkeit alles Geschichtlichen und damit die Struktur des Geschichtlichen selbst. Uns liegt nicht an allgemeinen Gesetzen der Weltgeschichte. Das wäre schließlich doch wieder nur die Unterwerfung unter die Gesetzlichkeiten oder statistischen Wahrscheinlichkeiten eines funktionalen Ablaufs. Uns liegt an der einmaligen konkreten Situation, nämlich unserer eigenen gegenwärtigen Epoche, in der ein globaler Welt-Dualismus von Ost und West zu Tage getreten ist. Wenn wir hier nach einer dialektischen Spannung fragen, dann suchen wir nicht ein allgemeines Gesetz oder eine statistische Wahrscheinlichkeit und ebensowenig die allgemeine Logik einer Begriffsdialektik im systematischen Sinne. Es ist notwendig, das hier nochmals zu betonen. Wer heute von Dialektik spricht, setzt sich der Gefahr aus, summarisch und automatisch als Hegelianer eingestuft und abgetan zu werden. Nun birgt HEGELs Geschichts-Dialektik genug Möglichkeiten, die echte Einmaligkeit des geschichtlichen Geschehens zu erreichen. Das ergibt sich schon aus seinem Satz, daß die Menschwerdung des Gottessohnes die Achse der Weltgeschichte ist. Es kann sich auch daraus ergeben, daß für ihn das geschichtliche Verstehen kein bloßes Urteilen, sondern ein Mitfortschreiten ist. Aber in der großen Systematik geht die Einmaligkeit leicht wieder verloren und verwandelt sich das geschichtliche Geschehen in einem bloßen Denkprozeß. Für unsere Darlegung genügt es, mit einem Wort an diese Gefahr zu erinnern, damit unsere Verwendung des Wortes Dialektik nicht sofort in der Art von Automatik untergeht, deren Ablauf eine technisierte Zeit für wissenschaftliches Denken hält.

Noch mehr als gegen das hegelianische Mißverständnis einer allgemeinen Begriffs-Dialektik müssen wir uns gegen den Vergesetzlichungswahn des 19. Jahrhunderts verwahren, dem – mit Ausnahme von Alexis DE TOCQUEVILLE – die größten Soziologen und Gegenwarts-Historiker des Westens verfallen sind. Das Bedürfnis, aus jeder konkreten geschichtlichen Einsicht ein allgemeines Gesetz des historischen Ablaufs zu machen, hat selbst die besten und treffendsten Erkenntnisse des 19. Jahrhunderts in einen dichten Nebel von Generalisierungen gehüllt. Die Aufblähung einer konkreten geschichtlichen Erkenntnis zu einem allgemeinen Gesetz der Menschheit war der Tribut, den man einem Jahrhundert des naturwissenschaftlichen Positivismus schuldig zu sein glaubte. Man war außerstande, eine Wahrheit anders als in der Denkform eines generellen, voraussehbaren und einigermaßen berechenbaren funktionalen Ablaufs zu verstehen und gelten zu lassen. So hat Auguste COMTE, ein Gegenwartshistoriker mit genialer Intuition, seine eigene Zeit richtig erkannt, als er ihre Entwicklung in drei Stadien feststellte : von der Theologie über die Metaphysik zum wissenschaftlichen Positivismus. Das war eine überaus richtige Beobachtung und traf den einmaligen, in drei Momenten vollzogenen Schritt, den das europäische Denken vom 13. zum 19. Jahrhundert getan hat. Aber der Positivist und Scientist Auguste COMTE hätte seine richtige geschichtliche Erkenntnis selber nicht geglaubt, wenn er sie nicht zu einem allgemeinen Drei-Stadien-Gesetz der gesamten Menschheit verabsolutiert hätte. Karl MARX hat die zum Teil treffenden Diagnosen der Lage, die sich im zweiten Stadium der industriellen Revolution um die Mitte des 19. Jahrhunderts in West- und Mitteleuropa ergab, zu einer allgemeinen, weltgeschichtlichen Konzentration und Zentralisation und zum letzten einfachsten Klassenkampf der Menschheit aufgesteigert, obwohl es sich in Wirklichkeit nur um einen konkret-bestimmten, an Schiene, Draht und Dampfmaschine gebundenen Moment der technisch-industriellen Revolution handelte. Noch im 20. Jahrhundert hat Oswald SPENGLER eine richtige Erkenntnis – die sich in der großen historischen Parallele zwischen unserer Gegenwart einerseits und der Zeit der römischen Bürgerkriege und des Cäsarismus andererseits ausspricht – durch eine allgemeine Kulturkreis-Lehre der ganzen menschlichen Geschichte neutralisiert und dadurch ihren eigentlich geschichtlichen Nerv getötet.

4

Technisierung und Industrialisierung sind heute das Schicksal unserer Erde. Suchen wir also die einmalige geschichtliche Frage, den großen Challenge, und die konkrete Antwort, aus der die industriell-technische Revolution der letzten Jahrhunderte entstanden ist. Verzichten wir auf die billigen Möglichkeiten, die uns das Verfahren der irrealen Bedingungssätze liefert. Die dialektische Spannung, die wir der polaren entgegenhalten, soll uns weder in hegelianische noch in naturwissenschaftliche noch gar in normativistische Allgemeinheiten hineinführen. Auch TOYNBEEs Formel vom Challenge und Response soll uns nur als Handhabe dienen, um die Frage nach der einmaligen, gegenwärtigen Wirklichkeit des heutigen Welt-Dualismus von Ost und West richtig zu erkennen.

Dabei begegnet uns sofort eine Schrift Arnold TOYNBEEs aus dem Jahre 1953, die in einer herausfordernden Weise den Titel führt : *The World and the West* (24). Die Schrift hat eine heftige Kritik und Polemik gegen ihren Verfasser hervorgerufen, an der wir uns nicht beteiligen, weil uns nur an unserem Thema, dem Gegensatz von Land und Meer, gelegen ist. TOYNBEE spricht von unserer gegenwärtigen Epoche und gibt eine konkrete Diagnose. Er nennt bewußt und absichtlich den « Westen » mit Namen und stellt ihn der ganzen übrigen Welt entgegen.

Der Westen ist für ihn der Aggressor, dessen industrielle Technik den Osten seit viereinhalb Jahrhunderten überfallen hat, in vier Begegnungen : mit Rußland, dem Islam, Indien und Ostasien. Dabei ist es für TOYNBEE wesentlich, daß der Westen seine Aggressionen mit Hilfe einer von der christlichen Religion losgelösten Technik vorgenommen hat. Indem der Osten sich heute dieser Technik bemächtigt, setzt er sich nach TOYNBEE gegen eine jahrhundertelange Aggression zur Wehr. Im 17. Jahrhundert allerdings haben die Jesuiten den Versuch gemacht, den Hindus und Chinesen die christliche Religion nicht als eine Religion des Westens, sondern als eine universale, weltumspannende und alle Menschen in gleicher Weise angehende Religion zu predigen. Der Versuch ist, nach TOYNBEE, deshalb mißlungen, weil unglücklicherweise ein dogmatischer Streit zwischen den katholischen Missionsorden eintrat und die großartige Mission der Jesuiten zum Scheitern brachte. Die heutige kommunistische Revolution des Ostens aber besteht nach TOYNBEE darin, daß sich der Osten einer von der christlichen Religiosität abgelösten europäischen Technik bemächtigt. Diese Technik nennt TOYNBEE einen « gegen Ende des 17. Jahrhunderts von unserer

Kultur abgelösten Splitter. » Das ist eine wichtige, ja entscheidende Formulierung, die wir uns merken wollen.

Fragen wir jetzt, einer geschichtlichen *Question-Answer-Logic* gemäß, erst einmal nach dem konkreten geschichtlichen Challenge und dem ebenso konkreten Response, der unsere gegenwärtige industriell-technische Epoche geschichtlich erklärt und erkennbar macht.

Woher stammt die industrielle Revolution ? Worauf gibt sie eine Antwort ? Was ist ihr Ursprung und ihre Heimat, ihr Ansatz und ihr Antrieb ? Sie stammt von der Insel England, und zwar dem England des 18. Jahrhunderts. Die vielen oft genannten und allgemein bekannten Daten – erster Koksofen 1735, Gußstahl 1740, Dampfmaschine 1768, erste moderne Fabrik in Nottingham 1769, Spinnmaschine 1770, mechanischer Webstuhl 1786, Dampflokomotive 1825 – brauchen wir hier nicht zu wiederholen. Die große industrielle Revolution stammt von der Insel England, die durch das 19. Jahrhundert hindurch das führende Industrieland der Erde blieb. Das geschichtliche Phänomen, das wir hier im Auge behalten müssen, hat der erste deutsche Soziologe, Lorenz VON STEIN, im Jahre 1842 mit folgenden Sätzen gekennzeichnet (25) :

> « Da entstanden plötzlich, und merkwürdigerweise in derselben Zeit, wo die Ideen der Freiheit und Gleichheit in Frankreich Platz griffen, in England die ersten Maschinen. Mit ihnen beginnt für das Güterleben der ganzen Welt, für Produktion, Konsum und Verkehr, eine ganz neue Epoche. Sie sind die wahre revolutionäre Gewalt in dieser materiellen Welt ; und von dieser, welche sie beherrschen, reichen sie auf allen Punkten tief in die geistige hinein. »

Plötzlich und merkwürdigerweise in England ! Man hört das erkenntnisträchtige Staunen des jungen Deutschen, dem das Bewußtsein seiner geschichtlichen Situation aufgeht und der in dem Paris des Bürgerkönigstums von LOUIS PHILIPPE erkennt, daß die politische Revolution, die sich der europäische Kontinent seit dem Jahre 1789 leistet, nur ein ideologisches Epiphänomen bedeutet, im Vergleich zu der industriellen Revolution, die von der Insel England kommt und die wahre revolutionäre Gewalt ist. So schrieb er jene merkwürdigen Sätze, die wir eben zitiert haben, und zwar in einem Kapitel, das die Überschrift trägt : « Das Proletariat ». Damit war das Problem der Scheidung von Arbeitskraft und Besitz zum ersten Male mit wissenschaftlicher Bewußtheit in die europäische Diskussion eingeführt.

Die industrielle Revolution stammt also aus dem England des 18. Jahrhunderts. Was aber war die geschichtliche einmalige Situation dieser Insel im 18. Jahrhundert ? England war die Insel, die sich seit dem Ende des 16. Jahrhunderts vom europäischen Kontinent abgelöst und die den Schritt zu einer rein maritimen Existenz getan hatte. Das ist das geschichtlich Wesentliche. Alles andere ist Supra-Struktur. Welches äußerlich sichtbare Ereignis man hier als Datum oder Stichtag für den entscheidenden Moment dieses Schrittes zu einer maritimen Existenz annehmen will – die Besetzung Jamaikas durch Cromwell 1655 , oder die endgültige Vertreibung der Stuarts 1688 , oder den europäischen Frieden von Utrecht 1713 – wesentlich ist, daß ein europäisches Volk die Insel, die es bewohnt, nicht mehr, wie bisher, als ein abgesprengtes Stück des europäischen Festlandes betrachtet, sondern als die Basis einer rein maritimen Existenz und einer darauf errichteten Herrschaft über die Weltozeane. England hatte sich seit dem 16. Jahrhundert in die großen Entdeckungen und Landnahmen der Portugiesen, Spanier, Franzosen und Holländer eingeschaltet. Es hat alle seine europäischen Rivalen überflügelt, nicht kraft einer moralisch oder physisch höheren Qualität, sondern einzig und allein dadurch, daß es den Schritt vom festen Land zum freien Meer in aller Folgerichtigkeit getan hat und der großen Landnahme eine große Seenahme an die Seite stellte.

Das war eine einmalige, unwiederholbare, geschichtliche Antwort auf die ebenso einmalige, unwiederholbare, geschichtliche Herausforderung, auf den großen Anruf des Zeitalters der europäischen Entdeckungen. Zum ersten Mal in der uns bekannten Geschichte der Menschheit erging eine Herausforderung, die nicht einzelne Flüsse, Küsten oder Binnenmeere betraf. Zum ersten Mal war die Herausforderung global. Die meisten europäischen Völker haben diesen Anruf terran verstanden. Die Spanier gründeten ein großes überseeisches Reich ; sie blieben trotzdem wesentlich terran und erschöpften sich in der großen Landnahme. Die Russen brachen von Moskau auf und eroberten ein riesiges Land, Sibirien. Die Portugiesen haben trotz ihrer erstaunlichen Fahrten keine rein maritime Existenz erreicht. Auch das Heldenepos ihrer Entdeckerzeit, die Lusiaden des CAMOES, spricht vom Indischen Ozean im Grunde nicht anders wie VIRGILs Aeneis vom Mittelmeer spricht. Die Holländer nahmen einen großartigen ozeanischen Anlauf und lagen zuerst in der Führung. Aber ihre Basis war schließlich doch zu schwach, ihre Verstrickung in die Politik der Landmächte war zu stark, und nach dem Frieden von Utrecht 1713 sind sie verlandet. Die Franzosen wagten einen zweihundertjährigen Krieg mit den Engländern und haben ihn schließlich verloren. England war am wenigsten vom Kontinent behindert – *the least hampered by the continent* – und vollzog den Übergang zur maritimen Existenz folgerichtig zu Ende. Damit hat es die Voraussetzung der industriellen Revolution geschaffen.

Eine europäische Insel löste sich von dem traditionellen, rein terranen Weltbild ab und ging dazu über, die Welt folgerichtig vom freien Meer aus zu sehen. Das feste Land, der natürliche Wohnraum des Menschen wurde zu einer bloßen Küste mit Hinterland, *backland*. Noch im 15. Jahrhundert, zur Zeit der Jungfrau von Orléans, hatten die englischen Ritter in Frankreich gute Beute gemacht, wie die Ritter anderer Länder auch. Bis zum 16. Jahrhundert waren die Englander ein Volk von Schafzüchtern, die ihre Wolle nach Flandern verkauften, wo sie zu Tuch verarbeitet wurde. Und dieses Volk verwandelte sich in ein Volk von Seeschäumern und gründete ein ozeanisches – nicht ein nur thalassisches – Weltreich. Die Insel hörte auf, ein abgesprengtes Stück Land zu sein und verwandelte sich in ein Schiff, das vor dem Kontinent vor Anker lag. An die Stelle des alten, rein terranen Nomos der Erde tritt ein neuer Nomos, der die Weltmeere in seine Ordnung einbezieht, aber die Welt des freien Meeres von der des festen Landes unterscheidet und beide gegeneinander balanciert, um mit Hilfe dieses Gleichgewichts das feste Land vom Meere her zu kontrollieren.

Was sich gegen Ende des 17. Jahrhunderts abgelöst hat, ist also nicht, wie Arnold TOYNBEE meint, ein « technischer Splitter », sondern etwas anderes. Eine europäische Insel löste sich vom europäischen Kontinent ab und eine neue, von der Insel getragene maritime Welt stellte sich der Welt des festen Landes gegenüber. Sie bildete ein Gegengewicht gegen die terrane Welt und hielt das Gleichgewicht der Erde und damit den Frieden der Welt wie eine Waage in ihrer Hand. Das war das Ergebnis einer konkreten Antwort auf den Anruf der sich öffnenden Weltozeane. Auf dieser Insel England, die dem Anruf gefolgt war und den Schritt zur maritimen Existenz getan hatte, entstanden plötzlich die ersten Maschinen.

5

Das Schiff ist der Kern der maritimen Existenz des Menschen, wie das Haus der Kern seiner terranen Existenz ist. Schiff und Haus sind keine Antithesen im Sinne einer polaren Spannung, sondern verschiedene Antworten auf einen verschiedenen Anruf der Geschichte. Beide sind mit technischen Mitteln gebaut, aber zum Unterschied vom Haus ist das Schiff in sich selbst ein absolut technisches Vehikel und auf eine unbedingte Herr schaft des Menschen über die Natur angelegt. Denn das Meer ist in einem andern Sinne Natur als das feste Land. Es ist fremder und feindlichter. Bei der Trennung von Land und Meer erhielt der Mensch nach der biblischen Schöpfungsgeschichte das Land als seinen Wohnraum zugewiesen. Das Meer blieb gefährlich und böse. Wir verweisen hier auf den Kommentar zum 1. Kapitel der Genesis, den man in Band 3, 1 der Dogmatik von Karl BARTH findet (26), und begnügen uns mit der Feststellung, daß die alte, religiöse Scheu des Menschen vor dem Meer eines besonderen Antriebes bedurfte, um überwunden zu werden. Der technische Antrieb, der diese Scheu überwand, war anders als jeder andere technische Antrieb. Der Mensch, der sich auf das Meer wagte – das Wort Pirat bezeichnet den, der dieses Wagnis auf sich nimmt –, hatte, wie es beim Dichter heißt.

« dreifaches Erz um die Brust, »

aes triplex circa pectus. Das Zurückweichen der Naturschranke, das der Mensch durch seine Arbeit in Kultur und Zivilisation bewirkt, ist also sehr verschieden, je nachdem es sich im Schiff und durch das Schiff oder als Weiden und Bauen auf dem festen Lande vollzieht.

Kern und Zentrum der terranen Existenz, mit allen ihren konkreten Ordnungen : Haus und Eigentum, Ehe, Familie und Erbe, ist das Haus. Alle diese konkreten Ordnungen entstehen und wachsen auf dem Boden und im Rahmen einer terranen Existenz, insbesondere des Ackerbaues. Das fundamentale Rechtsinstitut, das Eigentum – *Dominium* – erhält seinen Namen vom Hause – *Domus*. Das liegt auf der Hand. Es ist aber auch unter Juristen wenig bekannt, daß das deutsche Wort Bauer *(paganus)* nicht unmittelbar von der Tätigkeit des Ackerbaues stammt, sondern von Bau, Gebäude *(aedificium)* : es bezeichnet also zunächst den Mann, der ein Haus hat. Im Kern der terranen Existenz steht also das Haus. Im Kern der maritimen Existenz dagegen fährt das Schiff. Das Haus ist Ruhe, das Schiff ist Bewegung. Der Raum, in dem das Schiff sich bewegt, ist ein anderer Raum als die Landschaft, in der das Haus steht. Das Schiff hat infolgedessen eine andere Umwelt und einen anderen Horizont (27). Die Menschen auf dem Schiff haben eine andere Art sozialer Beziehungen sowohl zueinander wie zu ihrer Außenwelt. Sie haben ein wesentlich anderes Verhältnis auch zur Natur und vor allem zu den Tieren. Der terrane Mensch zähmt und domestiziert Tiere, den Elefanten, das Kamel, Pferd, Hund, Katze, Ochs, Esel « und alles, was sein ist » und macht sie zu Haus-Tieren. Die Fische dagegen werden nicht gezähmt, sondern nur gefangen und verspeist. Sie können keine Haus-Tiere werden, weil das Haus dem Meere fremd ist.

Wir erinnern hier an einige einfache kulturgeschichtliche Beispiele, um an die abgründige Verschiedenheit von terraner und maritimer Existenz zu erinnern. Wir suchen eine Antwort auf die Frage, warum die industrielle Revolution mit ihrer entfesselten Technik einer maritimen Existenz zugeordnet ist. Eine terrane Ordnung, in deren Mittelpunkt das Haus steht, hat notwendigerweise ein fundamental anderes Verhältnis zur Technik, wie eine Existenzweise, in deren Zentrum ein Schiff fährt. Die Verabsolutierung der Technik und des technischen Fortschritts, die Gleichsetzung von technischem Fortschritt mit Fortschritt überhaupt, kurz, alles das, was mit dem Schlagwort « entfesselte Technik » gemeint ist, entwickelt sich nur unter der Voraussetzung, nur auf dem Nährboden und nur in dem Klima einer maritimen Existenz. Indem die Insel England dem Anruf der sich öffnenden Weltozeane folgte und den Schritt zu einer maritimen Existenz vollzog, gab sie eine großartige geschichtliche Antwort auf den geschichtlichen Anruf des Zeitalters der Entdeckungen. Damit schuf sie zugleich die Voraussetzung der industriellen Revolution und den Anfang der Epoche, deren Problematik wir heute erleben.

Wir sprechen konkret von der industriellen Revolution, die unser heutiges

Schicksal ist. Sie konnte nirgendwo anders als in dem England des 18. Jahrhunderts entstehen. Eine industrielle Revolution bedeutet nämlich die Entfesselung des technischen Fortschritts, und die Entfesselung des technischen Fortschritts ist nur aus einer maritimen Existenz heraus verständlich ; in ihr ist sie bis zu einem gewissen Grade sogar sinnvoll. Technische Erfindungen sind überall und zu allen Zeiten gemacht worden. Die technische Begabung der Engländer war nicht größer als die anderer Völker auch. Es handelt sich immer nur darum, was aus der technischen Erfindung gemacht wird, und das hängt davon ab, in welchen Rahmen, das heißt : in welche konkrete Ordnung die technische Erfindung hineinfällt. Innerhalb einer maritimen Existenz entwickeln sich die technischen Erfindungen ungehemmter und freier, als wenn sie in die festen Ordnungen einer terranen Existenz hineinfallen und von ihnen erfaßt und eingefügt werden. Die Chinesen haben das Schießpulver erfunden ; sie waren in keiner Weise dümmer als die Europäer, die es ebenfalls erfunden haben. Aber in dem festen Rahmen der rein terranen Ordnung des damaligen China brachte die Erfindung des Schießpulvers es nur bis zu einer Verwendung als Spiel und Feuerwerk. In Europa brachte sie es bis zu den Erfindungen Alfred NOBELs und seiner Nachfolger. Die Engländer, die im 18. Jahrhundert alle jene Erfindungen machten, die zur industriellen Revolution geführt haben – Koksofen, Gußstahl, Dampfmaschine, Spinnmaschine, usw. – waren keineswegs genialer als die Menschen anderer Zeiten und anderer terran gebliebener Länder, die manche von jenen Erfindungen des 18. Jahrhunderts ebenfalls schon gemacht hatten. Technische Erfindugen sind keine Offenbarungen eines geheimnisvollen höheren Geistes. Sie fallen in ihre Zeit hinein. Sie gehen unter oder entwickeln sich, je nach der konkreten menschlichen Gesamtexistenz, in die sie hineinfallen. Ich will also sagen : die Erfindungen, mit denen die industrielle Revolution einsetzt, konnten nur dort zum Ansatz einer industriellen Revolution werden, wo der Schritt zur maritimen Existenz getan war.

Der Schritt zu einer rein maritimen Existenz bewirkt in sich selbst und in seiner weiteren inneren Folgerichtigkeit die Entfesselung der Technik als einer eigengesetzlichen Kraft. Bei allem, was sich früher, innerhalb einer wesentlich terranen Existenz an Technik entwickelt hatte, gab es keine absolute Technik. Dabei ist zu beachten, daß die bloß thalassische, auf Küste und Binnenmeer beschränkte Kultur noch keinen endgültigen Schritt zur maritimen Existenz bedeutet. Erst auf dem Ozean wird das Schiff zum absoluten Gegenbild des Hauses. Der unbedingte Fortschrittsglaube ist ein Anzeichen dafür, daß der Schritt zur maritimen Existenz getan ist. In dem geschichtlich, sozial und moralisch unendlich erscheinenden Raum der maritimen Existenz führte sie zu den Kettenreaktionen uferlosen Weiter-Erfindens. Es handelt sich hier nicht etwa um den Unterschied von seßhaften und Nomadenvölkern, sondern um den Gegensatz von Land und Meer als elementar verschiedenen Existenzmöglichkeiten des Menschen. Es ist deshalb auch irreführend, von Schiff-Nomaden zu sprechen und sie mit den

Pferde-, Kamel- oder andern Land-Nomaden in einer Reihe zu nennen. Das ist nur eine der vielen unrichtigen Übertragungen vom Land auf das Meer. Der Raum, in dem die menschliche Existenz geschichtlich verortet wird, ist sowohl im Horizont wie bis in den tiefsten Grund hinein nach Land und Meer verschieden und – je nachdem er vom Land auf das Meer oder vom Meer auf das Land gesehen wird – ein wesentlich anders geartetes Kraftfeld menschlicher Kultur oder Zivilisation, wobei die Kultur wohl mehr terran und die Zivilisation mehr maritim bestimmt ist und das maritime Weltbild eher technomorph als soziomorph ist (28).

Auf zwei wichtige Phänomene des 19. Jahrhunderts fällt durch die Erkenntnis des maritimen Zusammenhangs zum ersten Mal ein neues, geistesgeschichtliches Licht: auf die klassische Nationalökonomie des späten 18. und des sich anschließenden 19. Jahrhunderts und auf den Marxismus. Indem die industrielle Revolution entstanden war, ergaben sich immer weitere und immer schnellere Schritte in dem Bereich der Uferlosigkeit, die zur entfesselten Technik führte. Die sogenannte klassische Nationalökonomie ist eine gedankliche Supra-Struktur über dem ersten Stadium der industriellen Revolution. Der Marxismus baut seine Konstruktion ganz auf der klassischen Nationalökonomie auf. Er führte diese und wurde dadurch zu einer Supra-Struktur über dem zweiten Stadium der industriellen Revolution. In dieser Eigenschaft konnte er das geeignete Begriffsinventarium für eine Elite russischer Berufsrevolutionäre liefern, denen es gelungen ist, sich in der Oktoberrevolution des Jahres 1917 des russischen Reiches zu bemächtigen und das Gerüst jener doppelten Supra-Struktur auf ein agrarisches Land zu übertragen. Geschichtlich handelte es sich dabei um etwas ganz anderes als um die Verwirklichung einer reinen Lehre oder um den Vollzug von Gesetzen des historischen Ablaufs. Es handelte sich darum, daß ein industriell zurückgebliebenes Agrarreich instandgesetzt wurde, sich der industriellen Technik zu bemächtigen, ohne die es in einem modernen Weltkrieg zu einer bequemen Beute jedes industriell bewaffneten Eroberers werden mußte. Der Marxismus hat sich aus einem ideologischen Überbau über dem zweiten Stadium der industriellen Revolution in ein praktisches Instrument verwandelt, um einen Zustand industriell-technischer Wehrlosigkeit zu überwinden und eine alte Elite abzulösen, die sich dieser Aufgabe nicht gewachsen zeigte.

Doch war die konsequente Zu-Ende-Führung der klassischen Nationalökonomie nur ein Teil der marxistischen Lehre. Ihre Wurzel blieb hegelianisch. In einer Stelle von HEGELs *Grundlinien der Philosophie des Rechts*, in den §§ 243 ff., steckt ihr Keim. Diese Stelle ist berühmt (29). Sie entwickelt die Dialektik einer bürgerlichen Gesellschaft, die sich in ungehinderter Wirksamkeit befindet und « innerhalb ihrer selbst in fortschreitender Bevölkerung und Industrie begriffen » ist. Von dieser bürgerlichen Gesellschaft sagt HEGEL, daß sie « bei dem Übermaß des Reichtums die bürgerliche Gesellschaft nicht reich genug ist, d.h. an dem ihr eigentümlichen Vermögen nicht genug besitzt, dem Übermaße der Armut und der Erzeugung des Pöbels zu steuern. » Ausdrücklich verweist er dabei auf das damalige England als dem eigentlichen Beispiel. Dann folgt der § 246 :

> « Durch diese ihre Dialektik wird die bürgerliche Gesellschaft über sich hinausgetrieben, zunächst diese bestimmte Gesellschaft, um außer ihr in anderen Völkern, die ihr an den Mitteln, woran sie Überfluß hat, oder überhaupt an Kunstfleiß u.s.f. nachstehen, Konsumenten und damit die nötigen Subsistenzmittel zu suchen. »

Das sind die mit Recht berühmten §§ 243-246 von HEGELs *Grundlinien der Philosophie des Rechts*, die ihre Entfaltung im Marxismus gefunden haben. Aber ich wüßte nicht, daß bisher der unmittelbar folgende § 247 in seiner ebenso großen Tragweite erkannt worden ist. Er bringt nämlich die Gegenüberstellung von Land und Meer, und seine Entfaltung könnte nicht weniger fruchtbar und nicht weniger folgenreich sein, wie die Entfaltung der vorangehenden §§ 243-246 durch den Marxismus. Es handelt sich um die Zuordnung der industriellen Entwicklung zur maritimen Existenz. Dieser § 247 enthält den entscheidenden Satz :

> « Wie für das Prinzip des Familienlebens die Erde, fester Grund und Boden, Bedingung ist, so ist für die Industrie das nach außen sie belebende natürliche Element das Meer. »

Ich breche hier ab und überlasse es dem aufmerksamen Leser, in meinen bisherigen Ausführungen den Anfang eines Versuches zu finden, diesen § 247 von HEGELs Rechtsphilosophie in ähnlicher Weise zur Entfaltung zu bringen, wie die §§ 243-246 im Marxismus zur Entfaltung gebracht worden sind.

***

Mit unserer Deutung erhebt sich allerdings sofort eine neue Frage und mit dieser Frage sofort eine neue Gefahr. Es fragt sich : Was ist denn nun heute der gegenwärtige aktuelle Challenge der Geschichte ? Die Gefahr ist, daß auf den heutigen neuen Anruf mit einer alten Antwort reagiert wird, weil diese sich für eine vorangehende Epoche als richtig und erfolgreich erwiesen hat. Die Menschen halten sich gern an das früher einmal Richtige und Erfolgreiche. Sie wollen nicht gern wissen, daß die Antwort auf einen neuen Challenge der Geschichte vom Menschen her gesehen nur ein Vorgebot sein kann und meistens sogar, wie die Ausfahrt des COLUMBUS, nur ein blindes Vorgebot ist. Der Mensch hat ein fast unwiderstehliches Bedürfnis, seine letzte große geschichtliche Erfahrung zu verewigen. Als wir Deutschen 1914 nach Frankreich einmarschierten, glaubten wir, es müßte wieder so gehen wie im Jahre 1870-71, bei unserm letzten Sieg. Als die belagerten Franzosen im Winter 1870-71 einen Ausfall aus Paris machten, glaubten sie, es müßte wieder so gehen, wie in der siegreichen Revolution von 1792. Als der amerikanische Staatssekretar STIMSON im Jahre 1932 seine berühmte Stimson-Doktrin verkündete (30), glaubte er, die Lage wäre im vergrößerten Maßstabe wieder so, wie 1861 bei Beginn des Sezessionskrieges.

Unser geschichtlicher Sinn kann uns vor solchen Reprisen bewahren. Paradoxerweise ist gerade in den Ländern der entfesselten Technik die Meinung verbreitet, es beginne nunmehr mit Hilfe der neuen technischen Mittel ein Aufbruch in neue unendliche Räume des Kosmos. Im Vergleich zu diesem Aufbruch in den Kosmos wäre der Aufbruch des Zeitalters der Entdeckungen vor fünfhundert Jahren nur eine Kleinigkeit gewesen. Die Menschen planen Eingriffe in die Stratosphäre und Fahrten zum Mond. Die Erde selbst, unser Planet, soll sich in ein Raum-Schiff verwandeln, das nunmehr in den Kosmos hinein aufbricht.

Ich halte das alles nur für die Reprise einer alten Antwort, für die verzweifelte Weitertreibung der damaligen Antwort auf den Challenge der sich öffnenden Ozeane. Die Menschen denken sich den heutigen Challenge als eine vergrößerte Ausgabe der Entdeckung Amerikas. Das ist, wie gesagt, psychologisch verständlich. Damals öffneten sich neue Kontinente und Ozeane der Erde. Heute sehe ich keinen sich öffnenden Kosmos und höre keinen kosmischen Anruf oder Challenge. Von den fliegenden Untertassen wollen wir dabei absehen. Die entfesselte Technik mag noch so gewaltsam in den Kosmos hineinstoßen, das ergibt noch keinen geschichtlichen Challenge und noch weniger eine geschichtliche Antwort auf einen solchen. Es ist wahr, daß die entfesselte Technik ein ungeheures Potential von Antrieb und Antriebsüberschuß produziert. Aber Antrieb und Anruf ist nicht dasselbe. Es ist auch wahr, daß die moderne Technik immer neue künstliche Bedürfnisse erzeugt. Damit ist aber nur gesagt, daß sie höchstens die Antwort auf einen von ihr selbst künstlich produzierten Challenge ebenso künstlich produzieren könnte.

Gerade die scheinbar modernste Weiterführung der alten Antwort erweist sich also für eine geschichtliche Betrachtung als ungeschichtlich und anachronistisch. Es ist nur allzu natürlich, daß der Sieger der vergangenen Epoche den neuen Anruf der Geschichte am ehesten verfehlt. Denn wie sollte der Sieger verstehen, daß auch sein Sieg nur einmal wahr ist ? Und wer dürfte ihn darüber belehren ? Ich finde : es ist schon ein Gewinn, wenn wir auf neue Fragen nicht mit alten Antworten erwidern. Wir haben schon viel erreicht, wenn wir die gegenwärtige neue Welt nicht nach dem Schema der gestrigen neuen Welt konstruieren. Ich persönlich vermute den neuen Anruf nicht jenseits der Stratosphäre. Ich sehe, daß die entfesselte Technik den Menschen eher einschließt, als daß sie ihm neue Räume öffnet. Die moderne Technik ist nützlich und notwendig. Aber sie ist weit davon entfernt, heute noch die Antwort auf einen Anruf zu sein. Sie befriedigt immer neue, zum Teil von ihr selbst provozierte Bedürfnisse. Im übrigen ist sie selber in Frage gestellt und schon deshalb keine Antwort. Jeder spricht davon, daß die moderne Technik unsere Erde lächerlich klein gemacht hat. Die neuen Räume, aus denen der neue Anruf kommt, müssen sich deshalb auf unserer Erde befinden und nicht draußen im Kosmos. Derjenige, dem es gelingt, die entfesselte Technik einzufangen, hat eher eine Antwort auf den gegenwärtigen Anruf gegeben, als derjenige, der mit den Mitteln einer entfesselten Technik auf dem Monde oder auf dem Mars zu landen sucht. Die Bändigung der entfesselten Technik, das wäre zum Beispiel die Tat eines neuen Herkules. Aus dieser Richtung höre ich den neuen Anruf, den Challenge der Gegenwart.

---

(1) (PT) Enrique TIERNO GALVANs jahrzehntelange Gegnerschaft zum FRANCO-Regiment führten 1965 zu seiner Entlassung als Professor an der Universität von Salamanca sowie einem vorübergehenden Paßentzug. 1975 schloß sich die von ihm gegründete PSP (= *Partido Socialista Popular*) der PSOE (= *Partido Socialista Obrero Español*) von Felipe GONZÁLES MÁRQUEZ (geb. 1943) an. Nach den Kommunalwahlen vom April 1979 wurde er Bürgermeister von Madrid. Aufschlußreich für seine Denkentwicklung im allgemeinen und für sein (ambivalentes ?) Verhältnis zum Marxismus im besonderen ist die sich mit ihm befassende Studie seines Mitarbeiters und Freundes Raúl MORODO (geb. 1935) in dessen Buch *Tierno Galván y otros precursores políticos*, Madrid : El País, 1987, 271 S. (der Band enthält übrigens S. 97-108 ein Kapitel über C.S.). Günter MASCHKE (geb. 1943) ist nicht entgangen (vgl. *Der Tod des Carl Schmitt. Apologie und Polemik*, Wien : Karolinger Verlag, 1987, 164 S. ; dort S. 80 FN 136), daß TIERNO G. in seiner Dissertation (Madrid 1942) über die spanischen Theoretiker der Staatsräson nach 1600 (übernommen in seinem Buch *Escritos 1950-1960*, Madrid : Tecnos, 1971, 601 S. ; dort S. 11-93 : « El Tácitismo en las doctrinas políticas del Siglo de Oro español »), den Einfluß eben dieser tácitistas (vor allem Baltásar ALAMOS DE BARRIENTOS) auf C.S. angedeutet hat (dort S. 62). Über seine Beziehungen zu C.S. berichtet TIERNO G. in seinem Memoirenband *Cabos sueltos*, Barcelona : Bruguera, 1982, 704 S., Nr. 34 in der Reihe 'Libro blanco' ; dort S. 166-169. Eine deutsche Übersetzung seiner C.S. gewidmeten Studie « Benito Cereno o il mito de Europa » (in den *Cuadernos hispanoamericanos*, 13. Jahrg. Nr. 36, Dezember 1952, S. 215-225) findet sich S. 345-356 in der C.S.-Festschrift *Epirrhosis*, Berlin : Duncker & Humblot, 1968, 1. Band = VIII-412 S. ; zum Thema vgl. den Beitrag von Antonio TRUYOL Y SERRA in dem TIERNO G. gewidmeten Doppelheft der Zeitschrift *Sistema*, Nr. 71-72, Juni 1986, S. 69-72 : « Enrique Tierno, Carl Schmitt *y Benito Cereno* ». Wichtig ist ferner ein Hinweis in der Dissertation von Germán GÓMEZ ORFANEL, *Excepción y normalidad en el pensamiento de Carl Schmitt*, Madrid : Centro de Estudios Constitucionales, 1986, XV-307 S., Nr. 5 in der Reihe 'El derecho y la justicia' ; dort S. 26 FN 87 : « ... Para el análisis de la influencia de Schmitt en nuestro país es recomendable también la consulta del *Boletín informativo del Seminario de Derecho Político* de la Universidad de Salamanca » (tatsächlich wurde das Periodikum 1954 von TIERNO G. ins Leben gerufen.) – Vgl. auch *infra* FN 5.

(2) (PT) C. GALLI, « Introduzione », S. 7-25 in E. JÜNGER/C.S., *Il nodo di Gordio. Dialogo su Oriente e Occidente nella storia del mondo*, Bologna : Il Mulino, 1987, 191 S., Nr. 35 in der Reihe 'Intersezioni', dort S. 21 FN 4.

(3) (CS) C.S., *Der Nomos der Erde im Völkerrecht des Jus Publicum Europaeum*, Berlin : Duncker & Humblot, (1950) ^{3}1988, 308 S. ; dort S. 260-261.

(4) a) (CS) J. GOTTMANN (geb. 1915), *La politique des Etats et leur géographie*, Paris : Colin, 1952, XI - 228 S. ; dort S. 220.

b) (PT) GOTTMANN hat sich außerdem als Kenner der Probleme der Riesenstädte hervorgetan ; vgl. jetzt J. GOTTMANN und Robert A. HARPER (Hrsg.), *Since 'Megalopolis'. The Urban Writings of Jean Gottmann*, Baltimore : The Johns Hopkins University

Press, 1990, X-294 S.

(5) a) (CS) L. DÍEZ DEL CORRAL, *El Rapto de Europa. Una interpretación histórica de nuestro Tiempo*, Madrid : Revista de Occidente, 1954, 350 S. ; insbesondere Kapitel VII, S. 205-242 : « Enajenación del Arte ».
b) (PT) Das von C.S. genannte Buch wurde von E. TIERNO G. (vgl. *supra* FN 1) ausführlich besprochen in der *Revista de Estudios Políticos*, Nr. 78, November-Dezember 1954, S. 143-147, und in mehreren Sprachen übersetzt. Der der Schule von José ORTEGA Y GASSET (1883-1955) zuzurechnende Soziologe und Historiker Luís DÍEZ DEL CORRAL PEDRUZO (geb. 1911) war mit C.S. befreundet ; er hat ihn öfters zitiert, u.a. mehrfach in *El liberalismo doctrinario*, Madrid : Instituto de Estudios Políticos, (1955) [2] 1956, XI-602 S. Es gibt eine von Rainer SPECHT (geb. 1930) hergestellte deutsche Übersetzung : *Doktrinärer Liberalismus,* Neuwied : Luchterhand, 1965, 410 S., Nr. 20 in der Reihe 'Politica'.

(6) (CS) C. OLLERO, *Estudios de ciencia política* Madrid : Editorial Nacional, 1955 ; insbesondere S. 61-86 : « La Forma política ».

(6a) (PT) Über C.S.s Beschäftigung mit Vilfredo PARETO (1848-1923), vgl. meine Studie « Gehlen - Pareto - Schmitt » in dem von Helmut QUARITSCH (geb. 1930) und Helmut KLAGES (geb. 1930) hrsg. Tagungsband des Speyerer Sonderseminars 'Zur geisteswissenschaftlichen Bedeutung Arnold Gehlens' (April 1989), Berlin : Duncker & Humblot, im Druck.

(7) (CS) C.S., *op.cit.* (vgl. *supra* FN 3), S. 75

(8) a) (CS) Friedrich August Freiherr VON DER HEYDTE (geb. 1907), « Francisco de Vitoria und die Geschichte seines Ruhmes. Eine Entgegnung », *Die Friedenswarte*, 49. Jahrg. Nr. 4-5, 1949, S. 190-197 ; dort S. 192.
b) (PT) Zu diesem Aufsatz, vgl. *Schmittiana II*, S. 128-129 und 156 FN 67.

(9) a) (CS) Juan José LÓPEZ IBOR (geb. 1906), *Estilos de vivir y modos de enfermar*, Madrid : Ateneo, 1954, 35 S., Nr. 53 in der Reihe 'O crece o muere'. Auch das große Buch dieses Autors, *La angustia vital. Patología general psicosomática*, Madrid : Editorial Paz Montalvo, 1950, 713 S., enthält Material zu dem Problem einer Ikonographie im allgemeinen kulturellen und geschichtlichen Sinn.
b) (PT) C.S. kannte diesen Gelehrten persönlich ; er erhielt beispielsweise ein Widmungsexemplar seines anläßlich seiner Aufnahme in die 'Real Academia Nacional de Medicina' gehaltenen Vortrags *La responsabilidad penal del enfermo mental*, Madrid : Cosano, 1951, 70 S.

(10) (PT) Halford John MACKINDER (1861-1947) trug seine Aufsehen erregende These zum ersten Mal 1904 in einer Sitzung der 'Royal Geographical Society' in London vor : « The Geographical Pivot of History », *Geographical Journal*, April 1904, S. 421-444. Erst 1919 taufte er in einem, den Friedensunterhändlern in Versailles zugedachten Buch (vgl. *infra* FN 12), die 'pivot area' in 'Heartland area' um und formulierte gleichzeitig die oft falsch zitierten Parolen : « Who rules East Europe commands the Heartland : / Who rules the Heartland commands the World-Island : / Who rules the World-Island commands the World. » Als erster Einstieg in diese Thematik ist besonders geeignet Charles KRUSZEWSKI, « The Pivot of History », *World Affairs*, 32. Jahrg. Nr. 3, April 1954, S. 388-401. Für ein gründlicheres Studium (einschließlich Bibliographie) ist das Buch von William Henry PARKER (geb. 1912) empfehlenswert : *Mackinder. Geography as an Aid to Statecraft,* Oxford : Clarendon Press, 1982, 295 S.

(11) (CS) Camilo BARCIA TRELLES (1888-1977), *El Pacto del Atlantico, la tierra y el mar frente a frente*, Madrid : Instituto de Estudios Políticos, 1950, 685 S. ; *El Problema de la Unidad del Mundo posbélico*, hrsg. von der Rechtswissenschaftlichen Fakultät der Universität von Sao Paulo, 1953, 366 S. Ferner die regelmäßig erscheinenden Stellungnahmen in der *Revista de Estudios internacionales* unter dem Titel « El ayer, el hoy y el mañana internacionales ».

(12) a) (CS) H.J. MACKINDER, *Democratic Ideals and Reality, A Study in the Politics of Reconstruction,* New York/London : Holt, 1919, XI-266 S.
b) (PT) Vgl. *supra* FN 10.

(13) a) (CS) S. MAIWALD in mehreren Aufsätzen der damals von ihm herausgegebenen Zeitschrift *Universitas* (Tübingen, 1949-51), insbesondere in dem dreiteiligen Aufsatz

« Das atlantische System im permanenten Ausnahmezustan », Jahrg. 1951 ; außerdem in dem Aufsatz « Der globale Ausnahmezustand », *Zeitschrift für Geopolitik, 22. Jahrg. Nr. 12, Dezember 1951, S. 725-733.*

b) (PT) Über Serge MAIWALD (1916-1952), vgl. Schmittiana II, S. 127 und 156 FN 59.

(14) (CS) U.a. in *Land und Meer. Eine weltgeschichtliche Betrachtung*, Köln : Hohenheim Verlag, (1942) [4] 1981, 109 S., in der Reihe 'Edition Maschke'.

(15) (CS) Erwin HÖLZLE, *Rußland und Amerika. Aufbruch und Begegnung zweier Weltmächte*, München : Oldenbourg, 1953, 308 S. ; dort S. 69.

(16) (PT) *Goethes Werke* (Hamburger Ausgabe), Hamburg : Wegner, 1948, Band 1 = 604 S. ; dort S. 261-262 : « Im Namen der Bürgerschaft von Karlsbad (Ihro der Kaiserin von Frankreich Majestät) », und S. 533-534 (Kommentar).

(17) a) (CS) W. WARNACH, *Abstrakte Kunst als Zeitausdruck*, Salzburg : Otto Müller, 1953 ; es handelt sich um einen Vortrag in den Salzburger Hochschulwochen 1953, übernommen in WARNACHs Aufsatzband *Wege im Labyrinth. Schriften zur Zeit,* Pfullingen : Neske, 1982, 940 S. (vgl. die ausführliche Rezension von Peter HAMM, « Ins Herz des Labyrinths », *Die Zeit,* Nr. 33, 12. August 1983) ; dort S. 721-747.

b) (PT) Über WARNACH (geb. 1910), vgl. in diesem Band, S. 88 FN 62.

(17a) (PT) Sein langjähriger jüngerer Freund Ernst HÜSMERT (vgl. *Schmittiana I,* S. 40-54) hat kürzlich daran erinnert, daß C.S. etwas früher irreale Bedingungssätze bei Historikern sowie aparte Reime bei Lyrikern zu sammeln versucht hatte. Vgl. I. VILLINGER (Hrsg.), *op. cit.* (vgl. *infra* S. 94 FN 8), S. 46-47.

(18) (CS) Die deutschen Worte Landnahme und Seenahme sind mit dem Substantivum Nahme zusammengesetzt. Nahme ist ein *nomen actionis* vom Verbum Nehmen. Das griechische Wort *Nomos* ist ein *nomen actionis* des grie chischen Verbum *Nemein.* Dieses bedeutet : erstens Nehmen, zweitens Teilen, drittens Weiden im Sinne von Bewirtschaften, Benutzen, Produzieren und Konsumieren. So erklärt sich die Titelüberschrift meines Aufsatzes « Nehmen / Teilen / Weiden. Ein Versuch, die Grundfragen jeder Sozial- und Wirtschaftsordnung vom NOMOS her richtig zu stellen », *Revue internationale de Sociologie* (Rom : Fratelli Bocca Editori), 1. Jahrg. Nr. 1, Januar 1954, S. 59-71. Es scheint mir notwendig, diese drei Urbegriffe alles menschlichen Rechts rechtsphilosophisch zu vertiefen, umso mehr, als alle großen Denker – auch der heilige THOMAS VON AQUIN – das *jus post divisonem* von dem *jus ante divisonem* unterscheiden. – Die Übersetzung dieses deutschen Wortes 'Nahme' in die spanische oder andere romanische Sprachen stößt auf große Schwierigkeiten, weil zahlreiche Termini der juristischen Fachsprache den einfachen Urvorgang überlagern, obwohl sich von selbst versteht, daß jede Rechtsordnung auf einem Nehmen, Teilen und Weiden beruht. Alvaro d'ORS, *De la guerra y de la paz,* Madrid : Rialp, 1954, 217 S., Nr. 28 in der 'Biblioteca del pensamiento actual', spricht S. 183 von *tomar* und der anschließenden *distribución originaria.* José CAAMAÑO MARTINEZ in seiner unvollständigen Übersetzung des 1. einleitenden Corollariums meines Buches (vgl. *supra* FN 3, S. 13-20), *Arbor*, Nr. 52, April 1950, S. 479-488, spricht von *ocupación de la tierra.* José LUIS ESTEVEZ in seiner Übersetzung des gleichen Korollariums, *Foro Gallego*, Nr. 82, Juli-August 1952, sagt ebenfalls *ocupación.* Antonio TRUYOL Y SERRA hat im *Boletin Informativo del Seminario de Derecho Político* de la Universidad de Salamanca, Nr. 2, Januar-Februar 1954, S. 3-14, den Titel meines oben erwähnten Aufsatzes folgendermaßen übersetzt : « Apropiación, Partición, Apacentamiento ». Aber Worte wie *ocupación, instalación, apropiación* entfernen sich von der Primitivität des Urvorgangs, von der *primera toma o primera presa de la tierra o del mar.*

(19) (PT) Es ist daran zu erinnern, daß C.S. schon 1928 die Tierfabel « als treffende Illustration der völkerrechtlichen Wirklichkeit » vorgeführt und die Möglichkeit « an der Hand irgendeines klassischen Fabelbuches (*sc.* gemeint sind Tierfabeln), Aesop oder Lafontaine, eine klare, einleuchtende Theorie der Politik und der Völkerrechts zu entwickeln », durchaus bejaht hat ; vgl. *Positionen und Begriffe im Kampf mit Weimar-Genf-Versailles 1923-1939,* Berlin : Duncker & Humblot, (1940) [2] 1988, 322 S., dort S. 108. In meinem Exemplar des Textes vom Jahre 1928 hat er der dort erwähnten Geschichte von der Schuld an der Pest, handschriftlich Folgendes hinzugefügt : « eine besonders schöne Fa-

bel von Lafontaine ; sie steht als erste in Buch VII der Fabeln (unter dem Titel : Les Animaux malades de la peste) ; ich kann Ihnen meine französische Lafontaine-Ausgabe (mit Kommentar) leihen ; sie ist für mich (auch in ihrem versteckten Anti-Klerikalismus) eine unerschöpfliche Quelle des Entzückens ; ich verstehe hier die (für Deutsche sonst schwer verständliche) Begeisterung der Franzosen für Lafontaine (insbesondere das Buch von Giraudoux). » – Die Ausgabe der Fabeln von Jean DE LA FONTAINE (1621-1695) brauchte ich nicht zu entleihen, so daß ich nicht weiß, welche gemeint war. Andererseits erwähnte C.S. eines der besten Essays von Jean GIRAUDOUX (1882-1944), *Les Cinq Tentations de Jean de La Fontaine*, Paris : Grasset, (1938) ^{2}1958, 303 S. Interessante Kurzhinweise über das Buch finden sich im ersten Memoirenband von Hans MAYER (geb. 1907), *Ein Deutscher auf Widerruf. Erinnerungen,* Frankfurt a.M. : Suhrkamp, 1982, 430 S. ; dort S. 233-234.

(20) (PT) Zu diesem Ausspruch von Arthur RIMBAUD (1854-1891), vgl. *Schmittiana II*, S. 64 FN 10.

(21) a) (CS) R.G. COLLINGWOOD, *An Autobiography*, London : Oxford University Press, 1939, 167 S. ; dort S. 29 ff.
b) Über Robin George COLLINGWOOD (1889-1943), vgl. *Schmittiana II*, S. 64-65 FN 17.

(22) a) (CS) R.G. COLLINGWOOD, *The New Leviathan, or Man, Society, Civilization, and Barbarism*, New York : Crowell, (1942) 1971, VIII-387 S.
b) (PT) Über die von C.S. beanstandete Schwäche des Buches, vgl. *Schmittiana II*, S. 65 FN 17.

(23) (PT) C.S. kannte die von F.W. PICK übersetzte Ausgabe von D.C. SOMERVELL, *Studie zur Weltgeschichte. Wachstum und Zerfall der Nationen*, Stuttgart : Kohlhammer, (1949) ^{2}1952, 583 S. Nach wie vor empfiehlt sich das Studium des Buches von Othmar ANDERLE (1907-1981), *Das universalhistorische System Arnold Joseph Toynbees*, Frankfurt a.M./Wien : Humboldt-Verlag, 1955, 474 S., Nr. 53 in der Reihe 'Die Universität'.

(24) (CS) A.J. TOYNBEE (1889-1975), *The World and the West*, London : Oxford University Press, 1953, VI-99 S. Eine deutsche Übersetzung von Dr. H.J. ALEXANDER ist erschienen unter dem Titel *Die Welt und der Westen*, Stuttgart : Kohlhammer, 1953, 96 S. (PT) Als Beispiele der von C.S. angedeuteten Diskussion erwähne ich G.F. HUDSON, « Professor Toynbee und der Westen », *Der Monat,* 5. Jahrg., Nr. 57, Juni 1953, S. 317-321, und PAN, « Die Anklage gegen den Westen », *Aegis,* 1. Jahrg. Nr. 1, Oktober 1953, S. 37-39.

(25) (PT) Ich mutmaße, daß C.S. eine mir nicht zugängliche Publikation von Lorenz VON STEIN (1815-1890) benutzt hat : *Der Socialismus und Communismus des heutigen Frankreichs. Ein Beitrag zur Zeitgeschichte*, Leipzig : Otto Wigand, (1842) ^{2}1847, 2 Bände = XVI-592 S. Der im Zitat zum Ausdruck gebrachte Gedanke findet sich aber auch andernorts im Werke VON STEINs, z.B. im Aufsatz « Der Begriff der Arbeit und die Principien des Arbeitslohnes in ihrem Verhältnisse zum Socialismus und Communismus » aus dem Jahre 1846. Ich setze als bekannt voraus, daß C.S. sich eingehend mit VON STEIN in seiner Eigenschaft als Verfassungsdeuter befaßt und sogar den Aufsatz « Zur Preußischen Verfassungsfrage » aus dem Jahre 1852, 1942 neu verlegt hat (vgl. *infra* S. 129 FN 5).

(26) (PT) Karl BARTH (1886-1968), *Kirchliche Dogmatik. Band III, 1 : Die Lehre von der Schöpfung*, Zollikon-Zürich : Evangelischer Verlag, (1945) ^{3}1957, 488 S. In diesem Teilband des funfbändigen Werkes meditiert BARTH über die biblischen Schöpfungsberichte 1. Mose 1 und 2. Vgl. dazu u.a. Jean RILLIET, *Karl Barth, théologien existentialiste ?*, Neuchâtel : Messeiller, 1952, 129 S. ; dort S. 89-111 : « Le système de Karl Barth à la lumière de Kirchliche Dogmatik, III/1 ».

(27) a) (CS) Enrique TIERNO GALVÁN hat in einem glänzenden Aufsatz über Benito Cereno (vgl. *supra* FN 1) die spezifischen Raumbeziehungen des Schiffes herausgearbeitet. Wenn die Juristen ein Schiff als schwimmendes Staatsgebiet, « territoire flottant », bezeichnen, so ist das nicht mehr als eine aus dem terranen Horizont stammende, bequeme Fiktion, eine der zahlreichen Übertragungen vom Land auf das Meer. Darüber hat sich ein guter englischer Jurist des Völkerrechts, Thomas BATY (1869-1954), langjähriger

Berater der japanischen Regierung, in origineller Weise geäußert : *The Canons of International Law,* London : Murray, 1930, XII-518 S. (Chapter II : The Canon of Simplicity ; Chapter IV : The Canon of Objectivity).
b) (PT) In der spanischen Übersetzung fehlt der Hinweis auf BATY.

(28) (CS) Über die Verschiedenheit der Welt- und Herrschaftsbilder, je nachdem sie von technischen (z.B. der Töpfer als Demiurg) oder sozialen (z.B. der Vater als Weltherrscher) Urbildern bestimmt sind, vgl. Ernst TOPITSCH (geb. 1919), « Kosmos und Herrschaft. Ursprünge der 'politischen Theologie' », *Wort und Wahrheit*, 10. Jahrg. Nr. 1, Januar 1955, S. 19-30. Das Problem ist wichtig für das Thema der Ikonographie (vgl. *supra* FN 5).

(29) (PT) Georg Wilhelm Friedrich HEGEL (1770-1831), *Grundlinien der Philosophie des Rechts, oder Naturrecht und Staatswissenschaft im Grundrisse*, Frankfurt a.M. : Ullstein, (1820) 1972, LXXVII-826 S., Nr. 2929 in der Reihe 'Ullstein-Bücher' ; dort S. 207-210 (§§ 243-247). Ich erinnere daran, daß C.S. den Satz des § 247 und den fast wörtlichen Schlußabsatz des Textes, der 3. Ausgabe seines Büchleins über *Land und Meer* als Nachbemerkung mitgegeben hat (vgl. *supra* FN 14 : S. 109 ; die Vorbemerkung ist 10. April 1981 datiert). Außerdem führte er im Jahre 1955 einen Briefwechsel mit dem französischen HEGEL-Kenner russischer Herkunft Alexandre KOJÈVE (1902-1968) ; ich werde ihn in absehbarer Zeit veröffentlichen.

(30) (PT) Nach dem japanischen Angriff auf die Mandschurei und die Errichtung des neuen Staates Mandschukuo richtete der amerikanische Staatssekretär Henry Lewis STIMSON (1867-1950) am 7. Januar 1932 eine Note an China und Japan, in der er durch Verletzung internationaler Verträge, bzw. durch aggressive Handlungen entstandene neue Staaten die völkerrechtliche Anerkennung verweigen wollte. Vgl. dazu Knud KRAKAU, *Missionsbewußtsein und Völkerrechtsdoktrin in den Vereinigten Staaten*, Frankfurt a.M. : Metzner, 1967, 576 S. ; dort S. 281-313 (« Open Door und Stimson Doktrin »). C.S. beurteilte die Doktrin im Rahmen der Frage eines neuen Nomos der Erde ; vgl. *op.cit.* (*supra* FN 3), S. 283-285.

GÜNTHER KRAUSS †

Erinnerungen an Carl Schmitt : Nachträge

In meiner Vorbemerkung zu den in Schmittiana II abgedruckten Teilen 4 und 5 von KRAUSSens Erinnerungen an C.S. heißt es S. 72 wie folgt : « ... Kurz vor seinem Tod stellte mir Günther KRAUSS (1911-1989) jedoch noch einen kurzen Text zwecks Veröffentlichung zur Verfügung. Er ist zwar aus einem besonderen Anlaß entstanden, kommt m.E. aber dennoch als Auftakt zum nicht geschriebenen Teil 6 in Betracht. » KRAUSS hatte von mir erfahren, daß die damals verfügbaren Materialien auf zwei Bände meiner Schriftenreihe Eclectica verteilt werden müßten, die allerdings rasch aufeinander folgen würden. Er sah sich außerstande, den bereits ins Auge gefaßten 6. Teil sozusagen im Handumdrehen fertigzustellen und schlug daher ersatzweise den Text seines Herscheider Berichts vor, dessen Quintessenz er ohnehin im geplanten 6. Teil seiner Erinnerungen an C.S. hineinarbeiten wolle.

Zur Entstehungsgeschichte jenes Herscheider Berichts ist folgendes zu sagen : Einer Einladung von Professor Joseph H. KAISER Folge leistend, trafen sich am 10. Juli 1988, also am Vorabend der Gedenkfeier des 100. Geburtstags des Gelehrten, im Waldhotel Schröder in Herscheid etwa dreißig Freunde und Bekannte von C.S., die in chronologischer Reihenfolge ihre persönlichen Begegnungen mit ihm schilderten. KRAUSS gehörte wohl zu den wenigen Teilnehmern, die anhand eines schriftlichen Textes berichteten. Wie dem auch sei, die von ihm in Herscheid benutzte Ausführung darf ich jetzt der Forschung vorlegen. Leider mit erheblicher Verspätung, die vielleicht wettgemacht wird vom Licht, das die Ausführungen des verewigten Zeitzeugen auf den Menschen C.S. werfen.

Zu guter Letzt möchte ich noch bestätigen, daß der Bericht unverkürzt und ohne Retuschen mitgeteilt wird, unbeschadet der Tatsache, daß einige Einzelheiten, die schon in vorangehenden Teilen der Erinnerungen an C.S. gestreift wurden, nochmals auftauchen. Auch stammen der Nebentitel und die wenigen Fußnoten von mir ; sie haben KRAUSS nicht vorgelegen, aber ich bin ganz sicher, daß er sie anstandslos genehmigt hätte. Wenige Fußnoten ? Jawohl, denn ich bin der Meinung, daß Überschneidungen mit den in Schmittiana I und Schmittiana II mitgegebenen Fußnoten keinen Sinn haben, so daß ich für Auskunft über die meisten im Bericht genannten Personen, Buchtitel und Vorgänge stillscheigend auf die beiden ersten Schmittiana-Bände verweise.

P.T.

***

I

Ich könnte meinen Beitrag betiteln : « Eschweilers Nichte ».

Ebenso wie Ernst Rudolf HUBER werde auch ich zu Unrecht als Assistent Carl SCHMITTs bezeichnet, ja geradezu « verdächtigt ». Ich war es nie. Im Jahre 1934 war ich bei ihm als Doktorand, und später, 1936, war ich Mitarbeiter im Nationalsozialistischen Rechtswahrerbund, Referent in der Wissenschaftlichen Abteilung, die von C.S. geleitet wurde ; mit der Universität hatte ich auch dort nichts zu tun ; es war zum großen Teil eine schöne Zeit. C.S. hat mich weder damals noch sonst jemals ausgenutzt ; er war alles andere als egoistisch, und sein Ehrgeiz bestand darin, daß er die Anerkennung anstrebte, auf die er nach seinem Rang Anspruch hatte ; wohl war sein Auftreten in allgemeinen und waren seine Auftritte im einzelnen stärker auf Wirkung berechnet, als das bei anderen der Fall zu sein pflegt. Ich hatte also bei meiner Dissertation alle Freizeit, soweit das von ihm abhing. Natürlich konnte ich gelegentlich einen Handgriff für ihn tun und tat es gern. Es handelte sich um Schreibarbeiten ; ich beherrschte zwar nicht, wie er, eine Kurzschrift, hatte mir aber, wie viele andere, eine private, leidlich flüssige Abkürzungsschrift zugelegt und schrieb ziemlich gut auf der Maschine. So konnte ich einige Korrespondenz erledigen und war vor allem an der Niederschrift der *Drei Arten des rechtswissenschaftlichen Denkens* beteiligt. Später war das in größerem Umfang beim *Nomos der Erde* der Fall.

Die Mitarbeit an den *Drei Arten* erfolgte in zwei Tagen. Ich erhielt sowohl ein handschriftliches Manuskript, das durch zahlreiche Korrekturen und Verweisungen ziemlich unübersichtlich geworden war, als auch ein Diktat und hatte dies nun in Maschinenschrift zu übertragen. Es war nicht ganz leicht, aber sehr fesselnd, und ich konnte noch am Abend das maschinengeschriebene Manuskript zurückreichen. Ich war von meiner Arbeit recht befriedigt.

« Ich liebe Überraschungen, besonders wenn sie angenehmer Natur sind », hieß es in einem harmlosen Bühnenstückchen, dessen Name und sonstiger Inhalt mir entfallen sind. Auch am nächsten Tag erlebte ich eine Überraschung, diesmal aber unangenehmer Natur. C.S. war höchst unzufrieden und erklärte, ich hätte gearbeitet wie ein Stenotypist. In der Tat hatte ich meine Aufgabe auch nur hierin gesehen und wüßte auch heute nicht, was ich sonst noch hätte tun können. Ihm mißfielen wohl vor allem die Absätze, auf die er stets besonderen Wert legte. Es ging dann weiter, und wir kamen zu seinem Zitat des von ihm hochgeschätzten Martin LUTHER : « Bist du eine Mutter, so tue, was Mutterrecht ist ». Ich erlaubte mir, zu bemerken, das erinnere ja an BACHOFEN. Er war indigniert und erwiderte, mit BACHOFEN habe das überhaupt nichts zu tun. Es folgten seine Ausführungen zu den Begriffen des Steuerrechts, das in den *Drei Arten* eine große, für viele Leser ominöse Rolle spielt und dessen Begriffe er als kontrete den abstrakten Begriffen des Bürgerlichen Rechts gegenüberstellt. Hier suchte er nach einem Ausdruck, den ich meinerseits schon deshalb nicht finden konnte, weil ich nicht wußte, worauf er hinauswollte. Es fiel ihm dann ein : es waren die wohlbekannten 'Werbungskosten'. Er sagte dann : « Das mußten Sie übrigens wissen ». Wenn ich es nicht wußte, so vor allem deshalb, weil ich während des ganzen Studiums mit Konzentration nur seine eigenen Arbeiten zur Kenntnis genommen hatte. Steuerrecht war auch kein Prüfungsfach, und das Bürgerliche Recht war mir nahezu verhaßt, im Vergleich mit dem Römischen Recht, das mir der jüdische Rechtslehrer Fritz PRINGSHEIM (1) – dessen Schüler ich hätte werden können – nahegebracht hatte, auch im Vergleich mit Code Civil, Preußischem Landrecht und besonders mit den *Siete Partidas* des Königs ALFONS DES GELEHRTEN (1). Erst in der Praxis habe ich mich mit dem Bürgerlichen Gesetzbuch angefreundet.

Die Spannungen stiegen und erreichten ihren Höhepunkt, als das Gespräch auf ESCHWEILERs Nichte kam. Karl ESCHWEILER war ein großer, meiner Meinung nach bis heute unübertroffener Theologe, Dogmatiker und Verfasser zweier überragender Werke, nämlich *Die zwei Wege der neueren Theologie* und *Johann Adam Möhlers Kirchenbegriff ;* letzteres führt den Nachweis, daß MÖHLERs Kirchenbegriff dem Staatsbegriff HEGELs nachgebildet ist. Ich war mit ESCHWEILER, einem sehr gütigen Menschen, sehr befreundet, befreundet auch mit seinen Verwandten in Euskirchen, vor allem mit seiner Nichte Maria Sibylla DAHMEN, einer Sängerin, einer echten rheinischen Schönheit vom Lande, von Format auch im körperlichen Sinne. ESCHWEILER hatte mich gebeten, mich bei C.S. für ihre Karriere einzusetzen, und ich hatte dieser Bitte entsprochen. Darauf kam C.S. jetzt zu sprechen und äußerte, er habe mit dieser Karriere überhaupt nichts zu tun – in der Tat hatten wir seine Möglichkeiten wohl überschätzt – und verstieg sich dann zu einer abfälligen Bemerkung über Maria Sibylla, die wir unter uns Marizebill nannten. Nun war bei mir, wie man sagt, der Ofen aus. Ich weiß heute nicht mehr, in welcher Form ich explodierte ; jedenfalls war die Explosion völlig unübersehbar, und C.S. erklärte dann : « Nun müssen wir zu Frau SCHMITT gehen ». So geschah es. Frau SCHMITT hörte uns an, und ich legte den Akzent ganz auf Marizebill. Der Sachverhalt war völlig unstreitig, und C.S. sagte nur wenig. Dann erklärte Frau Duschka : « Herr SCHMITT, Sie haben Unrecht » (2). Er nahm dies entgegen und versuchte keine weitere Verteidigung.

Er wurde nun sehr freundlich, populär ausgedrückt, er fraß aus der Hand. Er drückte mir BACHOFENs *Mutterrecht* in die Hand (3), und ich überflog sofort die einzelnen Kapitel über die griechischen Gemeinwesen : Lesbos, Lemnos und vor allem die epizephyrischen Lokrer in Unteritalien-Großgriechenland. Diese haben mich durchs ganze Leben begleitet : der große Gesetzgeber Zaleukos, der anordnete, daß der, der eine Änderung des Nomos beantrage, einen Strick um den Hals tragen müsse, und ferner die Beteiligung der Lokrer am Peloponnesischen Krieg als Retter der Stadt Syrakus vor dem athenischen Angriff, indem sie nämlich den Spartanern klarmachten, daß Syrakus noch nicht ganz eingeschlossen und Entsatz noch möglich sei.

Ich war später über zwanzig Jahre lang Mitglied des Justizprüfungsamtes beim Oberlandesgericht Köln. Als in Nordrhein-Westfalen Pflicht-Wahlfachgruppen eingeführt wurden, befand sich darunter auch das Fach Rechtsphilosophie, Rechtsgeschichte und Rechtsvergleichung. Ich übernahm das Amt des Prüfers, wie für alle anderen Fächer außer Strafrecht, auch für diese Fachgruppe, teils aus hochstaplerischer Neigung, teils aber auch, um dem Prüfungsamt zu helfen, das in großer Verlegenheit war : niemand wollte diese Gruppe übernehmen außer wenigen Professoren, die jedoch zumeist verhindert waren. So mußte ich als Praktiker einspringen. Ich gedachte nun, einem geeignet erscheinenden Kandidaten die Frage zu stellen : « Sagen Sie mal, wer waren eigentlich die epizephyrischen Lokrer ? ». Dies scheiterte jedoch. Ich empfing die Kandidaten vor der mündlichen Prüfung zu einem Vorgespräch, wobei herauszufinden war, wofür die Kandidaten sich innerhalb der äußerst umfangreichen, eigentlich unzumutbaren Fachgruppe interessierten. Es fand sich aber niemand, dem ich meine Frage zu stellen riskieren konnte. Doch auch dieses Steckenpferd verdanke ich C.S.

II

Noch eine zweite Episode aus der Zusammenarbeit mit ihm.

Zur Promotion an der Universität Berlin gehörte auch als eine Art Anhang eine öffentliche Disputation. Diese war zwar nicht Bestandteil der Prüfung, konnte aber doch zur Versagung der Promotion führen, wenn sie « offenbar leichtfertig » unternommen wurde. Der Doktorand hatte fünf Thesen aufzustellen und davon drei zu verteidigen. Die Opponenten konnte er selbst stellen ; doch war jeder anwesende *Doctor iuris* berechtigt, auch zu opponieren, wovon aber, wie mir gesagt wurde, nur innerhalb der Evangelisch-Theologischen Fakultät Gebrauch gemacht wurde ; deren Disputationen sollen besonders erbittert geführt worden sein. Bei den Juristen war das nicht der Fall.

Ich hatte als Opponenten gewählt : Otto Frh. VON SCHWEINICHEN, Frh. VON HEINZE und Ernst BOCKHOFF. SCHWEINICHEN war Schüler von Carl August EMGE und kam später, anscheinend durch Freitod, wohl im Jahre 1937, ums Leben ; niemand weiß etwas über die Gründe. Möglich ist, daß er unter körperlicher Ungeschicklichkeit, im Nationalsozialismus ein hartes Los, gelitten hat. Über VON HEINZE, weiß ich nichts mehr. BOCKHOFF war damals fanatischer Nationalsozialist, dem sogar die Tagung über das Judentum in der Rechtswissenschaft zu « lasch » war ; später tauchte er als Anhänger von Gustav HEINEMANN (4) – damals noch nicht Bundespräsident – noch einmal auf, bei mir auf taube Ohren treffend. Sowohl HEINZE als auch BOCKHOFF (5) als zweiter und dritter Opponent hielten sich ganz an die allgemeine Übung, nur einmal zu opponieren, worauf ich dann noch kurz replizierte. Ganz anders SCHWEINICHEN. Es ging um meine These : Der Begriff des Rechtsstaats ist überholt und gehört der Vergangenheit an. SCHWEINICHEN antwortete immer wieder auf meine Repliken, und so zog sich dieser Teil der Disputation längere Zeit hin. Ich war mitschuldig, weil ich meinen Partner durch eine Handbewegung immer wieder zur Gegenrede kommen ließ. C.S. war aufgebracht und schob mir einen Zettel aufs Podium, worauf geschrieben stand : « Es ist Sache des Dekans, das Wort zu erteilen ». Ganz fraglos war das richtig, aber der Dekan protestierte in keiner Weise. C.S. malte mir nachher noch aus, was der Dekan – es war der sehr gütige Viktor BRUNS (6), vor allem im Völkerrecht tätig – alles hätte tun können.

Beim abendlichen Festessen war das alles aber vergessen. Auch BRUNS war anwesend und erzählte von seinen eigenen Erlebnissen als Examenskandidat. Ihm war immer wieder die Frage gestellt worden : « Was ist ein Genußschein » ? Das Mahl verlief, vor allem wieder dank Frau Duschka, aber auch dank C.S., in aufgeräumter Stimmung. Es waren schöne, man möchte sagen, halkyonische Tage.

Doch die Sache hatte ein Nachspiel eigener Art. Die Disputation – oft verwechselt mit meiner Dissertation – wurde gedruckt. Ich hatte hierzu einen Entwurf vorgelegt, der auch als solcher bezeichnet war. Ich wollte Argumente aus der thomistischen Philosophie, hier zum Verhältnis von *species* und *genus,* einführen, war dieser Aufgabe aber, wie ich selbst sah, im Zeitpunkt des Entwurfs noch nicht gewachsen, hätte auch noch viel Zeit benötigt, um sie wirklich lösen zu können. C.S. war kein Freund solcher philosophischen Exkurse ; er wollte die Philosophie unmittelbarer aus der Rechtswissenschaft entwickeln. So verging die Zeit, und C.S. wollte nicht warten. So drückte er den Entwurf meinem guten, unvergeßlichen Freund Bernhard Ludwig VON MUTIUS in die Hand, der dann eine Endfassung herstellte, die ich vor der Drucklegung nicht mehr zu sehen bekam. Ich habe das weder C.S. noch MUTIUS verübelt, der eine « rasche Tat » für besser erklärte als ein langes Zuwarten. Auch war ich froh, daß die Sache erledigt war (7).

Nicht nur Bücher, auch Entwürfe haben ihr Schicksal. In einem anderen Fall war das viel schlimmer und zwar eine Katastrophe. Ich meine hier den von mir keineswegs gebilligten Abdruck eines Entwurfs in der Zeitschrift *Jugend und Recht*, der zu den infamen Angriffen auf C.S. und beim ersten Mal – später erfolgte insoweit eine Abschwächung – auch auf mich im *Schwarzen Korps* führte. Ich hatte den dem Schriftleiter namens KNÖPFEL, einem übrigens befreundeten, sympathischen Mann, ausgehändigten Entwurf ausdrücklich zurückgezogen. Plötzlich erhielt ich einen Korrekturabzug und war nun der falschen Meinung, die Veröffentlichung lasse sich nicht mehr verhindern. So erschien dann der Aufsatz in der von mir mißbilligten Gestalt. KNÖPFEL hat mir dazu nie eine Erklärung gegeben. Meine universitäre Laufbahn war damit beendet. Der spätere Nutzen überwiegt bei weitem den damaligen Schaden. Vielleicht gilt das auch für C.S. selbst. Frau Duschka hat mir ihre Freundschaft nie entzogen. Und nach 1945 war alles wieder wie zuvor. Es gab überhaupt keine Diskussion.

---

(1) (PT) Fritz PRINGSHEIM (1882-1967) hat einen kurzen Briefwechsel mit C.S. aus dem Jahre 1933 veröffentlicht : « Die Haltung der Freiburger Studenten in den Jahren 1933-1935", *Die Sammlung*, 15. Jahrg. Nr. 10, Oktober 1960, S. 532-538 ; dort S. 533-534 (« Briefwechsel mit dem Staatsrat Carl Schmitt »). Als Anlage zu seinem Brief von 26. November 1960 stellte mir C.S. eine Abschrift des Briefes zur Verfügung, den PRINGSHEIM unter dem 26. März 1951 an den Greven-Verlag in Köln gerichtet hatte, um sein Befremden zum Ausdruck zu bringen über die « Anzeige der drei neuen Schriften von Herrn Carl Schmitt » : « .. Ich glaube nicht, daß heute noch viele Deutsche Herrn Schmitt für eine 'geistig verantwortliche Persönlichkeit' halten und daß sie an seine 'innersten Erfahrungen' glauben... ». Die Tatsache wird erwähnt im Nachruf von Hans THIEME (geb. 1906), « Fritz Pringsheim zum Gedächtnis », *Frankfurter Allgemeine Zeitung*, Nr. 279, 1. Dezember 1967, S. 2.

(1a) (PT) Ich bin inzwischen von Herrn Günter MASCHKE darüber belehrt worden, daß « Alfons der Weise » die übliche deutsche Bezeichnung ist. Sie war dem vorzüglichen Kenner der spanischen Geschichte und Kultur G. KRAUSS wohl nicht präsent, als er seinen Bericht schrieb.

(2) (PT) Die Angewohnheit des Ehepaares SCHMITT, sich mit 'Sie' anzureden, hat alle Besucher überrascht. Günther KRAUSS schrieb mir beispielsweise unter dem 28. Mai 1984 : « Ich wurde etwas verunsichert, als er (*sc.* C.S.) seine Frau mit Sie anredete, und dachte, ich hätte mich bei der Vorstellung verhört. » Die langjährige Hausdame C.S.s, Frau Anni STAND (geb. 1915), hat jetzt eine einleuchtende Erklärung beigesteuert ; vgl. *Verortung des Politischen. Carl Schmitt in Plettenberg*, Hagen : v.d. Linnepe, 1990, VII-128 S., Nr. 2 in der Reihe 'Beiträge zur Plettenberger Stadtgeschichte', dort S. 43.

(3) (PT) Johann Jakob BACHOFEN (1815-1887), *Mutterrecht und Urreligion. Eine Auswahl*, Leipzig : Kröner, 1934, XIX-280 S., Nr. 52 in der Reihe 'Kröners Taschenausgabe' ; dort S. 253 eine kurze Notiz über die epizephyrischen Lokrer.

(4) (PT) Gustav HEINEMANN (1899-1976) amtierte 1969-74 als Präsident der (damaligen) Bundesrepublik.

(5) (PT) Ernst H. BOCKHOFF (geb. 1911 ?) wird von C.S. erwähnt in *Positionen und Begriffe* (vgl. *supra* S 42 FN 19), S. 287, als Kontrahent des schweizerischen Völkerrechtslehrers Dietrich SCHINDLER (1890-1948). Ende der fünfziger Jahre leitete er ein 'Studio für Gentil-Forschung'. Der Schriftsteller Richard EURINGER (1891-1949) war sein Schwager.

(6) (PT) Als die spanische Regierung C.S. 1938 zum Mitglied der Königlichen Akademie ernennen wollte, schaltete sich die Reichsregierung ein und bewirkte, daß schließlich dem Völkerrechtler Victor BRUNS (1884-1943) die Ehre zuteil wurde. – Nach dem Tode BRUNS' (September 1943) erhielt nicht C.S., sondern Carl BILFINGER (1879-1958) seinen Lehrstuhl für Völkerrecht ; HÖHN soll sich eingeschaltet haben.

(7) (PT) a) Über ihn, vgl. *infra S. 153.*

b) Es sei darauf hingewiesen, daß es mindestens zwei ausführliche Rezensionen der gedruckten Disputation gibt : Jürgen VON KEMPSKI (geb. 1910), « Disputation über den Rechtsstaat », *Berliner Börsenzeitung,* Nr. 229, 29. September 1935, S. 13-14 (mit leichtem Tadel wegen der Substitution des Namens von Friedrich Julius STAHL (1802-1861) durch den ursprünglichen jüdischen Namen Joll JOLSON), und Albrecht Erich GÜNTHER (1893-1942), « Eine Disputation über den Rechtsstaat », *Deutsches Volkstum,* 17. Jahrg. Nr. 12, Dezember 1935, S. 915-918.

WILLIAM GUEYDAN DE ROUSSEL

Carl Schmitt, philosophe catholique et confesseur

Der 1908 in Lausanne als Sohn französischer Eltern geborene Autor der nachstehenden eigenwilligen Erinnerungen studierte in Genf, Paris, Berlin und Wien (Konsularakademie). Am 4. Juli 1935 wurde ihm in Genf das Diplom eines 'docteur en droit' verliehen. Seine Referendarzeit verbrachte er in Berlin (1936), wo er bei den Rechtsanwälten Rudolf DIX (1884-?) und Hans VON ZWEIL (?-1966) arbeitete (1). Er übersetzte zwei Schriften C.S.s (vgl. infra FN 20 und FN 30). Noch vor der französischen Kapitulation (Juni 1940) gab er ein Buch heraus, das für sein Denken und für seine Interessen besonders aufschlußreich ist (2). Nach der Kapitulation wurde er zum Sekretär des Generalverwalters der Bibliothèque Nationale ernannt. Wegen politischer Auseinandersetzungen zwischen dem Staatschef Marschall Philippe PÉTAIN (1856-1951) und dem Politiker und Minister Pierre LAVAL (1883-1945) und auf Geheiß der Deutschen Botschaft in Paris wurden er und sein Freund Capitaine MÉTÉNIER vom 16. Dezember 1940 bis zum 4. Februar 1941 im Gefängnis La Santé inhaftiert. Nach der Haftentlassung arbeitete er an einigen Zeitschriften der Kollaboration mit, u.a. an « L'Ethnie Française » des gleichfalls aus der Schweiz stammenden, umstrittenen Erbforschers Georges MONTANDON (1879-1944) (3). Sein religiös bedingter Antisemitismus führte dazu, daß er 1942-44 in Paris einer 'Commission d'études judéo-maçonniques' vorsaß und dem « Weltkampf », der antisemitischen Zeitschrift Alfred ROSENBERGs (1893-1946), einen Aufsatz zur Verfügung stellte (1942). Am 23. Mai 1944 begab er sich in die Schweiz, um seine Mutter zu besuchen, und konnte, trotz aller Bemühungen und Anstrengungen, nicht mehr nach Frankreich zurück. Dort wurde er in absentia zum Tode verurteilt und sein Besitztum konfisziert. Auch in der Schweiz gab es bald Schwierigkeiten : Er wurde verhöhnt, bedroht, schließlich vom 13. Februar bis zum 28. April 1947 inhaftiert, ohne freilich bestraft zu werden. 1948 emigrierte GUEYDAN DE ROUSSEL mit seiner Familie nach Argentinien, wo er sich in der Einsamkeit Patagoniens eine neue Existenz aufbaute. Gelegentlich hielt er Vorträge und schrieb einige Essays, die im Sammelband « Verdad y mitos » (Buenos Aires : Ediciones Gladius, 1987, 127 S.) enthalten sind (3a). Über die europäischen Ereignisse hielt (und hält) er sich auf dem laufenden ; auch die Freundesbande mit C.S., Günther KRAUSS und anderen ließ er nie abreißen.

Diese Erinnerungen sind auf meine Bitte hin zustande gekommen. GUEYDAN DE ROUSSEL hat sie anschließend ins Spanische übersetzt und veröffentlicht : « Carl Schmitt. Filosofo católico y confesor », Gladius, 5. Jahrg., Nr. 15, 15. August 1989, S. 167-172. Die Fußnoten stammen von mir ; sie haben dem Autor vorgelegen und sind von ihm gebilligt worden.

P.T.

*
**

I. Les commencements d'une longue amitié

J'ai connu C.S. en 1933, alors que je préparais ma thèse de doctorat, à Berlin, sur *L'évolution du pouvoir exécutif en Allemagne de 1918 à 1933* (1). J'étudiais à la 'Kaiser Wilhelm Gesellschaft' et l'aimable bibliothécaire, voyant que je consultais principalement les ouvrages de C.S., me conseilla de prendre directement contact avec lui. Je fus reçu par le Professeur avec une grande cordialité et, depuis lors, je l'ai souvent vu et nous avons correspondu régulièrement jusqu'à ses derniers jours. C'était un homme simple et modeste dont la pensée allait toujours au fond des choses sans se préoccuper des apparences trompeuses et des jugements superficiels. Il y avait dans ses paroles quelque chose de solide, d'inébranlable, de mystérieux et, je pourrais dire, de sacré. Au-delà des questions juridiques, il aimait s'entretenir de théologie et ne craignait pas les silences qu'imposent parfois les plus profonds problèmes de Dieu et de notre existence terrestre.

Combien de fois, avant la guerre, ai-je fait le voyage de Paris à Berlin pour rencontrer un homme digne de ce nom, vrai, sans malice, sans subterfuges, sans mensonges, sans vanité. Tout chez lui était vrai, sa conversation, ses amis, son intérieur. Il m'invitait à descendre dans sa villa de Dahlem, à dîner avec ses amis auxquels il est toujours resté fidèle : Günther KRAUSS (2), VON MUTIUS (3), VON MEDEM (4), VON SCHWEINICHEN (5), Javier CONDE (6), DASKALAKIS (7)... Après le repas, chacun emportait son verre au salon où nous continuions la conversation mêlée de chants tels que celui des pélerins allemands en Terre Sainte, « ô Maria hilf... » (8). En 1937, nous allâmes ensemble dans ma petite D.K.W. rendre visite à son ami Ernst JÜNGER à Goslar (9).

C.S. manifestait un grand intérêt pour la France dont il connaissait l'histoire et les grands penseurs mieux que moi. Il me demandait souvent de lui envoyer des livres : BERNANOS (10), VIALATOUX (11), MALRAUX (12), Paul NIZAN (13), Julien GREEN (14), Paul VALÉRY (15), l'amiral CASTEX (16), ESMEIN (17), etc., dont plusieurs m'étaient encore inconnus. Il avait un ami, Pierre LINN, qu'il aimait beaucoup et qui avait publié à Paris, en 1928, une traduction de *Politische Romantik* (18). C'était un Français très cultivé et qui comme Augustin COCHIN (19) et Jougla DE MORÉNAS (20), s'adonnait à la philosophie pendant ses heures de bureau dans une banque parisienne. Il resta fidèle à cette amitié (21).

C.S. s'intéressait aussi d'une façon qui m'a toujours profondément touché à mes écrits et à leur publication en Allemagne dans l'*Archiv für Sozial- und Rechtsphilosophie* et dans la *Zeitschrift der Akademie für deutsches Recht* (22). Il m'encouragea à publier dans la *Europäische Revue* (1936 et 1939) deux articles, sur « l'Etat démasqué » et sur « l'origine de la science de l'homme » (23), qui appuyaient la position qu'il avait prise contre l'Etat totalitaire et le racisme matérialiste. Sous ses auspices, je fis, en 1938, une conférence sur les origines de la science de l'homme dans le 'Romanisches Seminar' dirigé par son ami, le Professeur GAMILLSCHEG (24)

De Paris, j'envoyais à C.S. en octobre 1938, mon manuscrit intitulé *A l'aube du racisme. L'homme spectateur de l'homme* (25). Il me répondit aussitôt : « Über Ihre Arbeit habe ich mich sehr gefreut und sie sofort in einem Zug gelesen… Ich glaube, daß das Thema Ihrer Arbeit täglich interessanter wird und freue mich sehr auf die Vollendung und Publikation des Buches ». En mai 1939, je lui envoyais un petit article sur « Le Léviathan et l'Etat moderne », publié dans la *Revue internationale de sociologie,* et il m'écrivit : « Der kleine Aufsatz liest sich überaus eindrucksvoll, Ich wundere mich, daß die Juden ihn gedruckt haben » (26). Son étonnement était justifié, car, lorsque je publiais, en 1936, la traduction de *Legalität und Legitimität* (27), GURVITCH avait signalé dans les *Archives de philosophie du droit* le « caractère inquiétant, on pourrait même dire révoltant de l'introduction à cette traduction » (28). Sur quoi, C.S. me dit : « Vous êtes sur la bonne voie, car vous êtes attaqué par les Juifs. »

C.S. savait apprécier ses ennemis. En Espagne, longtemps après la guerre, il déclara à sa fille Anima, mariée à un Professeur espagnol (29) : « Je suis très bien ici, mais je ne peux pas vivre sans mes ennemis ». Il ne connaissait pas la haîne : pour lui, « tout ce qui arrive est adorable » (30). On peut lui appliquer ces vers de RACINE : « Je crains Dieu, cher Abner et n'ai point d'autre crainte. » (31).

Pendant la guerre, C.S. se rendit quelques fois à Paris. En 1941, il prononça une conférence : « La mer contre la terre » (32). La pensée du Léviathan, auquel il avait consacré une magnifique étude en 1938 (33), ne le quittait pas. Nous prîmes le thé ensemble avec Ernst JÜNGER à l''Institut allemand', et il vint dîner à la maison, une fois avec Pierre LINN et une autre fois avec Bernard FAŸ (34), qui lui avoua qu'il avait beaucoup d'ennemis. C.S. lui répondit : « Moi aussi, j'en ai beaucoup ». Tous les deux ont bu le calice amer de la haine ; l'un fut sauvé par une amie juive et l'autre, C.S., par sa foi inébranlable : « und rettend öffnet die Tore ein Heiliger mir aus dem Osten » (35).

En 1942, C.S. vint encore faire une conférence à Paris (36) et je l'invitais à dîner. Nous parlâmes longuement de la guerre, des dangereux alliés de l'Allemagne et surtout du *kat'echon* (2 Thess. II, 7) : « Tantum ut qui tenet nunc, teneat, donec de medio fiat » (37). Son inspiration de philosophe catholique le préparait à affronter les combats à venir.

2. Le calvaire

La guerre mondiale fut suivie d'une révolution mondiale. Tous les germes de dissolution et de destruction qui agitaient certains esprits depuis 1848 éclatèrent au grand jour. Il faudra encore des années pour juger et mesurer la portée des évènements qui nous avons vécu : bombardements des villes au phosphore et à la bombe atomique, chasse à l'homme et assassinat des paysans par des avions de chasse, partage et échange des vaincus entre les deux grands ogres, famine imposée au peuple allemand et persécutions inouïes, pendaison de ses généraux, tortures, diffamation, haine triomphante. Depuis que le Léviathan est monté sur le continent, l'ordre créé par des siècles de culture chrétienne a été bouleversé. Des distinctions classiques entre le sacré et le profane, le droit et la force, le belligérant et le criminel, le juge et le bourreau furent jetées pêle-mêle dans le *melting pot* américain.

Pendant ce temps C.S. se trouvait dans le ventre de la balaine en vertu de l''arrestation automatique' décrétée par les Américains. Il se souvint, sans doute, de la 'Pèche du Léviathan', dont il me parlait autrefois en me montrant la belle enluminure de l'Abbesse HERRAD DE LANDSBERG : le démon ignorant la divinité de Jésus, pris par l'hameçon de la croix. Triomphera-t-il, lui aussi, de ses ennemis par la Croix ?

Le petit ouvrage de C.S. écrit pendant sa captivité, *Ex captivitate salus,* est un magnifique livre de consolation. Ce n'est ni une autobiographie, ni un plaidoyer, ni une confession : « Wer beichten will, gehe hin und zeige sich dem Priester » (38).

Dans sa cellule C.S. observe d'abord qu'il est nu. Un de ses amis écrivait à la même époque : « Das Leben in einer Zelle entkleidet den Geist und befreit die Seele » (39). Il est nu comme Adam au Paradis terrestre, lorsqu'il jouissait de la présence de Dieu ; il est nu comme le Christ sur la Croix. Et ce dépouillement de toutes les vanités de l'homme civilisé lui permettra-t-il de se sauver comme le disciple inconnu lors de l'arrestation de Jésus : « Nudus profugit ab eis » (Marc XIV, 52) ? Au sens matériel non. Cependant, il est « doch in nichts vernichtet » (40). Pendant l'été 1946, C.S. écrit : « Das letzte Asyl für einen von Menschen gequälten Mann ist immer ein Gebet, ein Stoßgebet zu dem gekreuzigten Gott » (41).

Un grand écrivain et martyr de la 'Libération', Robert BRASILLACH, écrivait dans la prison de Fresnes à la veille d'être fusillé : « J'ai passé cette nuit au Mont des Olives » (42). Après vingt siècles de combats, les Chrétiens retournent au point de départ, le Calvaire.

Nous arrivons au dernier acte de ce drame : le triomphe de l'homme nu. En 1947, C.S. est emmené à Nuremberg, comme témoin et possible accusé. C'est là que ses ennemis espèrent assister à sa pendaison. Mais le philosophe catholique était plus difficile à envoyer à la potence que de pauvres militaires. Après des interrogations qui ont été publiées récemment (43), le Léviathan fut obligé de lâcher sa proie. Goliath fut vaincu par David.

3. Solitude et nouvelles souffrances

En mai 1948, je reçus, enfin, une lettre de C.S. : « Oft plagt mich die Ungeduld der Gerechtigkeit, oft noch befällt mich das taedium fugae. Ich denke mit großer Liebe an Sie... Geben Sie mir bald wieder Nachricht : das ist für mich die größte Freude. » Dans une autre lettre de septembre 1948, il m'écrivait : « Vergessen Sie nicht meine Situation. Sie hat sich gegenüber der des Salus ex captivitate nur insofern gebessert, daß der Stacheldraht weggefallen ist. MARITAIN kommt als Professor nach Princeton, USA. An der dortigen Universität ist ein Prof. W. EBENSTEIN, dessen Spezialität die Jagd auf mich ist » (44).

J'ai essayé de faire venir C.S. en Argentine (45). Il m'envoya à cette intention son dossier personnel et ceux de sa femme et de sa fille. En août 1949 il reçut les 'libero desembarco', mais il ne put obtenir son passeport allemand qu'en 1951 ! Il m'écrivait en 1948 : « Ich hoffe, daß Ihr Aufenthalt beyond the line fruchtbarer sein wird als der von BERNANOS, dessen Buch *La France contre les robots* eine verzweifelte Enttäuschung ist » (46). En juin 1949, la librairie Depalma (Buenos Aires) lui demandait son consentement pour une édition de *Légalité, légitimité* avec mon introduction de 1936, mais C.S. estimait que la publication de 1936 était en beaucoup de parties dépassée (47). Néanmoins, en 1951, il me dit : « Ich lese oft mit Freude in Ihren früheren Publikationen, besonders der Übersetzung von Legalität und Legitimität, heute das aktuellste Buch der westlichen Welt, weil es die Modell-Situation der kleinen Mehrheiten trifft » (48).

Le 3 décembre 1950 mourut la femme de C.S., Duschka TODOROVIC. « Il n' a pas d'existence plus pitoyable que celle de Philémon sans Baucis », m'écrit-il en avril 1956, « J'ai beaucoup de fois senti le désir d'entrer dans un couvent, mais les couvents en Allemagne sont presque tous trop confortables pour être un confort dans le sens d'une véritable consolation ». Dans la même lettre il me dit encore : « Le pauvre Léon BLOY n'est plus qu'un étalage de propagande pour la firme juive Raïssa MARITAIN », et plus loin, « La destinée de l'Europe s'accomplit... N'oubliez pas que j'ai perdu presque tous mes amis... Il y a plus de cinq ans que P. LINN ne m'écrit plus, probablement sous l'influence de MARITAIN ; ce MARITAIN, c'est un homme méchant et néfaste » (49).

Le spectacle de l'Europe n'est pas pour réconforter C.S. En août 1957, il m'écrit : « Je crois que vous avez choisi le meilleur part en quittant avec votre famille un continent qui, dans quelques ans, ne sera plus qu'une zone d'inspection des forces aériennes de l'Est et de l'Ouest ». En septembre 1960 : « J'ai lu beaucoup de fois votre article sur 'Léviathan et Homo' et je le relis toujours en me demandant s'il est regrettable ou plutôt adorable qu'il n'est pas possible de le publier dans l'Allemagne de la Démocratie chrétienne... Je vous le dis : 'Tenebrae factae sunt dum crucifixissent Jesum Judaei' » (50).

***

J'ai considéré comme un devoir et une dette envers la mémoire de mon très cher et vénéré ami d'écrire ces souvenirs et de les communiquer à ceux qui désirent connaître le vrai visage de C.S., le plus grand philosophe catholique du XXe siècle.

---

(1) (PT) Für die mitgeteilten (leider unvollständigen) Lebensdaten bin ich den Rechtsanwaltskammern Berlin und Frankfurt a.M. zu Dank verpflichtet (Briefe vom 23. Oktober bzw. 2. November 1989).

(2) (PT) W. GUEYDAN DE ROUSSEL, *A l'aube du racisme. L'homme, spectateur de l'homme,* Paris : E. De Boccard, 1940, 192 S. ; C.S. wird herangezogen S. 34, 70, 110, 111.

(3) (PT) MONTANDON, Autor des Buches *L'ologénèse humaine* (Paris : Alcan, 1928, 477 S.), worin er eine von Giuseppe SERGI (1841-1936), dem Vater der anthropologischen Forschung in Italien, erfundene Abstammungstheorie auf die ganze Menschheit ausdehnte, erhielt 1933 an der 'Ecole d'Anthropologie' in Paris den Lehrstuhl für Ethnologie. Eine große Verbreitung fand sein Opus *L'Ethnie française,* Paris : Payot, 1935, 239 S. Während des Krieges entpuppte er sich als Antisemit (vgl. die Schrift *Comment reconnaître et expliquer le Juif ?,* Paris : Les Nouvelles Editions françaises, 1940, 93 S. und 10 Porträts, Nr. 1 in der Reihe 'Les Juifs en France') und übersetzte ein Hauptwerk seines deutschen Kollegen Othmar VON VERSCHUER (1896-1969), *Manuel d'eugénique et hérédité humaine,* Paris : Masson, 1943, 267 S. und 131 Abbildungen.

(3a) (PT) Herr Günter MASCHKE betrachtet den in diesem Band abgedruckten Aufsatz « El misterio de la Francmasonería. Valor simbólico de los elementos » (auch als Broschüre erschienen in Córdoba, Argentinien : Centro de Conferencias, 1964, 22 S.) als eine wichtige 'Ergänzung' der bekannten Schrift C.S.s über Land und Meer (Brief vom 22. April 1991).

(4) (PT) W. GUEYDAN DE ROUSSEL, *L'Evolution du pouvoir exécutif en Allemagne (1919-1934),* Paris : Librairie générale de droit et de jurisprudence, 1935, 187 S. (Erstabdruck in der *Revue du droit public et de la science politique,* Juli-September 1935, S. 393-481). Vgl. die Kurzanzeige des C.S.-Interpreten Delio CANTIMORI (1904-1966), *Studi germanici,* 3. Jahrg. Nr. 3, 1937, S. 334. Wie aus dem Titel des Buches ersichtlich, faßte der Autor die Geschehnisse 1933-34 nicht als eine Revolution, sondern als eine Evolution auf.

(5) (PT)Über G. KRAUSS (1911-1990) vgl. *Schmittiana I,* S. 55-56.

(6) (PT) Über B.L. VON MUTIUS, vgl. *infra* S. 153.

(7) (PT) Eberhard VON MEDEM (geb. 1913), Ministerialrat a.D., betreut z.Zt. im Auftrag des Nachlaßverwalters Professor Joseph H. KAISER, den im Hauptstaatsarchiv Düsseldorf deponierten C.S.-Nachlaß. Vgl. auch *infra* S. 123 FN 12.

(8) (PT) Über O. VON SCHWEINICHEN (1910-1938), vgl. *Schittiana I,* S. 55.

(9) (PT) Über J. CONDE, vgl. *supra* S. 17-18.

(10) (PT) Georgios D. DASKALAKIS (geb. 1912), Rechtsanwalt und Professor der Rechte in Athen, hat in deutscher Sprache wichtige Aufsätze veröffentlicht (« Der totale Staat als Moment des Staates », *Archiv für Rechts- und Sozialphilosophie,* 31. Jahrg. Nr. 2, Januar 1938, S. 194-201 ;« Der Begriff des autarchischen Staates », *Deutsche Rechtswissenschaft,* 3. Jahrg., 1938, S. 78-85 ; « Demokratie und Demokratien », *Geist der Zeit,* 17. Jahrg. Nr. 6, Juni 1939, S. 416-425) und in seinem Heimatland wiederholt auf C.S. hingewiesen : « O Carl Schmitt kaì tò ergòn tõu », *Themis,* 64. Jahrg., 1953, S. 718-719, und die längere Rezension des Partisanen-Buches, *Epokhés,* 12. Jahrg., 1964, S. 72-74. Er war ein Habilitand von C.S. (Berlin 1938).

(11) (PT) E. JÜNGER (geb. 1895) übersiedelte am 12. Dezember 1933 nach Goslar und hat dort bis Ende 1936 gewohnt.

(12) (PT) Über Georges BERNANOS (1888-1948), vgl. *Schmittiana II,* S.104 FN 13.

(13) (PT)Joseph VIALATOUX (1888-1970), Professor an den 'Facultés Catholiques de Lyon', gehörte dem sog. Meudon-Kreis um Jacques MARITAIN (1882-1973) und dessen Frau Raïssa (geb. OUMANÇOFF ; 1883-1960) an. Er schrieb u.a. das wichtige Buch *La cité totalitaire de Hobbes,* Lyon : Chronique sociale, 1952, XVI-224 S. (die beiden ersten Teile des Buches wurden bereits vor 1914 abgefaßt, jedoch erst 1934 veröffentlicht). VIALATOUX zufolge (S. VI FN 1) soll die von ihm vertretene These ungerechtfertigterweise abgelehnt worden sein von Henri CAPITANT (1901-1970 ; über ihn, vgl. *Schmittiana I,* S. 119-120), « Hobbes et l'Etat totalitaire. A propos d'un livre récent », *Archives de philosophie du droit et de sociologie juridique,* 6. Jahrg. Nr. 1-2, 1936, S. 46-75. VIALATOUX hat mir bestätigt, daß er das HOBBES-Buch von C.S. kannte (Brief vom 17. Dezember 1953) ; C.S.s Urteil über das Buch seines französischen Kollegen findet sich in diesem HOBBES-Buch, *op. cit.* (vgl. *infra* FN 35), S. 111-113 FN 2.

(14) (PT) André MALRAUX (1901-1976), bekannter französischer Autor und anerkannter Kunstphilosoph, fing als kommunistischer Proselyt an (er kämpfte im Fernen Osten und im spanischen Bürgerkrieg) und endete als Minister des Generals Charles DE GAULLE (1890-1970). Vgl. dazu Janine MOSSUZ, « Les paradoxes d'André Malraux », *Revue politique et parlementaire,* 71. Jahrg., Nr. 802, September 1969, S. 63-79.

(15) (PT) Paul NIZAN (1905-1940), Studienfreund von Jean-Paul SARTRE (1905-1980), hat zu den großen Hoffnungen der französischen kommunistischen Partei gehört, bis er 1939 absprang, angeekelt vom Pakt zwischen STALIN und HITLER. Über ihn u.a. Annie COHEN-SOLLA (geb. 1948), *Paul Nizan, communiste impossible,* Paris : Grasset, 1980, 288 S., in der Reihe 'Figures'.

(16) (PT) Julien GREEN gilt als bedeutender Romancier und hat außerdem ein vielbändiges Tagebuch veröffentlicht (1991 erschien der 13. Band).

(17) (PT) Paul VALÉRY (1871-1945), Dichter und Essayist, wird zu den einflußreichsten französischen Geistern unseres Jahrhunderts gerechnet ; nicht ohne Grund bekam er ein Staatsbegräbnis. Die Vielschichtigkeit seiner Interessen wird belegt im VALÉRY-Heft der *Recherches sur la philosophie et le langage,* Nr. 11, 1989, 284 S.

(18) (PT) Der Admiral Raoul Victor Patrice CASTEX (1878-1968), Verfasser des fünfbändigen klassischen Werkes *Théories stratégiques* (1930-1937), vertrat die These einer engen Bindung zwischen Land- und Seekrieg und erfand aus diesem Grund das Konzept des strategischen Schwerpunkts ('centre de gravité stratégique'), demzufolge Frankreich seine Rüstungsindustrie und den Sitz seiner Regierung nach Nord-Afrika verlegen sollte. C.S. besaß von ihm in seiner Bibliothek das Buch *De Ghengis-Khan à Staline, ou les vicissitudes d'une manœuvre stratégique (1205-1935),* Paris : Société d'éitions géographiques, maritimes et coloniales, 1935, 189 S. Über den Admiral gibt est jetzt die Bücher von Hervé COUTAU-BÉGARIE, *La puissance maritime : Castex et la stratégie navale,* Paris : Fayard, 1985, 310 S., in der Reihe 'Géopolitiques et stratégies', und *Castex, le stratège inconnu,* Paris : Eds Economica, 1985, 259 S. – Vgl. auch *infra* FN

34.

(19) (PT) Adhémar ESMEIN (1848-1913), großer französischer Rechtslehrer, schrieb ein Standardwerk, das C.S. in seiner Bibliothek besaß: *Eléments de droit constitutionnel français et comparé,* Paris: Tenin, (1896) ^{5}1909, XIV-1154 S.

(20) (PT) C.S. *Romantisme politique,* Paris: Valois, 1928, 165 S., in der 'Bibliothèque française de philosophie'. Über den Übersetzer, vgl. *infra* FN 23.

(21) (PT) Augustin COCHIN (1876-1916) hat ein von C.S. sehr geschätztes Buch geschrieben, das sich übrigens in seiner Bibliothek befand: *Les sociétés de pensée et la démocratie moderne. Etudes d'histoire révolutionnaire,* Paris: Plon, 1921, II-300 S. Über diesen Historiker, vgl. u.a. A. DE MEAUX, *Augustin Cochin et la genèse de la Révolution,* Paris: Plon, 1928, VIII-368 S., und neuerdings über seine Ideen Philippe BÉNÉTON (geb. 1946), *Introduction à la politique moderne. Démocratie libérale et totalitarisme,* Paris: Hachette, 1987, 490 S., in der Reihe 'Pluriel' (dort S. 311-314: « Les révolutions idéologiques »). Neuerdings wird COCHIN sogar von Vertretern der französischen Linken 'verwertet', u.a. von Régis DEBRAY (geb. 1941), *Cours de médiologie générale,* Paris: Gallimard, 1991, 395 S., in der 'Bibliothèque des Idées'; dort S. 169-173 (« Un médiologue avant la lettre: Augustin Cochin »).

(22) (PT) Der in der Pariser Stadtverwaltung tätige Ingenieur Henri JOUGLA DE MORÉNAS schrieb das fünfbändige Standardwerk *Grand Armorial de France* (1934) sowie das Buch *Noblesse 1938,* Paris: Editions du Grand Armorial de France, 1938, 200 S.

(23) (PT) Pierre LINN (1897-1966) und seine jüdische Frau Jeanne gehörten ebenfalls dem sog. Meudon-Kreus an (vgl. *supra* FN 13). Er hat ein Buch von C.S. teilweise übersetzt und dazu eine ausführliche Einleitung geschrieben (vgl. *supra* FN 20). Er war Bankdirektor in Paris. Vgl. auch *infra* FN 50 und besonders S. 134.

(24) (PT) W. GUEYDAN DE ROUSSEL, « Peuple libre et individu », *Archiv für Rechts- und Sozialphilosophie,* 31. Jahrg. Nr. 2, Januar 1938, S. 202-209; « Der Staatsrat im Gesetzgebungs- und Verwaltungsstaat, dargestellt an der Geschichte des französischen Staatsrats », *Zeitschrift der Akademie für deutsches Recht,* 5. Jahrg. Nr. 14, 1938, S. 505-508. Der Autor hätte noch eine dritte Studie hinzufügen können: « Der französische Staatsrat unter dem Konsulat und im Ersten Kaiserreich », *Deutsche Rechtswissenschaft,* 4. Jahrg. Nr. 3, Juli 1939, S. 267-272.

(25) (PT) W. GUEYDAN DE ROUSSEL, « Demaskierung des Staates » (übersetzt von G. KRAUSS), *Europäische Revue,* 12. Jahrg. Nr. 10, Oktober 1936, S. 798-805; « Über den Ursprung der Wissenschaft vom Menschen und die Wandlungen des Rassebegriffs vom 16. bis 18. Jahrhundert ». *Europäische Revue,* 15. Jahrg. Nr. 7, Juli 1939, S. 54-62.

(26) (PT) Ernst GAMILLSCHEG (1887-1971), österreichischer Romanist, veröffentlichte u.a. ein etymologisches Wörterbuch der französischen Sprache (1938). Er leitete in Bukarest das Deutsche Institut, als C.S., eingeladen von seinem Kollegen, dem Historiker Gheorghe I. BRATIANU (1898-1953), dort am 16. Februar 1943 in deutscher Sprache den Vortrag über « Die Lage der europäischen Rechtswissenschaft » hielt.

(27) (PT) W. GUEYDAN DE ROUSSEL, *op. cit.* (vgl. *supra* FN 2).

(28) (PT) W. GUEYDAN DE ROUSSEL, « Le Léviathan et l'Etat moderne », *Revue internationale de sociologie,* Mai 1939, S. 185-189; es ist öfters die Rede vom C.S.s HOBBES-Buch (vgl. *infra* FN 35).

(29) (PT) C.S., *Légalité, légitimité,* Paris: Librairie générale de droit et de jurisprudence, 1936, 102 S.

(30) (PT) Georges GURVITCH (1894-1965), Rezension der *supra* FN 29 erwähnten Übersetzung, *Archives de philosophie du droit et de sociologie juridique,* 6. Jahrg. Nr. 1-2, 1936, S. 235-236. In der Einleitung zu seiner Übersetzung eines anderen Buches von C.S. hat GUEYDAN DE ROUSSEL sich deswegen zu einer anti-jüdischen Invektive verleiten lassen: *Considérations politiques,* Paris: Librairie générale de droit et de jurisprudence, 1942, VIII-96 S.; dort S. VII. Zu den zwei Übersetzungen und der GURVITCH-Rezension, vgl, die Meinung C.S.s in seinem Brief vom 14. Mai 1961 an Julien FREUND (geb. 1921), in *Schmittiana II,* S. 53.

(31) (PT) Anima SCHMITT DE OTERO (1933-1983), C.S.s einziges Kind, heiratete am 13. Dezember 1957 in Heidelberg den spanischen Rechtshistoriker Alfonso OTERO VARE-

LA (geb. 1925). Bekanntlich hat sie mehrere Texte ihres Vaters ins Spanische übertragen. Über den Einfluß ihres Todes auf C.S., vgl. Ernst HÜSMERT (geb. 1928) in *Schmittiana I,* S. 43-44.

(32) (PT) Diese sowohl von C.S. als von E. JÜNGER geliebte Sentenz findet sich in Léon BLOY (1846-1917), *Le mendiant ingrat. Journal de l'auteur (1892-1895),* Paris : Mercure de France, (1898) 1946, Band 2 = 232 S. ; dort S. 218 in einem Brief an seinen Freund, den symbolistischen Maler Henry DE GROUX (1867-1930).

(33) (PT) Jean RACINE (1639-1699), *Théâtre complet,* Paris : Garnier, 1922, X-656 S., in der Reihe 'Classiques Garnier' ; dort S. 584-653 : « Athalie » (vgl. dort S. 594 im 1. Aufzug, 1. Szene).

(34) (PT) C.S., « La mer contre la terre », *Cahiers franco-allemands,* 8. Jahrg. Nr. 11-12, November-Dezember 1941, S. 343-349. Der Vortrag (der am 16. Oktober 1941 in Paris gehalten wurde) wird eingeleitet mit einer Ablehnung einer Ansicht des Admirals CASTEX (vgl. *supra* FN 18). Ich benutze die Gelegenheit für den Hinweis, daß C.S. den Admiral noch herangezogen hat in seiner Studie « Die geschichtliche Struktur des heutigen Welt-Gegensatzes von Ost und West. Bemerkungen zu Ernst Jüngers Schrift 'Der gordische Knoten' », S. 135-167 in Armin MOHLER (geb. 1920), (Hrsg.), *Freundschaftliche Begegnungen. Festschrift für Ernst Jünger zum 60. Geburtstag,* Frankfurt a.M. : Klostermann, 1955, 235 S. ; dort S. 163.

(35) (PT) C.S., *Der Leviathan in der Staatslehre des Thomas Hobbes. Sinn und Fehlschlag eines politischen Symbols,* Köln : Hohenheim-Verlag, (1938) ^{2}1982, 244 S., in der Reihe 'Edition Maschke'. – Unter dem 28. Juli 1953 schrieb C.S. dem befreundeten Jesuitenpater Erich PRZYWARA (1889-1972) Folgendes : « Der Leviathan... ist nicht mehr aufzutreiben ; ... ; es war, wie mir Nicolai Hartmann 1942 einmal sagte, das meist gestohlene Buch der Bibliothek des Philosophischen Seminars in Berlin, das jedes Semester neu angeschafft werden mußte. »

(36) (PT) Bernard FAŸ (1893-1979), Vorstandsmitglied der Bibliothèque Nationale und Professor am Collège de France, trat u.a. als Kenner und Gegner der Freimaurerei hervor. Seine Forschungen zur Französischen Revolution (vgl. *La grande révolution. 1715-1815,* Paris : Le Livre contemporain, 1959, 476 S.) sind von Armin MOHLER (geb. 1920) als erfolgreichste Weiterführung der Linie COCHINs (*supra* FN 21) gekennzeichnet worden : *Die Fünfte Republik. Was steht hinter de Gaulle,* München : Piper, 1963, 331 S., in der Reihe 'Piper Paperback', dort S. 234. Daß ihm nach Kriegsende (ab 1942 hatte er in Vichy die Monatsschrift *Les documents maçonniques* herausgegeben) ernsthafte Schwierigkeiten erspart blieben, soll er einer jüdischen Freundin zu verdanken haben. Mit Sicherheit hat C.S. drei Bücher von ihm gelesen : *Benjamin Franklin, bourgeois d'Amérique,* Paris : Calmann-Lévy, 1929-31, 2 Bände = 317 und 301 S., in der 'Nouvelle Collection historique' ; *La franc-maçonnerie et la révolution intellectuelle du XVIIIe siècle,* Paris : Eds de Cluny, 1935, 286 S. ; *Civilisation américaine,* Paris : Le Sagittaire, 1939, 314 S. Aus letzterem Buch zitiert er sogar in *Der Nomos der Erde im Völkerrecht des Jus Publicum Europaeum,* Berlin : Duncker & Humblot, (1950) ^{3}1988, 308 S. ; dort S. 262.

(37) (PT) C.S., *Ex captivitate salus. Erfahrungen der Zeit 1945/47,* Köln : Greven-Verlag, 1950, 95 S. ; dort S. 93.

(38) (PT) Es handelt sich um « Souveraineté de l'Etat et liberté des mers. Opposition de la terre et de la mer dans le droit international des temps modernes », S. 137-189 in Karl EPTING (1905-1979) (Hrsg.), *Quelques aspects du droit allemand. Six conférences,* Paris : Sorlot, 1943, 191 S., in der Reihe 'Cahiers de l'Institut allemand'. Es handelt sich *in concreto* um die französische Übersetzung (nur im Schlußabsatz gibt es eine wohl taktisch bedingte Änderung) seines Vortrags aus dem Jahre 1941 : « Staatliche Souveränität und freies Meer. Über den Gegensatz von Land und See (*sic.*) im Völkerrecht der Neuzeit », S. 91-117 in *Das Reich und Europa,* Leipzig : Koehler & Amelang, 1941, XXII-158 S.

(39) (PT) Hans FREYER (1887-1969) zufolge, soll der heilige PAULUS Rom gemeint haben : *Weltgeschichte Europas,* Wiesbaden : Dieterich, 1948, 2. Band = S. 469-1016, Nr. 32 in der 'Sammlung Dieterich' ; dort S. 616. Wie dem auch sei, der Begriff hat im Denken C.S.s eine erhebliche Rolle gespielt. Für eine ausführliche Behandlung dieser

komplexen Thematik, vgl. Wilhelm STÄHLIN (1883-1975), « Die Gestalt de Antichristen und das 'Katechon' », S. 1-12 in der von Erwin ISERLOH und Peter MANNS hrsg. *Festgabe für Joseph LORTZ,* Baden-Baden : Bruno Grimm, 1958, 1. Band = 586 S. ; S. 11 kommt C.S. ohne Namensnennung zum Zuge. Herr Günter MASCHKE bereitet z.Zt. eine gründliche Arbeit über C.S.s Katechontik vor.

(40) (PT) C.S., *op. cit.* (vgl. *supra* FN 37), S. 77.

(41) (PT) Pierre DUCOR, Buenos Aires (Ps. von W. GUEYDAN DE ROUSSEL), « Lob des Gefängnisses », *Prisma,* Nr. 19-20, 1948, S. 17-18. Die Übersetzung besorgte Friedrich KEMP (geb. 1914 ; über ihn vgl. *infra* S. 87 FN 58). – Im November 1946 erschien das erste, im Dezember 1948 das 24. und letzte Heft der von Hans Eberhard FRIEDRICH (geb. 1907) im Münchner Verlag Kurt Desch hrsg. Kulturzeitschrift *Prisma ;* jedes Heft hatte einen Umfang von 48 Seiten und eine Auflage von etwa 30.000 Exemplaren ; ab Januar 1949 führte Bruno Erich WERNER (1896-1964) die Zeitschrift unter dem Titel *glanz* noch sechs Monate fort, während FRIEDRICH auf gleicher Linie wie vorher fortzufahren versuchte mit der Zeitschrift *Thema* (Gauting bei München : Verlag F.X. Hirschold). – H.E. FRIEDRICH, Bruder des emigrierten Politologen Carl Joachim FRIEDRICH (1901-1984), hat 1932-33, als er als Redakteur der Frankfurter Zeitung einen einjährigen Studienurlaub hatte, in Berlin bei C.S. gehört ; er lud C.S. unter dem 21. Juli 1947 zur Mitarbeit an *Prisma* ein und machte am 25. November 1948 auf die Nachfolgezeitschrift *Thema* aufmerksam.

(42) (PT) C.S., *op. cit.* (vgl. *supra* FN 37), S. 12.

(43) (PT) C.S., *op. cit.* (vgl. *supra* FN 37), S. 61.

(44) (PT) Robert BRASILLACH (1909-1945), *Poèmes de France,* Paris : Les Sept Couleurs, 1946, 76 S. ; dort S. 65. Dieser Schriftsteller wurde wegen seiner Kollaboration mit der deutschen Besatzungsmacht zum Tode verurteilt und, einem von mehreren bedeutenden Kollegen unterschriebenen Gnadengesuch zum Trotz, erschossen.

(45) (PT) a) Tatsächlich hat der Konvertit und einflußreiche neo-thomistische Denker Jacques MARITAIN (vgl. *supra* FN 13 und *infra* FN 50) ab 1948 in Princeton gelehrt. Über ihn, vgl. jetzt in deutscher Sprache Sergio BELARDINELLI, « Die politische Philosophie des christlichen Personalismus », S. 243-262 in Karl Graf BALLESTREM (geb. 1939) und Henning OTTMANN (geb. 1944) (Hrsg.), *Politische Philosophie des 20. Jahrhunderts,* München : Oldenbourg, 1990, 325 S. ; dort S. 245-251 (« Jacques Maritain, 1882-1973 » und S. 261 eine Zeittafel). Es sei erwähnt, daß dieser Sammelband einen Betrag von H. OTTMANN über C.S. enthält (S. 61-87).
b) Gemeint ist William EBENSTEIN (1910-1976), *Modern Political Thought. The Great Issues,* New York : Holt, Rinehart and Winston, (1947) ^{2}1954, XVIII-875 S. ; dort S. 360-362 einige übersetzten Seiten aus dem *Begriff des Politischen :* « Politics : The Struggle with the Enemy ». Es ist allerdings möglich, daß C.S. außerdem ein früheres Buch dieses Autors kannte : *The German Record. A Political Portrait,* New York/Toronto : Farrar & Rinehart, 1945, XI-334 S. ; dort S. 48-50 eine Interpretation des C.S. -schen Begriffs des Politischen.

(46) (PT) Dazu, vgl. *Schmittiana II,* S. 127 und 155 FN 55.

(47) (PT) G. BERNANOS (vgl. *supra* FN 12), *La France contre les robots,* Paris : Plon, (1944) 1970, 284 S.

(48) (PT) Erwähnenswert ist die Tatsache, daß einige C.S.-Texte in spanischer Übersetzung erschienen sind in *Dinámica Social,* einer vom 'Centro de estudios económico-sociales' (Buenos Aires) herausgegebenen Zeitschrift. Noch im August 1953 erhielt C.S. von der Redaktion eine Einladung zur Mitarbeit an einem geplanten Sonderheft über 'Karl MARX und wir' ; die Bitte wurde am 21. Dezember 1953 ohne Erfolg wiederholt.

(49) (PT) Gemeint ist der von GUEYDAN DE ROUSSEL eingereichte Beitrag zu der nicht erschienenen ersten C.S.-Festschrift (1953) : « Léviathan et Homo » (12 Seiten und 2 Seiten Anmerkungen).

(50) (PT) Dieser Briefauszug ist symptomatisch für die damalige Gemütsverfassung C.S.s : Die Enttäuschung über Personen und der Glaube an den bereits zitierten Satz L. BLOYs (vgl. *supra* FN 32), Verzweiflung und Zuversicht hielten sich die Waage. *In concreto* ist folgendes zu sagen :
a) Die Beziehungen zwischen C.S. und MARITAIN (vgl. *supra* FN 13 und 45) können

nicht im Rahmen einer Fußnote zusamengefaßt werden. Jedenfalls war C.S. der Überzeugung, Frau MARITAIN habe die Entfremdung verursacht. Übertrieben ist allerdings die Äußerung über die BLOY-Nahme ; es mag aber sein, daß C.S. gerade das bekannte Buch der R. MARITAIN, *Les grandes amitiés,* Paris : Desclée de Brouwer, (1941-44) [2]1949, 523 S. (dort zwei BLOY-Kapitel), gelesen hatte.
b) Frau SCHMITT (geb. Duschka TODOROVIC, 1903-1950) erhielt am 6. August 1947 einen freundlichen Brief von Frau LINN (vgl. *supra* FN 23), die sich bereit erklärte, in materieller Hinsicht behilflich zu sein. Es ist zweifelhaft, daß das Schweigen LINNs von MARITAIN veranlaßt wurde, denn während eines längeren Gesprächs mit der Witwe LINN am 10. März 1972 in ihrem Appartement in Meudon, habe ich nur lobende Worte über C.S. gehört.

VERONICA RUNTE-SCHRANZ

Dr. Franz Schranz und sein Siedlinghäuser Kreis

Während meines ersten Besuchs (im November 1986) erzählte Frau Dr. med. Veronica RUNTE-SCHRANZ (geb. 1924) lange über den ausgedehnten Freundes- und Bekanntenkreis ihres Vaters und erwähnte dabei des öfteren C.S. Daraufhin habe ich ihr anheimgegeben, ihre Erinnerungen dem Papier anzuvertrauen. Die Anregung fand zwar Anklang, konnte jedoch aus mehreren Gründen nicht sofort zur Ausführung gelangen. Als aber zum 100. Geburtstag des Bildhauers Eugen SENGE-PLATTEN (1890-1972) eine große Ausstellung ins Auge gefaßt wurde, ist Frau RUNTE-SCHRANZ verständlicherweise zu Rate gezogen worden und hat zu dem Katalog einen Bericht über den sogenannten Siedlinghäuser Kreis beigesteuert (1). Da ich mir darüber im klaren war, daß der stattliche Band, unbeschadet seiner vorzüglichen Ausführung und der Qualität des Inhalts, wohl kaum von der C.S.-Forschung zur Kenntnis genommen werden würde, habe ich Frau RUNTE-SCHRANZ – gottlob mit Erfolg – gebeten, ihren Text in « Schmittiana III » nochmals abdrucken zu dürfen.

Zur nachstehenden Fassung ist folgendes zu bemerken : Es sind nur geringfügige Streichungen vorgenommen, demgegenüber neue Informationen in Sachen C.S. eingeflochten worden ; auch konnten die Lebensdaten vieler Personen eruiert werden. Angesichts der Tatsache, daß C.S. mehrere dieser Personen kannte, bzw. mit ihnen in Verbindung stand, teilen Herr Oberlandesgerichtsrat i.R. Heinz RUNTE (geb. 1921) und ich dazu in den Fußnoten weitere Einzelheiten mit. Auf diese Weise hoffe ich zweierlei gleichzeitig zu erreichen, nämlich einerseits ein Licht zu werfen auf den kunst- und geisteswissenschaftlich interessierten Landarzt Dr. med. Franz SCHRANZ (1894-1961) und seinen Kreis, andererseits die guten Beziehungen C.S.s zum Kreis im allgemeinen und zu dessen Mentor im besonderen deutlich zu machen. Übrigens kam der Kreis nicht von heute auf morgen zustande, sondern bildete sich in Form von konzentrischen Zirkeln, d.h. mancher Gast introduzierte neue Gäste. Es handelte sich also keineswegs um eine « organisierte Form einer bestimmten Denk- oder Kunstrich-

tung », sondern vielmehr um eine « Austauschmöglichkeit für einige Künstler, Schriftsteller und Historiker » (2). Freilich wären weder diese Expansion noch ihre Voraussetzungen möglich gewesen, ohne die Großzügigkeit und das Verständnis des Mäzens Dr. med. SCHRANZ.

Für die anstandslos gewährte Abdruckgenehmigung und die Hilfeleistung bei den mühseligen bio- und bibliographischen Recherchen, und erst recht für die vielen Zeichen der Freundschaft, sei dem Ehepaar RUNTE-SCHRANZ an dieser Stelle herzlichst gedankt.

P.T.

*
**

Im Juni 1921 begann mein Vater seine ärztliche Tätigkeit in Siedlinghausen. Er hatte durch den Bruder meiner Mutter, der damals Arzt in Hallenberg war, gehört, daß in Siedlinghausen ein Arzt gesucht wurde, und so stellte er sich bei dem dortigen Pfarrer VINBRUCK (1873-1938) vor, der wohl das entscheidende Wort zu sagen hatte. Da noch keine Arztwohnung vorhanden war, begann mein Vater in der 'Alten Schule' mit der Praxis und wohnte auch dort unter sehr primitiven Verhältnissen. Als Hilfe für den Haushalt kam gleich zu Beginn aus dem gegenüberliegenden Haus 'Hüttemanns' Berta STEINRÜCKE (1893-1967), die vierzig Jahre treu das Haus versorgte. Ende 1923 konnten meine Eltern in das neugebaute Arzthaus einziehen, in dem neben der Praxis schon bald auch ein Apothekenraum eingerichtet wurde, da mein Vater die Approbation zur Führung einer Schiffsapotheke hatte. So arbeitete er bis in die dreißiger Jahre nach der Sprechstunde dort, um die nötigen Rezepturen fertig zu machen, die am Nachmittag von den Patienten abgeholt wurden. Anschließend begann er seine Besuchsfahrt zu den einzelnen Dörfern. Anfangs mußte er diese im Sommer wie im Winter mit dem Motorrad machen, bis das Geld zu einem Auto reichte, einem Opel, genannt 'Laubfrosch'. Schon nach einigen Jahren richtete er eine Röntgenapparatur ein, die ihn in der Behandlung unabhängiger machte. Dadurch wurde aber der Platz im Haus zu klein, und er baute einen flachen Praxistrakt an, der durch das im Keller liegende Labor mit dem Haus verbunden war. Von den Fenstern der Praxisräume aus sah man in einen reizenden Rosengarten mit buchsbaumumrandeten Beeten, in deren Mitte später von Eugen SENGE nach langem Bitten ein aus Schiefer gebildetes Becken stand.

Mein Vater war ein gebürtiger Schwabe aus Bad Wurzach im Allgäu, wo er auch aufgewachsen war. Seine Schulzeit verbrachte er in Wangen und Ravensburg ; sein medizinisches Studium begann er in München in einer Zeit, als dort berühmte Professoren der Medizin und anderer Fakultäten lehrten, so auch Professor Arthur KUTSCHER (1878-1960), bei dem mein Vater mehrere theaterwissenschaftliche Vorlesungen und einige

Seminare neben seinem Fachstudium besuchte. Übrigens fing er schon während seiner Gymnasial- und Studienzeit mit dem Kauf von Büchern und Zeitschriften an, die den Grundstock seiner späteren großen Bibliothek bildeten. Diese zog sich im Laufe der Jahre über viele Wände des Hauses hin. In ihr stand neben medizinischen Handbüchern und Monographien naturwissenschaftliche, theologische, philosophische und klassische Literatur. Außerdem lagen Zeitschriften in erstaunlicher Zahl, einzeln oder abonnierte Jahrgänge in den Regalen.

Nach dem frühen Tod meiner Mutter (geb. Gertrud HOCHGÜRTEL ; 1888-1929) entwickelte sich allmählich ein größerer Besucherkreis, nachdem schon eine Freundschaft mit Herrn und Frau SENGE sowie dem Jesuitenpater Nikolaus MANGEOT (1889-1971) bestand, der einige Jahre vorher eine 'Mission' im Dorf gehalten hatte, und mit einem Namensvetter Prof. Dr. Ing. Hubert SCHRANZ (1893-1960), Bergassessor, Professor in Clausthal, der mit seiner Frau auf der Altenfelder Hütte öfter Ferien machte. Zu den Pfarrern der umliegendem Dörfer bestand ein freundschaftliches Verhältnis ; er lernte sie beim Konveniat im Pfarrhaus kennen, wo sie ihre Briloner langen Pfeifen rauchten, so daß nur ihre Umrisse im Raum noch zu erkennen waren, obschon der Pfarrer einen großen Ventilator nach draußen hatte einbauen lassen.

Jeden Sonntag nach der Mittagsruhe erschien der Pfarrer VINBRUCK mit seinem Hund bei uns, um den Vater zum Spaziergang abzuholen. Anschließend gingen sie in das Pastorat zum Abendessen, zu dem auch die gerade im Haus weilenden Gäste mit eingeladen wurden. Es war immer später Abend, wenn mein Vater wieder nach Hause entlassen wurde.

Im Frühjahr 1931 besuchte Professor Paul SIMON (1882-1948) aus Tübingen, ein Verwandter von Eugen SENGE, meinen Vater. Er war befreundet mit Reichskanzler Heinrich BRÜNING (1885-1970) und daher später in den Augen der Nazis politisch untragbar. Rassische Gründe kamen hinzu. So ging er von der Universität wieder zurück nach Paderborn als Domprobst (3). Er kannte den Staatsrechtler Professor Carl SCHMITT (1888-1985) gut und veranlaßte ihn, mit nach Siedlinghausen zu meinem Vater zu fahren. Das war für diesen eine wichtige Begegnung, da C.S. von München her Konrad WEIß (1880-1940) kannte und schätzte (4). Auf C.S.s Rat hin schickte mein Vater, den die Gedichte und Schriften von Konrad WEIß faszinierten, eine Einladung nach München, der der Dichter dann später Folge leistete.

Im Februar 1933 fuhr mein Vater mit Eugen SENGE zu C.S. nach Berlin. Dort lernte er den Verleger Friedrich VORWERK (1893-1969) von der Hanseatischen Verlagsanstalt kennen (5), der ihm die Verbindung zum Edwin Runge Verlag und dessen Inhaber Arnold HILLEN-ZIEG-

FELD vermittelte, bei dem der Druck des *Christlichen Epimetheus* von WEIß, einem sibyllinischen, zeitgeschichtlich, politisch wie theologisch bedeutsamen dichterischen Traktat, geplant und mit finanzieller Hilfe meines Vaters auch durchgeführt wurde (6). Hier in Berlin lernte er weitere interessante Menschen kennen wie Albrecht Erich GÜNTHER (1893-1942) vom *Deutschen Volkstum,* dessen Mutter Agnes (geb. BREUNING ; 1863-1911), die großartige Erzählerin und Autorin des Buches *Die Heilige und ihr Narr* (7) war. Dieses Erzählertalent hatte der Sohn geerbt. Ferner traf mein Vater dort die Brüder Ernst (geb. 1895) und Friedrich Georg JÜNGER (1898-1977), Dr. Paul ADAMS (1894-1961) von der *Germania,* ein großer Verehrer von Konrad WEIß, und Dr. Veit ROßKOPF (1898-1976), mit dem ihn von da an die Freunschaft und Verehrung für Konrad WEIß verband (8). Dr. ROßKOPF war am Rundfunk tätig, stellte das sonntag morgens gesendete 'Schatzkästlein' zusammen, Gedichte und Musik, und brachte einige Werke von WEIß im Münchner Rundfunk zu Gehör, teilweise mit Musik von Werner EGK (1901-1983), dem angesehenen Komponisten und Dirigenten.

Im Frühsommer 1933 kam Herr WEIß erstmalig zu Besuch nach Siedlinghausen, eine besondere Freude für meinen Vater. Da beide Schwaben waren, fanden sie sofort Gefallen aneinander. So wurde schon für das nächste Jahr die erste sogenannte 'Männerfahrt' vereinbart mit Herrn SENGE und Konrad NIERMANN (1888-1947), einem Freund von SENGE, der Leiter des Borkener Finanzamtes war (9). Herr WEIß verfaßte bei den Reisen in verschiedene deutsche Landschaften und Kulturräume Reisebeschreibungen, die teilweise in der *Münchener Neuesten* erschienen, später aber zu den beiden Bänden *Deutschlands Morgenspiegel* zusammengefaßt wurden, die durch die Kriegseinwirkungen nicht mehr im Insel Verlag erscheinen konnten und erst nach dem Krieg im Kösel Verlag erschienen sind (10). In diesem Zusammenhang verdient Herr Dr. Heinrich ELLERMANN (geb. 1905) Erwähnung. Durch Vermittlung von Herrn VORWERK war er schon als Student bei meinem Vater zu Gast. Als er den gleichnamigen Verlag führte, überlegte er sich, etwas von Konrad WEIß zu drucken, was leider am Unverständnis des Lektors scheiterte.

Im Anschluß an diese Männerfahrten pflegte das Ehepaar WEIß noch einige Tage zu Besuch im Haus zu bleiben. Nach der ersten 'Männerfahrt' entstand die Büste von Herrn WEIß im Atelier von Herrn SENGE. Etwa im Dezember schickte Eugen SENGE ein Foto davon nach München, zu dem sich WEIß in seinem Brief an meinen Vater wie folgt äußerte (11) :

> « ... Das Photo der Büste hat mir große Freude gemacht... Auch Herrn Caspar und Herrn Knappe habe ich es gezeigt. Von Künstlern hat ja nun jeder eigene Einstellung ; aber man konnte gleich an der Art des Anschauens sehen, daß etwas in bestimmter Weise Fesseln-

des für jeden daran war. Caspar hat sich besonders für das Erregte des Ausdrucks interessiert und die Konturen im einzelnen betrachtet. Knappe hat gegenüber den sonstigen vielen Büstenmachern das wirklich bildhauerische Tun betont und gemeint, daß die Büste sehr « farbig » sei, was auf die Möglichkeiten des Holzbildhauers und die Fähigkeit, mit der Holzmaser zu wirken, hinweise. »

Während dieser Zeit fuhr Herr WEIß häufig wie andere Gäste auch mit über Land zu den Patienten. Später, als Frau WEIß (geb. Marie REICHL ; 1876-1957) 1943 durch Bombeneinwirkung ihre Wohnung in München verlor, nahm mein Vater sie bis zu ihrem Tod bei sich auf.

Als mein Vater sich dazu entschloß, einige Umbauten und Renovierungen am Haus vornehmen zu lassen, beauftragte er den Architekten Hans KELLER aus Mainz mit der Planung und Ausführung. Er hatte diesen in Kabel bei Hans-Eberhard HOESCH (1891-1972) (s.*infra*) kennengelernt. KELLER war ein begabter, sehr eigenwilliger und origineller Herr. Als er das erste Mal kam, war er mit einer Trainingshose, Lackschuhen, einem hellen Sommermantel und Baskenmütze bekleidet. 'Unsere Berta' glaubte bei seinem Anblick, ihn mit dem üblichen Bettlergroschen abfinden zu können.

Etwa um die gleiche Zeit, im Juni 1933, kam das Ehepaar Albert (1901-1979) und Paula MIRGELER (geb. GALLENBECK ; geb. 1906) aus Leversbach. Herr MIRGELER war Historiker, sie eine für Musik und Malerei künstlerisch begabte Frau ; zu beiden entstand eine lebenslange freundschaftliche Verbindung. Herr MIRGELER hielt viele Jahre später zur Ausstellung von Herrn SENGE in Arnsberg (1971) den Einführungsvortrag mit großer Kenntnis der Arbeiten des Bildhauers (12). Eine Bekannte von MIRGELERs war die reizende Italienerin Piera MASSARI (?-1964), die im Sommer 1934 zu uns kam, um Deutsch zu lernen. Sie war bei den YMCA (13) tätig und lebte in Genua. Über viele Jahre war sie ein besonders liebenswürdiger Gast.

Noch im Jahre 1933 kam Herr VORWERK (s. *supra*) mit Dr. Dietrich ECKARDT aus Berlin nach Siedlinghausen zu Besuch. Man überlegte, einen Gesprächskreis von Intellektuellen in Berlin zu gründen, bestehend aus engagierten katholischen und evangelischen Christen, unter denen Dr. Johannes PINSK (1891-1957), Studentenpfarrer in Berlin, besonders zu erwähnen ist (14). In diese Zeit fällt auch der erste Besuch von Hugo FISCHER (1897-1975) aus Leipzig, der, über C.S. vermittelt, schon länger einen Briefwechsel mit meinem Vater geführt hatte. Er war Privatdozent in Leipzig, Hegelianer und Herausgeber der *Deutschen Blätter für Philosophie*. FISCHER hat wohl das kenntnisreichste Buch über LENIN (1870-1924) geschrieben (15). In seinen unveröffentlichten Erinnerungen beschreibt er den Vater so :

« Er war jungenhaft frisch, kameradschaftlich, freigebig, ein Mäzen von Schriftstellern und Künstlern. »

FISCHER war eng mit Ernst JÜNGER und seiner Frau Gretha (geb. VON JEINSEN ; 1906-1960) befreundet (16). Von ihm empfohlen, traf im November des gleichen Jahres Dr. Hans-Ludwig DÖDERLEIN (geb. 1901), sein ehemaliger Leipziger Student, bei uns ein ; er hatte über HEGEL promoviert und war Querflötist, was ein Musizieren mit Frau Alix SENGE (geb. VOSS ; 1901-1982) in Aussicht stellte (17).

Durch die Bekanntschaft meines Vaters mit Konrad WEIß lernte er Erik PETERSON (1890-1960) kennen, der alsbald nach Rom als Professor für altchristliche Theologie und Religionsgeschichte an päpstlichen Instituten ging (18). Der Vater verdankte WEIß ebenfalls den Kontakt zum Malerehepaar Karl (1879-1956) und Maria CASPAR (geb. FILSER ; 1878-1968) in Brannenburg (18). Es waren damals schon einige Gedichtbände von Konrad WEIß mit Zeichnungen oder Lithographien von KARL CASPAR sowohl im Verlag Albert Müller-Langen wie im Benno-Filser-Verlag erschienen, die aber nur geringen Absatz gefunden hatten. Durch die Vermittlung von Friedrich VORWERK konnte mein Vater die Restbestände beider Gedichtbände *Cumäische Sybille* und *Tantum dic Verbo* aufkaufen ; das war ein Schatz, aus dem er gerne spendete (19).

Im September 1933 war Richard MASSEK (1907-1936) aus Oeventrop Gast in Siedlinghausen. Er kam zu uns mit einer Empfehlung von Herrn VORWERK, den er aus Berlin kannte, wo er unter Franz VON PAPEN (1879-1969) einige Zeit an der *Germania* tätig war. Später ging MASSECK von dort wieder ins Sauerland zurück. Nach seinen eigenen Aussagen war mein Vater ihm ein väterlicher, verstehender Freund. 1934 gestaltete MASSECK die Einweihung des St. Michael-Kriegerdenkmals von Eugen SENGE in Assinghausen Dazu schrieb er die Verse und Texte selber : « Schirmherr des Reiches, Michael » (Chor für die H.J.) (20).

Endlich, im Dezember 1935, war es Professor Josef PIEPER (geb. 1904) aus Münster möglich, nach Siedlinghausen zu fahren. Er wohnte da das Haus besetzt war, bei SENGEs, war aber Gast des Vaters. In seinen autobiographischen Aufzeichnungen berichtet er von seinen häufigen Aufenthalten bei meinem Vater, bei denen er mehr bedeutende Menschen kennengelernt habe als irgendwo sonst (21). So traf er im Oktober 1938 zum ersten Mal Konrad WEIß, der gleichzeitig zu Gast war. PIEPER über Konrad WEIß (22) :

« ...Das Werk von Konrad Weiß wurde im Hause Schranz ständig beredet und zitiert ; es war ganz unmöglich, nichts von ihm zu wissen... Man hätte den großen breitschultrigen Mann auf den ersten Blick leicht für einen biederen Mittelständler halten können. Alles Literatenhafte war ihm fremd, wenn nicht zuwider... »

Im Hause meines Vaters hat PIEPER außerdem die Bekanntschaft C.S.s gemacht. Darüber hat er u.a. Folgendes ausgesagt (23) :

« Es war übrigens ein Genuß, seine funkelnden Konversation anzuhören. ... Aufs Ganze gesehen aber wurde ich bei all diesen Diskursen nie das Mißbehagen los, daß hier stets dem Interessanten der Vorrang gegeben werde vor dem inhaltlich Wahren... »

Inzwischen gab es über die Musik eine Verbindung zu Hans-Eberhard HOESCH in Kabel, der schon in den 20er Jahren eine Vorliebe für alte Musik, gespielt auf alten Instrumenten, hatte. Er ließ diese in seiner eigenen Werkstatt nachbauen (24). Er hatte schon damals Kontakt zum Bärenreiter-Verlag, der 1927 unter der Leitung von Karl VÖTTERLE (1903-1975) von Augsburg nach Kassel verlegt wurde. Von dort kam das Ehepaar VÖTTERLE einige Male nach Siedlinghausen. Seit 1930 gab es in Kabel « Die festliche Musik » mit August WENZINGER (geb. 1905) aus Basel als Cellist und Gambist, Gustav SCHECK (1901-1984) als Flötist (25), und Philip HINNENTHAL (1883-?), der in alten Bibliotheken nach verschollenen musikalischen Werken alter Meister suchte, als Cellist. Etwas später begannen die « Kleinen Musikfeste » in Lüdenscheid unter Dr. Konrad AMEL (geb. 1899), bei denen wir Fritz NEUMEYER (1900-1983), den Cembalisten, und Ulrich GREHLING, den Violinisten, kennenlernten, wodurch wir die Verbindung nach Siedlinghausen herstellen konnten. Bei HOESCH in Kabel holte sich auch Frau SENGEs ihr Cembalo, ein kleines einmanualiges Instrument, das die Möglichkeit des Musizierens erhöhte.

Im August des Jahres 1936 weilte Karl ESCHWEILER (1886-1936), Professor für systematische Theologie in Braunsberg, bei meinem Vater. Dieser hatte den bekannten Theologen auf einer Ostpreußenfahrt kennengelernt (26). Ebenso den Biologen Hans ANDRÉ (1891-1966) und den Kirchenrechtler Professor Hans BARION (1899-1973) (27) ; von beiden zog der erstere später nach Walberberg und BARION nach Bonn. Herr SENGE nutzte den längeren Aufenthalt von ESCHWEILER zu einer ausgezeichneten Bronzebüste desselben. Er kam schon als sehr kranker Mann zu meinem Vater und fuhr nach einigen Wochen zur stationären Behandlung in ein Berliner Krankenhaus, in dem er kurz darauf starb. Er schrieb noch einen kurzen Abschiedsbrief nach Siedlinghausen und bedankte sich mit dem Satz : « Bleib so, Du moderner Heiliger ». C.S. teilte meinem Vater am 12. November 1936 mit :

« ... Eschweiler habe ich in seiner Krankheit gesehen. Davon erzähle ich Ihnen noch einmal », aber darüber ist mir nichts Näheres bekannt.

Trotz seiner beruflichen Beanspruchung hatte mein Vater sich an die Übersetzung des Buches des französischen Konvertiten Léon BLOY (1846-1917) *Le Salut par les Juifs* gemacht. Im Herbst 1936 trafen durch die Vermittlung eines Vetters aus Ellwangen, der dort geistlicher Studienrat war, Clemens TEN HOLDER und Hermann GÖGGEL zu Besuch und halfen bei der Korrektur der Übersetzung, deren Druck unter dem Titel *Das Heil kommt von den Juden* geplant war. C.S. hatte deswegen am 8. Januar 1936 an den französischen Philosophen Jacques MARITAIN (1883-1960) geschrieben, und der Runge-Verlag wollte das Buch verlegen, hielt aber den Zeitpunkt nicht für geeignet (28).

Immer wieder gab es Gelegenheiten für Frau SENGE, kleine musikalische Kostproben mit Künstlern zu geben, die gerade im Hause SCHRANZ mit von der Partie waren. Die anderen Gäste im Haus genossen das besonders, so auch Friedrich Georg JÜNGER, der bei einer solchen Gelegenheit eine Ode auf den Hömberg verfaßte (29). Später schrieb er den Essay *Erinnerungen an einen Landarzt,* in dem von den Begegnungen und Gesprächen mit meinem Vater die Rede ist (30) :

> « Er liebte das Gespräch ;... er blieb auch nach den Tagen harter Arbeit unverändert heiter... Er war mäßig und zugleich genußfähig... Er hatte Freude am Menschen, und sie erhielt sich ihm. »

Zu dem im September 1939 stattgefundenen Konzert waren außer zwei Mitschülern meines Vaters, Karl KLUFTINGER, in Essen tätig als Ingenieur, mit seiner Frau, und Erich RÖMER, aus Weilheim, auch C.S. und seine Schwester Ännchen (Anna Margarete SCHMITT ; 1902-1954) anwesend, die in ihrem Heimatort Plettenberg Musiklehrerin war.

Friedrich Georg JÜNGER und Hugo FISCHER wurden im Januar 1936 von dem damals schon bekannten Zeichner A. Paul WEBER (1893-1980) nach Siedlinghausen begleitet. WEBER war ein Zeichner, der mit seiner Graphik dem nationalrevolutionären Gefühl Ausdruck gab. Außerdem portraitierte er die Brüder JÜNGER, Hugo FISCHER und manch anderen Zeitgenossen (31). Etwa zur gleichen Zeit kam, eine Reise unterbrechend, auch Ernst NIEKISCH (1897-1967) zu uns. Er war Herausgeber der Zeitschrift *Widerstand,* die zunächst gegen das Versailler System gerichtet war, später außerdem die Nationalsozialisten bekämpfte (32). Er schrieb ein viel beachtetes Buch *Hitler, ein deutsches Verhängnis,* mit Zeichnungen von A. Paul WEBER (33). Er war bis zum Ende des Krieges im Zuchthaus, überlebte die Zeit, aber als blinder Mann (34).

Vor allem in den Sommermonaten waren viele Gäste im Haus SCHRANZ, bei SENGEs oder in Gasthöfen, wenn der Platz in der eigenen Wohnung nicht reichte. Zu erwähnen ist noch Dr. Alfons RUNTE (1908-1944) aus Münster, der mit seiner Braut herüberkam, um Werke von Herrn SENGE anzusehen, im Hinblick auf Besprechungen in *Heimat und Reich,* der Zeitschrift des Westfälischen Heimatbundes, bei dem er tätig war. In seinem Buch *Unter den Fischen* schreibt Curt HOHOFF (geb. 1913) von seiner Freundschaft mit Dr. RUNTE, der ihm von Siedlinghausen erzählt hatte (35) :

> « Dort könne ich den Juristen Carl Schmitt, soeben kaltgestellt, Eschweiler, Josef Pieper und eine Kolonie von gebildeten Denkern, Schreibern, Musikern und eben auch Senge-Platten, den Bildhauer, kennenlernen. ... Ich war schüchtern. Das Angebot der Namen stieß mich ab, und über Senge-Platten wollte ich schon deshalb nicht schreiben, weil Henri Nannen, inzwischen bei der Bruckmannschen Kunst in München, nicht dafür einzunehmen war. Ich sprach mit Schöningh. Bei dessen « Hochland » bestand jedoch eine Animosität gegen Konrad Weiß, weil er die Redaktion einst verlassen hatte. Als ich von Senge-Platten sprach, nickte Schöningh bloß und sagte zerstreut : Wenn Sie es machen. Ich hatte aber keine Lust mehr an dem Thema. So bin ich nie nach Siedlinghausen gekommen. Es gibt Entscheidungen, die man sein Leben lang bedauert. »

Im September des gleichen Jahres war Herr Pfarrer WINKELMANN aus Marienthal bei Wesel kurz zu Besuch da. Für ihn schuf Herr SENGE den Engel für das Friedhofsportal. WINKELMANN gehörte zu den besonders kunstinteressierten Menschen der damaligen Zeit, der in seiner Kirche moderne Kunst wagte. Ein anderer interessanter Gast bei meinem Vater war Friedrich Alfred SCHMID NOERR (1877-1969), Privatdozent in Heidelberg. Später war er freier Schriftsteller, Dichterphilosoph, bemüht um die Erneuerung des Mythos als Urform volkstümlicher Dichtung und Vermittlung zwischen altgermanischer und christlicher Glaubenswelt (36).

Gegen Ende der Sommer-Schulferien fuhren wir jedes Jahr, mein Vater, SENGEs und ich nach Schwaben zum Großvater. Dabei besuchten wir unterwegs Freunde oder machten neue Bekanntschaften. So erinnere ich mich an einen Besuch (Juli 1937) bei Ernst und Friedrich Georg JÜNGER in Überlingen. JÜNGERs wohnten in einem Haus über dem Bodensee, bei dessen Anmietung mein Vater geholfen hatte (37). Es war ein herrlicher Sonnentag im Garten mit Blick auf den See, den wir mit den beiden Brüdern, Frau Gretha JÜNGER und dem Sohn Ernst verbrachten. Auf der Rückfahrt trafen wir, wie in den anderen Jahren, das Ehepaar WEIß, entweder in München oder in Ulm, und fuhren dann gemeinsam nach Siedlinghausen zurück. Auf einer dieser Fahrten besuchten wir in Landsberg den Maler MUTTER, von dem mein Vater eine « Lechlandschaft » erwarb. – Andererseits fuhr mein Vater im April jeden Jahres nach Wiesbaden zum Internistenkongreß und traf unweigerlich Bekannte, z.B. den dortigen Regierungspräsidenten Lambert VON PFEFFER, ein gebürtiger Münsteraner, der an einem munteren Weinabend meinen Vater zusammen mit Professor PIEPER, Eugen SENGE und Konrad NIERMANN mit einer Flasche Wein zum Westfalen taufte.

Im Mai 1939 entstand durch Vermittlung von Herrn NIERMANN ein Briefwechsel mit Otto PANKOK (1893-1960), von dem mein Vater einige Lithographien kaufte (38). Zu Pfingsten gab es dann das letzte Konzert vor dem Krieg mit üppiger künstlerischer Besetzung. Der Komponist Hans HUMPERT aus Paderborn, hatte im Vorjahr bei seinem ersten Besuch versprochen, ein Flötenkonzert zu komponieren, das nun mit viel Aufregung unter der Regie von Gustav SCHECK einstudiert wurde. Die Mitspieler waren Ernst DOBERITZ aus Hamburg, Viola-Spieler, vor allem Viola d'Amore, Herr GRÜTZBACH, Cellist, Dorothee CORMANN, Geigerin, die Frau SENGE bereits aus ihrer Studienzeit in Köln kannte, und Frau Annemarie EWERS-WIRSING (geb. 1905) aus Niederfeld, Cembalo. Viele auswärtige Gäste kamen, so Dr. Hans WAUBKE (1893-1971) mit seiner Familie aus Bielefeld (mit ihm war mein Vater seit der gemeinsamen Assistentenzeit in Düsseldorf befreundet) (39), Professor PIEPER mit Frau, Herr HUMPERT (1901-1943) und Frau, Musikdirektor HOFFMANN aus Bielefeld, Dr. ROßKOPF mit seiner Frau Margarete BÄUMER (1893-1969), einer berühmten Opernsängerin aus Leipzig (39a). Es war ein besonders fröhliches Konzert mit ebensolcher Nachfeier in der Bibliothek bei gutem Wein.

Für kurze Zeit war der junge Schriftsteller Max WEGENER (1915-1944) zu Gast, der nach meiner Erinnerung noch keinen rechten Standort gefunden hatte (40). Etwas später holte mein Vater dann zusammen mit C.S. und Eugen SENGE Herrn Dr. Heinrich OBERHEID (1895-1977) aus Berlin in Bestwig ab, der lange Jahre die rechte Hand des Großindustriellen Hugo STINNES war, derzeitig aber als evangelischer Theologe seine Rolle spielte und später wieder in die Wirtschaft ging (41). Er kam von einer Trauung in Berlin und war, schlafend, in Warburg mit dem Eisenbahnwagen auf dem Abstellgeleise gelandet. Eine Putzfrau weckte ihn, und er überlegte mit dem Stationsvorsteher, wie er nun nach Bestwig käme. Durch seinen Staatsratsausweis in Unruhe versetzt, bot ihm der Beamte als einzige Möglichkeit eine Lokomotive an. Die drei im Wartesaal Sitzenden, C S., Herr SENGE und mein Vater, wurden durch ein Telegramm benachrichtigt, das der Bestwiger Bahnhofsvorsteher mit sicherem Blick C.S. überreichte: « Komme mit Lokomotive nach ». In Bestwig angekommen trank Herr OBERHEID erst einige Gläser Bier. Mein Vater enthielt sich dessen, da er ja fahren mußte. Daraufhin meinte Herr OBERHEID : « Einfach Augen zu und Gas », was von da an bei uns zum geflügelten Wort wurde.

OBERHEID war ein sehr interessanter Mann, Mitschüler und Förderer des Malers Werner GILLES (1894-1961), der auch einige Wochen bei meinem Vater war. GILLES brachte eine Auswahl herrlicher Bilder mit, Landschaften in Pommern, Stilleben und Motive aus der Toscana. Er war dazu ein begeisterter und begabter Koch, wovon wir uns oft überzeugen konnten. Mit C.S. und dessen Frau Duschka (geb. TODOROVIC ; 1903-1950), einer Serbin, die GILLES' Bilder besonders liebte, verband ihn eine lange Freundschaft (42). Das wunderbare Bild mit den Fischen, das C.S. so liebte, hatte Anima kopiert, so verblüffend getreu, daß selbst GILLES es nicht bemerkte.

Bei Kriegsbeginn mußte Herr SENGE gleich einrücken, mein Vater drei Tage später. Er wurde nach Neheim beordert. Da im vorgesehenen Lazarett noch niemand anwesend war, schickte man ihn auf Abruf zurück. Im November darauf mußte er sich erneut melden, und zwar im Truppenübungsplatz Groß-Born. Auch dort war er überzählig und konnte nach langer Fahrt wieder heimfahren über Stettin, wo er den Scheck-Wenzinger-Kreis musizieren hörte, und Berlin, wo er C.S. einen Besuch abstattete. Im Dezember 1939 starb sehr unerwartet Dr. Friedrich KÖSTER (1895-1940), Chefarzt von Hohenheim, aus Brilon Wald. Er hatte mit meinem Vater die erste Lungenfürsorge in der Gegend aufgebaut, die erst später zu einer amtlichen Einrichtung wurde. Auf welchem Weg die Verbindung mit Dr. Alexander MITSCHERLICH (1908-1982) zustande kam, kann ich nicht mehr feststellen (43). Eine genaue Erinnerung habe ich hingegen noch an Professor Ernst KRETSCHMER (1888-1964) von der Universität Marburg, dem bekannten Psychiater, der eine medizinisch-psychologische Typologie (44) entwickelt hatte. Er war Süddeutscher und harmonierte gleich mit meinem Vater.

Während des Krieges war es ruhiger im Haus ; nur ab und zu kam jemand zur Erholung oder nutzte die Durchreise durch Bestwig zu einem kurzen Abstecher. Allerdings kam im Oktober 1943 zum ersten Mal Professor Joseph Adam LORTZ (1887-1975) mit seiner Hausdame Frl. MEYER-SCHWICKERATH nach Siedlinghausen. Er war Professor für Kirchengeschichte an der Universität Münster und wurde nach dem Krieg Direktor des 'Instituts für Europäische Geschichte' in Mainz (45). Gleichzeitig fand sich Professor Jost TRIER (1894-1970) aus Münster ein, der dort den Lehrstuhl für Germanistik innehatte. In einem undatierten Brief C.S.s, der jedenfalls spätestens Anfang 1944 entstanden sein dürfte, heißt es (46) :

> « ... Ich bin für einige Tage nach Plettenberg gereist, um einige Sachen zu holen. Hier fand ich eine Karte von J. Trier aus Münster über den *nomos*, die ich wohl Ihnen (*sc.* meinem Vater) verdanke und die mir von größtem Nutzen für meine Arbeit ist. Ich werde versuchen, mir den Aufsatz von Trier in Berlin zu verschaffen ».

Professor LORTZ wohnte gegen Ende des Krieges mehrere Monate beim Förster MESCHEDE, nachdem er in Münster ausgebombt war. Er las im Schloß für unseren kleinen Kreis am Sonntag die Messe. Am Nachmittag kam er zum Tee zu meinem Vater, bei dem damals auch der bereits erwähnte Fritz NEUMEYER für längere Zeit wohnte. So gab es jeden Sonntag ein kleines Konzert, da er sein Cembalo mitgebracht hatte und mit Frau SENGE alle Mozart-Sonaten einstudierte. In dieser Zeit war auch Professor KORTE (geb. 1906) kurz zu Gast ; er war Musikwissenschaftler an der Universität in Münster und leitete das dortige Studentenorchester (47). Ebenso schaute wieder einmal der Stadtdechant von Köln, Robert GROSCHE (1888-1968), herein ; er war ein großer Verehrer von Konrad WEIß und zuständig für die Kunstaufträge in der Diözese Köln (48).

Wie schon angedeutet, war WEIß 1940 gestorben. Zu diesem Ereignis schrieb C.S. meinem Vater unter dem 19. März 1940 Folgendes :

> « Aber den Verlust von Konrad Weiß kann ich nicht verschmerzen, und oft fühle ich, daß mit seinem Weggang von uns aus unserer Situation sich etwas Wesentliches geändert hat. Die Einsamkeit wird immer größer,... »

Übrigens war in Briefen C.S.s an meinen Vater öfters von Autoren die Rede. Im soeben herangezogenen Brief teilte er beispielsweise noch Folgendes mit (49) :

> « ... Von neuen Bekannten melde ich vor allem Herrn Hugo Kükelhaus, den Verfasser von « Urzahl und Gebärde », den ich sehr lieb gewonnen habe ; ferner einen Wiener, von Steinhart, der mit P. Gütersloh und dem Schriftsteller v. Doderer befreundet ist... »

Seinem Schreiben vom 15.3.1941 entnehme ich diesen Paragraphen (50) :

> « Seit langem bin ich Ihnen die Rücksendung des Buches von Georg Trakl *Sebastian im Traume* schuldig. Ich sende es Ihnen jetzt mit vielem Dank als Drucksache zurück. Es hat auch auf Andric, den hiesigen jugoslawischen Gesandten, großen Eindruck gemacht. Von eigenen neuen literarischen Begegnungen muß ich Ihnen den Amerikaner Melville nennen. Haben Sie etwas von ihm in Ihrer Bibliothek ? »

Letzteres war anscheinend nicht der Fall, denn am 2. Dezember 1941 hieß es (51) :

> « Ich habe eine sehr gute, vollständige französische Ausgabe von *Moby Dick,* die allerdings gute und nähere Kenntnis des Französischen erfordert. Wenn Sie für Ihre Bibliothek in Betracht kommt (an sich gehört Moby Dick dahin), freut es mich, sie Ihnen zu schenken. »

Das Schreiben vom 2. Dezember 1941 enthielt noch einen weiteren interessanten Passus (52) :

«… von Jünger erscheinen bald die Tagebücher aus dem letzten Frankreich-Kriege, die ich sehr schön finde. Den Aufsatz von Nebel (1. Glosse) im Oktoberheft der N. Rundschau müssen Sie genau lesen. Das Heft ist nicht mehr zu haben. »

Mein Vater zeigte Interesse, und eine Karte vom 7. Januar 1942 lautete – freilich gekürzt – folgendermaßen (53) :

«… Ich habe einen französischen Moby Dick (sehr gute Ausgabe) für Sie mit Widmung an Paul Adams in Gauting bei München geschickt ; er gibt es an Sie weiter. … Haben Sie Fritsche, der Erstgeborene, gelesen ? Ich habe Sie schon einmal danach gefragt, aber Ihre Antwort vergessen… »

In dieser Ausgabe mit Datum vom 31.12.41 die Widmung an meinen Vater :

« Arylo intelligentiae et amicitiae Bibliothecae praeclarae Doctoris Francisci X. Schranz, Hospes gratus et memor Carl Schmitt »

Zu guter Letzt erwähne ich zwei Mitteilungen, die einem ausführlichen Schreiben C.S.s vom 8. April 1943 entnommen werden (54) :

«…Die Hinweise auf Goldberg sind mir sehr wichtig. Die Stelle über den Leviathan hatte ich schon im Herbst 1940 oder 41 bei Ihnen in Ihrer Bibliothek entdeckt. Höchst beachtenswert wie der Jude das Entsetzen vor der Technik in die Kanäle des Judentums zu leiten und dort zu verwerten sucht… Neulich fiel mir eine Schrift von A. Turel in die Hände, d.h. mein Bruder gab sie mir als Dokument des Jahres 1931 : Die Eroberung des Jenseits. Er erklärt die moderne Technik als ektodermale Integration der Außenwelt und meint, es stünde eine endodermale Revolution bevor. Die Termitisierung hält er für einen ungeheuren Fortschritt. Ich habe mich neulich mit einem Heidelberger Kollegen, dem Physiologen Achelis darüber unterhalten, der mir auch zu « Land und Meer » schöne Dinge sagte, z.B. daß der menschliche Geist ein eigenes 5. Element ist, das bedeutet nämlich « Quinta Essentia ». In diesem Gespräch ist mir klar geworden, daß es jedenfalls viel wichtiger ist, die Kulturen und Epochen nach den 3 Keimblättern einzuteilen, als nach Jugend, Reife, Alter und ähnlichen kindlichen Analogien. Haben Sie Turel in Ihrer Bibliothek ? »

Im Februar 1943 war ich zum ersten Mal in Berlin, denn ich durfte einer Einladung C.S.s Folge leisten. Es war ein großartiges Ereignis. C.S. hatte sich ein richtiges Programm für mich ausgedacht. Außer den Besuchen in Museen und Galerien, zu denen er mich am Morgen vor seiner Tätigkeit begleitete, da mir der Verkehr mit der U- und S-Bahn fremd war, durfte ich einen Abend in der Loge von Hermann GÖRING (1893-1946) sitzend, die Oper « Fidelio » hören und am nächsten Abend « Der widerspenstigen Zähmung » sehen. Auch ein Konzert mit Wilhelm FURTWÄNGLER (1886-1954) und den Philharmonikern war eingeplant. An zwei Abenden in seiner Dahlemer Wohnung erlebte ich eine erlesene Gesellschaft. Unter anderem waren anwesend der Preuss. Finanzminister Johannes POPITZ (1884-1945) mit Sohn Heinrich und Tochter Conny, Dr. Wilhelm AHLMANN (1895-1944) der durch seine für mich fast unbemerkte Blindheit großen Eindruck auf mich machte, und das Ehepaar Geheimrat Werner SOMBART (1863-1941) und Frau Corina (geb. LEON ; 1892-1971) (65). C.S. begleitete auf dem Flügel eine Sängerin, deren Namen ich leider nicht mehr weiß. Es gab ein Abendessen, zu dem Frau SCHMITT die benötigten Zutaten auf dem Markt besorgt hatte. Ich durfte sie dorthin begleiten und sah zum ersten Mal einen zweirädrigen Einkaufswagen, mit dem sie ihre Einkäufe nach Hause fuhr. Ich wunderte mich, mit welcher Freundlichkeit sie allenthalben bedient wurde. Auch an diesem Abend wurden wie an anderen, Landsleute von Duschka im Souterrain beköstigt.

Das Frühstück nahm ich mit Duschka manchmal in ihrem kleinen Salon ein, wobei sie interessant erzählte und aus ihrem Schatz an Ernst JÜNGER-Büchern mir eines schenkte, und zwar *Gärten und Strassen*. Von C.S. bekam ich zur Erinnerung an diesen Aufenthalt in Berlin *Land und Meer* geschenkt, und zwar in wunderbarem hellem Leder-Schmuckeinband mit stahlblauem Vorsatzpapier. Tochter Anima hatte ein großes Segelschiff hineingemalt und C.S. schrieb folgende Widmung dazu :

> « Unserer lieben Veronica zur Erinnerung an ihren Besuch in Berlin 13.2.1943
> Deos video ascendentes de terra
> 1 Reg (Sam) 28.13. »

Schon zu Weihnachten '42 hatte C.S. das Reclamheftchen meinem Vater geschickt. In seinem Brief dazu schrieb er unter anderem folgendes :

> « ... Das beiliegende Büchlein hätte ich Ihnen gerne in besserem, präsentablerem Zustand geschickt, eingebunden und auf gutem Papier. Aber der Verleger betrachtet es schon als die Aufnahme in das Pantheon der Weltliteratur, wenn man überhaupt bei Reclam erscheint, und ist gar nicht entgegenkommend. Die Widmung « Meiner Tochter Anima erzählt » werden Sie als Vater einer wohlgeratenen Tochter teilnehmend verstehen und bei der Lektüre milde beobachten, wie die allgemeine Hilflosigkeit des Mannes gegenüber der Frau sich in der Beziehung des Vaters zur Tochter noch unabsehbar steigert »...

Kurz nach Kriegsende berichtete Duschka meinem Vater über die Lage C.S.s ; am 5. August 1946 schrieb sie u.a. :

« … Er hat in seinen Briefen oft geschrieben, daß K. Weiß in dieser schweren Zeit sein Schutzengel war. »

Sofort nach seiner Entlassung aus dem Camp bestätigte C.S. dieses Bekenntnis persönlich (56) :

« … Hoffentlich kann ich Ihnen bald die Abschrift einer Darlegung über 2 Berliner Gräber schicken, das Grab Kleists und das von Theodor Däubler ; ich habe es im Camp für meine Tochter niedergeschrieben. Daraus werden Sie ersehen, was Konrad Weiß für mich bedeutet und wie tief ich Ihnen verbunden bin für das, was Sie in der Sache von Konrad Weiß getan haben und noch tun, insbesondere auch für den Neudruck des Geschichtlichen Gethsemane. »

Im Juli 1947 fand die beiderseits ersehnte Wiederbegegnung statt. Obzwar es in der Freundschaft C.S.s zu meinem Vater nie zu einem Bruch gekommen ist, war C.S. nach 1954 nur noch zu kurzen Besuchen in Siedlinghausen. Meistens nutzte er die Gelegenheit, mit Bekannten im Wagen mitgenommen zu werden, da die Bahnverbindung nach Plettenberg zu umständlich war.

Im Juli 1947 überraschte Leo EYSOLD, Dirigent des Rundfunkorchesters in Köln, erneut mit seinem Besuch ; dieses Mal kam er mit seinem 20köpfigen Orchester nach Siedlinghausen, was für das Dorf ein großes Ereignis bedeutete. Gegen Ende des Jahres weilte Herr Dr. Wilhelm NYSSEN (geb. 1925), Studentenpfarrer in Köln, zum ersten Mal im Haus. Er hatte im Gefangenenlager von Chartres den Neffen von Konrad WEIß, den Theologen Gustav WILD (1915-1956), kennengelernt und von ihm erfahren, daß Frau WEIß bei meinem Vater wohnte. Sie wollte er kennenlernen und mehr über Konrad WEIß erfahren, dessen Werk er sehr schätzte (57).

Dr. Friedhelm KEMP (geb. 1914), Lektor des Kösel-Verlages, kam im August des nächsten Jahres, 1948, erstmalig nach Siedlinghausen. Er hatte schon früher durch Dr. ADAMS, über den ich bereits berichtete, von Konrad WEIß gehört ; nun sollte er sich bei der Herausgabe seiner Werke sehr intensiv damit beschäftigen (58). Die Verbindung war über Professor PIEPER (s.*supra*) zustande gekommen, der mit dem Inhaber des Verlages, Dr. Heinrich WILD (1909-1975), befreundet war. Zur gleichen Zeit war Professor NEUMEYER zu Besuch, so daß wieder eifrig musiziert wurde. Da er sein Cembalo nach dem Krieg mit nach Freiburg zurückgenommen hatte, wurde nun auf dem Original-Mozart-Hammerklavier gespielt, das mein Vater durch Professor NEUMEYERs Vermittlung hatte erwerben können.

Im Januar 1946 zog Herr Josef RIKUS (1923-1989) zu SENGEs, um sich im Atelier von Herrn SENGE umzusehen (58a). Da dort aber vieles durch den Krieg im argen lag, mußte er mehr seine guten handwerklichen Kenntnisse einsetzen und kam wenig zum eigentlichen Arbeiten. Um die gleiche Zeit etwa war Frau Lotte VÖLZKE-BAEZ zu Besuch da. Sie war durch die Anregung von Professor Josef DÜNNINGER (geb. 1905), Germanist in Würzburg (58b), zu Frau WEIß nach München gezogen, damit diese nach dem Tod ihres Mannes nicht allein in ihrer Wohnung war. Sie arbeitete an der Bibliographie von K. WEIß. Gleichzeitig hielten sich Frau MIRGELER und Frau Thérèse MASSECK (1886-1961) aus Oeventrop in Siedlinghausen auf. Im Laufe des Jahres kam nun mancher Besuch, da das Reisen langsam wieder möglich war.

Im Januar 1951 bekam mein Vater das lange erwartete Mosaik « Die Madonna mit den Lilien » von der Münchener Künstlerin Elisabeth LACHER-HOFFMANN (geb. 1907), einer KNAPPE-Schülerin. Wir kannten Herrn Professor KNAPPE von Besuchen bei ihm in München (59). An einigen hatte Herr SENGE teilgenommen, der von Professor KNAPPEs Arbeiten und Erläuterungen sehr beeindruckt war. – Im Juli des gleichen Jahres brachte der Fabrikant Peter-Heinrich KIRCHHOFF (1885-1973) aus Werdohl (60), C.S. und Armin MOHLER (geb. 1920) (61) mit dem Wagen nach Siedlinghausen, und zusammen verbrachten sie ein Wochenende bei uns. Es waren interessante Gespräche am Abend bei gutem Wein, den es nun wieder gab. Herr MOHLER war damals als Privatsekretär bei Ernst JÜNGER tätig ; er ging später als Direktor zur Siemens-Stiftung nach München. Einige Zeit später waren C.S. und Herr KIRCHHOFF abermals bei uns, als der bekannte finnische Cellist TEICHMANNIS mit Frau SENGE ein kleines privates Konzert gab.

Im Frühjahr 1952 kamen die Professoren SCHECK und NEUMEYER für ein paar Tage zu einem Besuch, der zur Aufführung musikalischer Kostbarkeiten genutzt wurde. Im Herbst besuchte meinen Vater erstmalig Professor Walter WARNACH (geb. 1910) aus Köln (62), damals Lektor des Schwan Verlages, später Philosophieprofessor in Düsseldorf an der Kunstakademie, wo er schon früh auf Ansgar NIERHOFF aufmerksam wurde, der aus einer Siedlinghäuser Familie stammte. Wir kannten Herrn WARNACH vom Treffen der 'Academia Moralis' in Köln, einem Kreis, in dem sich Freunde aus früherer Zeit trafen wie C.S., Dr. OBERHEID, Dr. Hubertus BUNG (1908-1981), Anwalt in Bonn und Berlin (63), wie auch Dr. Günther KRAUSS (1911-1989), Rechtsanwalt in Köln (64), und Dr. Wilhelm SCHMITZ (geb. 1912) (65) (66). Herr Dr. WARNACH, ein Kenner der modernen Kunst, schrieb später auf Bitten von Herrn SENGE eine Schrift über ihn (67).

In bestimmten Abständen schaute der inzwischen zum Bischof von Essen ernannte Kardinal Dr. Franz HENGSBACH (geb. 1909) herein. Er war schon lange mit dem Vater bekannt, durch die in Elkeringhausen veranstalteten Seminare. Mit Heinrich LUTZ (gest. 1958), dem Rektor der dortigen Religionshochschule, verband meinen Vater eine lange Bekanntschaft, zumal er, wie Frau WILDT (geb. 1909), ein Förderer dieser Einrichtung war.

In den nächsten Jahren folgte häufig ein Gast dem anderen auf dem Fuße. So kam der Neffe von Frau WEIß, Gustav WILD (s. *supra*), einige Male ; er war Kaplan in Bad Mergentheim. Durch Vermittlung von Professor NEUMEYER wurde die Sopranistin Margot GUILLEAUME (geb. 1910) eingeführt, die Konzerte mit dem Scheck-Wenzinger-Kreis gegeben hat, bis sie Professorin an der Hamburger Musikhochschule wurde. Der Jesuit Pater Hubert BECHER (1895-1962), Direktor des Kollegs in Bad Godesberg, kam durch meinen Mann, seinen alten Schüler, zu meinem Vater und fühlte sich in unserem Haus recht wohl, was ihn zu wiederholten Besuchen verlockte. Er war später bei den *Stimmen der Zeit* tätig (68). Häufiger Gast war auch Herr Rechtsanwalt Eberhard ASCHER (1883-?), ein Kriegsfreund von Herrn SENGE. Er verbrachte viele Abende bei meinem Vater. Nicht vergessen möchte ich das Malerehepaar Werner SCHRAMM (1898-1970) und Frau Lieselotte (geb. HECKMANN ; geb. 1904), das aus früherer Zeit durch einen gemeinsamen Aufenthalt in Paris mit SENGEs befreundet war. Immer wieder kamen die beiden in den Ferien von der Duisburger Hütte aus nach Siedlinghausen. Herr SENGE modellierte eine Büste von Herrn SCHRAMM. Auch der Vater von Frau SCHRAMM-HECKMANN ist mir in intensiver Erinnerung geblieben.

Ich habe versucht, an Hand von Notizen Frau SENGEs und aufgrund eigener Erinnerungen in etwa chronologisch aufzuzeichnen, wie sich langsam in den dreißiger Jahren dieser große Bekannten- und Freundeskreis um meinen Vater bildete. Von Professor PIEPER stammt der Satz, den er Bekannten sagte, die bei uns zu Gast waren : « Hat Dr. Schranz Sie auch an seinen Hof gezogen ? » Ich stelle mir oft die Frage : Was machte das Besondere des Hauses aus, warum fühlten sich die Freunde und Gäste dort so wohl ? – Beim Tode meines Vaters (am 30. Mai 1961) erhielt ich einige Antworten auf diese Frage, so von Pater MANGEOT, der ihn besonders lange kannte : « All das Gute, das er tat, war ihm selbstverständlich und natürlich. Diese sich verströmende Güte habe ich immer wieder bewundert. Er war selbstlos, von Dank wollte er nichts wissen. Der Dank ist meinerseits, pflegte er oft zu sagen. Daß er geben konnte und durfte, machte ihm Freude. Nie ist ein Mensch über meinen Weg gegangen, auf den Geld so wenig Eindruck machte... Güte, große Güte war sein charakteristisches Merkmal. Seine Frömmigkeit war durch und durch männlich. » Auch C.S. hat mir immer gesagt, er kenne keinen klügeren Menschen als meinen Vater. Dem ist nichts hinzuzufügen.

---

(1) (PT) *Eugen Senge-Platten zum 100. Geburtstag. Skulpturen, Reliefs, Zeichnungen,* Holthausen : Grobbel-Verlag, 1990, 344 S. ; dort, 263-269 (« Dr. Franz Schranz und der 'Siedlinghäuser Kreis' ».

(2) (PT) Michael SENGER, « Aus dem Leben des Bildhauers und Malers Eugen Senge-Platten », *op. cit.* (*supra* FN 1), S. 293-302 ; dort S. 295.

(3) (PT) SIMON war 1920 Professor für Patrologie in Paderborn, 1925-33 Professor der Philosophie und der Apologetik in Tübingen, seit 1933 Dompropst und Offizial in Paderborn. Bezeichnend für sein Denken ist sein Vortrag auf der 6. Tagung der Fichte-Gesellschaft (25.-26. April 1931) : « Staat und Kirche », *Deutsches Volkstum,* 13. Jahrg. Nr. 8, August 1931, S. 576-596 (C.S. hat ihn gründlich studiert). Mit Ildefons HERWEGEN (1874-1946), dem Abt der Benediktinerabtei Maria Laach, stand er an der Wiege der liturgischen Erneuerung im katholischen Volksteil Deutschlands. Über ihn, vgl. Josef HÖFER, « Erinnerungen an Dompropst Professor Dr. Paul Simon », S. 631-688 (mit Bild) in Paul-Werner SCHULE (Hrsg.), *Paderbornensis Ecclesia. Beiträge zur Geschichte des Erzbistums Paderborn* (Festschrift für Lorenz Kardinal JAEGER zum 80. Geburtstag am 23. September 1972), Paderborn : Schöningh, 1972, 872 S. Auch den anonymen Nachruf (mit Bild) « † Dompropst Professor Dr. Paul Simon », *Westfälische Zeitung,* 29. November 1946.

(4) (PT) Friedhelm KEMP und Karl NEUWIRTH (Hrsg.), « Der Dichter Konrad Weiß, 1880-1940 », *Marbacher Magazin,* Nr. 15, 1980, 80 S. ; dort S. 12 : « Mai 1920... Durch Vermittlung von Carl Schmitt, mit dem er (*sc.* WEIß) nun in nähere Verbindung tritt, findet er eine Stelle als Kunstreferent an den 'Münchener Neuesten Nachrichten', die er im November antritt und die er bis zu seinem Tod behalten kann. » Infolge von Spannungen in seinem Verhältnis zum Gründer und Herausgeber Karl MUTH (1867-1944) hatte WEIß seine seit April 1905 währende Stellung als Redaktionssekretär der Zeitschrift *Hochland* gekündigt. Aber auch als Feuilletonist der MNN hatte WEIß einen schweren Stand ; vor allem seiner schwierigen Prosa wegen mußten andere Mitarbeiter, u.a. der Schriftsteller Rudolf BORCHARDT (1877-1945), ihn gegen Widerstände in der Redaktion und seitens der Leserschaft verteidigen (*op. cit.,* S. 67).

(5) (PT) Über ihn, vgl. in diesem Band, *infra* S. 159-160.

(6) (PT) K. WEIß, *Der christliche Epimetheus,* Berlin : Edwin Runge Verlag, 1933, 111 S. In einer die damalige euphorische Atmosphäre reflektierenden Weise wurde der Band auf der inneren Umschlagseite folgendermaßen angezeigt : « Der Verlag Edwin Runge, bestrebt, dem gegenwärtigen Kampf der Deutschen um die Gestaltung ihres Reiches Ausdrück zu geben, eröffnet hiermit die Reihe politischer Schriften junger Katholiken. Das Wissen um die Unveräußerlichkeit der einzelnen konfessionellen Inhalte verpflichtet heute dazu, das Gemeinsame im Wollen der großen Weltanschauungsgruppen zu erkennen, nämlich : den Bestand der Nation im Reich der Deutschen zu begründen in der Kraft und Tiefe des christlichen Glaubens. » Dennoch meint Armin MOHLER, WEIß sei mit dieser Schrift der Konservativen Revolution zuzurechnen : *Die Konservative Revolution in Deutschland 1918-1932. Ein Handbuch,* Darmstadt : Wissenschaftliche Buchgesellschaft, (1950) [3]1990, XXX-554 S. ; dort S. 319. Die Tatsache, daß das Buch ohne Widerhall blieb, geht wohl auf das Konto seines esoterischen Charakters ; vgl. *op. cit.* (*supra* FN 4), S. 65. Die Thematik des Buches kommt noch in einem Artikel von WEIß zur Sprache : « Die politische Spannung von Inbegriff und Geschichte », *Die Schildgenossen,* 13. Jahrg. Nr. 1, 1933, S. 38-45. Sowohl im Buch wie im Artikel wird C.S. bejahend erwähnt : S. 81 FN, bzw. S. 39.

(7) (PT) Über GÜNTHER und seine Mutter, vgl. *Schmittiana I,* S. 64 FN 27 und FN 28. Auch den Aufsatz von Hans SCHOMERUS (vgl. *infra* S. 162 FN 23), « Das Lebensbild Agnes Günthers », *Deutsches Volkstum,* 19. Jahrg. Nr. 9, September 1937, S. 654-658.

(8) (PT) Einer Bitte von Herrn H. RUNTE entsprechend, hat Frau Ingeborg BEROTT, die zweite Gattin ROßKOPFs, freundlicherweise die von mir in *Schmittiana I,* S. 65 FN 29, mitgeteilten Personalien überprüft und sowohl Fehler als Lücken gefunden. Demzufolge verdiente der Lehrerssohn Veit ROßKOPF sich das für das Studium der Germanistik erforderliche Geld als Hauslehrer der Kinder einer Frau VON RAVEN in Oberammergau, die zuvor Hofdame bei der letzten Zarin gewesen war und in deren Haus Großfürst CYRILL verkehrte. 1923 nahm er an dem Marsch zur Feldherrnhalle in München teil, war aber nicht Mitglied irgendeines Freikorps. Er promovierte 1927 in Tübingen (Dissertationsthema : *Der Titel des lyrischen Gedichts*). Ich bedanke mich bei Herrn RUNTE für seine Mühewaltung (Sendung vom 22. Februar 1991). Vgl. auch *infra* S. 122 FN 10.

(9) (HR) NIERMANN war ein Schulkamerad von Eugen SENGE und schon vor 1929 auch mit Dr. SCHRANZ befreundet. Von Beruf Volljurist, war er bis zum Frühjahr 1934 im Düsseldorfer Raum und bis Ende 1935 in Berlin (wohl in einem Ministerium) als Regie-

rungsrat tätig. Anfang 1936 zum Leiter des Finanzamtes Borken ernannt, wurde er im Oktober 1938 auf Betreiben der Partei nach Stettin strafversetzt, weil er – wie berichtet wurde – die Beflaggung des Finanzamtes am Fronleichnamsfest angeordnet hatte. 1947 starb er unter tragischen Umständen. Durch den künstlerisch interessierten und auch begabten NIERMANN wurde Dr. SCHRANZ mit Künstlern wie Otto PANKOK (*infra* FN 38), der österreichischen Glasmalerin und Graphikerin Margret BILGER (1904-1971) und anderen bekannt.

(PT) NIERMANN war schon früh im Hause von C.S. ein gern gesehener Gast. Ein Echo hiervon findet sich in einem Brief der Frau NIERMANN an Frau C.S. vom 5 Mai 1936 : « ... Unsere Besuche bei Ihnen sind uns überhaupt eine liebe Erinnerung an Berlin. »

(10) (PT) K. WEIß, *Deutschlands Morgenspiegel. Ein Reisebuch in zwei Teilen,* München : Kösel-Verlag, 1950, 336 bzw. 271 S., sowie 99 bzw. 123 Bildtafeln. Dazu gibt es eine Aussage des damaligen Kollegen von WEIß und späteren Editors SCHOPENHAUERs Arthur HÜBSCHER (1897-1985 ; die Stadt Frankfurt gestattete seine Beisetzung im Grabe des großen Philosophen) : « Nach dem Kriege hat man seine Landschaftsaufsätze, die ich in langen, ermüdenden Zwiesprachen mit ihm (*sc.* WEIß) einer lesbaren Form anzunähern versucht hatte, in zwei Bänden vereinigt ;... » (*op. cit.* [*supra* FN 4], S. 68).

(11) (PT) Zu CASPAR, bzw. KNAPPE, vgl. *infra* FN 18a, bzw. FN 59.

(12) (PT) Vor 1933 trat der Historiker MIRGELER als Exponent der anti-imperialistisch aufgefaßten katholischen Reichsideologie auf den Plan ; vgl. die vielen Zitate und Hinweise im Buch von Klaus BREUNING (geb. 1927), *Die Vision des Reiches. Deutscher Katholizismus zwischen Demokratie und Diktatur (1929-1934),* München : Max Hueber Verlag, 1969, 404 S., u.a. S. 70-73, 196-198, 242-244, 270-272. Symptomatisch sind außerdem seine Reflexionen über « Das Recht der jungen Völker », *Deutsches Volkstum,* 14. Jahrg. Nr. 14, 1. Septemberheft 1932, S. 713-714, sowie der Aufsatz « Gesetz, Reich und Reformation », *Deutsches Volkstum,* 15. Jahrg. Nr. 5, 1. Märzheft 1933, S. 189-194 (von C.S. aufmerksam gelesen). MIRGELER war von 1931 bis 1933 Leiter des Archivs für Volksbildung im Reichsinnenministerium zu Berlin. nach erzwungener Ruhe und der Teilnahme am Zweiten Weltkrieg ging er zur akademischen Laufbahn über, die er als Ordinarius für Europäische Geschichte an der Technischen Hochschule Aachen beendete. Sein Buch *Geschichte Europas* (Freiburg/Basel/Wien : Herder, 1953, 518 S.) brachte ihm 1954 den Internationalen Karlspreis der Stadt Aachen ein. C.S. besaß in seiner Bibliothek sogar ein Exemplar der von Hans FREYER (1887-1969) betreuten Inauguraldissertation MIRGELERs : *Kettelers Begriff des deutschen Katholiken,* Eupen : Druckerei Esch, 1929, 108 S. (sie enthält einige C.S.-Zitate). In seiner Besprechung des MIRGELER-Buches *Jeanne d'Arc. Die Jungfrau und die Zukunft Europas* (Stuttgart : Vorwerk, 1952, 121 S.) glaubte Robert SPAEMANN (geb. 1927) in einigen Stellen « einen gewissen Einfluß Carl Schmitts auf Mirgeler » bemerken zu können : « Die Sendung der Jeanne d'Arc », *Wort und Wahrheit,* 8. Jahrg. Nr. 5, Mai 1953, S. 376-378 ; dort S. 377. In diesem Zusammenhang sei hingewiesen auf C.S.s Interesse für die Hl. Jeanne D'ARC (1412-1431) : a) den 1928 vom dänischen Regisseur Carl Theodor DREYER (1889-1968) herausgebrachten Film « Johanna von Orléans » (Hauptdarstellerin : Renée FALCONETTI, 1901-1946) soll er sich sechzehnmal angesehen haben ; b) etwa 1930 hielt er in Berlin einen Vortrag über die Heilige, worüber in der *Germania* – von Paul ADAMS (vgl. *infra,* S. 117) ? – berichtet wurde (Brief von C.S.s an mich vom ll. Januar 1968). Die Familien MIRGELER und C.S. standen in losem Kontakt zu einander.

(13) (PT) Gemeint ist wohl die 1884 offiziell über die Taufe gehaltene Y.W.C.A. (= *Young Women's Christian Association*), ein 1844 in Londen von Sir George WILLIAMS (1821-1905) und elf Freunden gegründeter unpolitischer Verein zur physischen, moralischen und religiösen Ertüchtigung junger Leute. Beide evangelischen Organisationen erfreuen sich einer hohen Mitgliederzahl.

(14) (PT) a) Eine Kopie des undatierten Exposés VORWERKs über eine *Deutsche Monatsschrift der Wissenschaften* ist erhalten geblieben : « Ihre unverwechselbare Eigenart würde gerade darin bestehen, in positiven Forschungen, in Beiträgen und Berichten jenen wesensmäßigen revolutionären Vorgang aufzuzeigen, in welchem die jungen Wissenschaftler heute auf allen Gebieten mit ihrer Forschung stehen ». Die Zeitschrift und eine

gleichfalls ins Auge gefaßte Buchproduktion würden einander unterstützen. Einige der im obigen Bericht erwähnten Wissenschaftler waren als Mitarbeiter vorgesehen : C.S., Ernst JÜNGER, MIRGELER u.a.

b) In der aus heutiger Sicht irrigen Überzeugung, sie hätten die 1933 eingeläutete nationale Erhebung zu unterstützen, gründeten einige jüngere katholische Intellektuelle (darunter Schüler C.S.s) 1934 in Berlin die Zeitschrift *Kreuzfeuer*. Es sind nur wenige Hefte (zwei ?) erschienen, denn die Initiative wurde sofort von Personen aus der Entourage des Berliner Bischofs Konrad Graf VON PREYSING (1880-1950), u.a. dem Theologen PINSK, bekämpft und hintertrieben. Der Herausgeber und Redakteur war Hubertus BUNG (vgl. *infra* FN 63), Dr. SCHRANZ hat das Unternehmen finanziell unterstützt, der Theologe ESCHWEILER (vgl. *infra* FN 26) stand der Redaktion als Berater zur Verfügung ; C.S. war über die Geschehnisse lediglich informiert. Leider war das Diözesanarchiv Berlin außerstande, die Zeitschrift *Kreuzfeuer* zu ermitteln (Brief von 21. Januar 1991).

c) Der katholische Theologe PINSK war 1928-35 erfolgreicher Akademiker- und Studentenseelsorger in Berlin, erhielt 1950 einen Lehrauftrag an der Berliner Hochschule für Musik und wurde 1954 Honorarprofessor an der Freien Universität Berlin. Ab 1934 gab er die Zeitschrift *Liturgisches Leben* heraus. Während der sog. Führertagung, die vom 26. bis 28. April 1933 in der Abtei von Maria Laach stattfand und woran C.S. teilgenommen hat, soll PINSK Vorschläge zur Lösung der Judenfrage unterbreitet haben ; vgl. K. BREUNING, *op. cit.* (*supra* FN 12), S. 231 FN 44. Vorsorglich weise ich noch darauf hin, daß die erwähnte Führertagung nicht zu verwechseln ist mit der 3. soziologischen Tagung des Katholischen Akademikerverbandes, die vom 21. bis 23. Juli 1933, gleichfalls in Maria Laach abgehalten wurde und wobei C.S. auch zugegen war ; vgl. den Bericht von Friedrich August VON DER HEYDTE (geb. 1907), « Die Katholiken im neuen Deutschland », *Schönere Zukunft* (Wien), 8. Jahrg. Nr. 47, 20. August 1933, S. 1131-1133.

(15) (PT) Über ihn, vgl. *Schmittiana I,* S. 88-90. Damals kannte ich weder den Aufsatz von Gerhard THIMM, « Der Philosoph auf dem Elephanten », *Abendzeitung,* Nr. 295, 10. Dezember 1956, S. 5 (dort Einzelheiten über FISCHERs Verhältnis zum tschechischen Staatsmann Thomas Garrigue MASARYK, 1850-1937), noch den Nachruf von Günter MASCHKE (geb. 1943), « Ein Philosoph jenseits der Konventionen », *Frankfurter Allgemeine Zeitung,* 15. Mai 1975.

(16) (PT) Vgl. G. VON JEINSEN, *Silhouetten. Eigenwillige Betrachtungen* , Pfullingen : Neske, 1955, 301 S. ; dort S. 74-83 (« Wenn man jung verheiratet ist und mit Philosophen zu tun hat »).

(17) (PT) Über diese talentierte Musikerin, vgl. u.a. in *op. cit.* (*supra* FN 1), *art. cit.* (*supra* FN 2), S. 295.

(18) (PT) Die wichtigsten Aufsätze PETERSONs zur Theologie wurden zusammengefaßt in : *Theologische Traktate,* München : Kösel-Verlag, 1951, 430 S. ; vgl. dazu Alois DEMPF (1891-1982), « Irdische und himmlische Welt. Zu Erik Petersons 'Theologischen Traktaten' », *Hochland,* 44. Jahrg. Nr. 1, Oktober 1951, S. 64-68. Zu C.S.s Verhältnis zu PETERSON und seiner Auseinandersetzung mit dessen Werk, vgl. Alfred SCHINDLER (geb. 1934) (Hrsg.), *Monotheismus als politisches Problem ? Erik Peterson und die Kritik der politischen Theologie,* Gütersloh : Gerd Mohn, 1978, 234 S., Nr. 14 in der Reihe 'Studien zur evangelischen Ethik' (besonders S. 149-169 den Beitrag von Frithard SCHOLZ, « Die Theologie Carl Schmitts ») ; Richard FABER (geb. 1943), *Die Verkündigung Vergils. Reich – Kirche – Staat. Zur Kritik der 'Politischen Theologie'* Hildesheim : Olms, 1975, XIV-443 S., Nr. 4 in der Reihe 'Altertumswissenschaftliche Texte und Studien' (dort S. 3-11, 162) ; Michele NICOLETTI (geb. 1956), *Trascendenza e potere. La teologia politica di Carl Schmitt,* Brescia : Morcelliana, 1990, 702 S., Nr. 3 in der Reihe 'Religione e cultura' (bes. S. 415-427, 599-607). Dennoch bleibt eine wirklich befriedigende Analyse des Themas für die C.S.-Forschung ein wichtiges Desiderat, wie aus dem an C.S. gerichteten Brief von Jacob TAUBES (1923-1987) vom 18. September 1979 hervorgeht, abgedruckt S. 39-44 in : *Ad Carl Schmitt. Gegenstrebige Fügung,* Berlin : Merve Verlag, 1987, 80 S., Nr. 134 in der Reihe 'Internationaler Merve Diskurs'. – Vgl. auch *infra* S. 167 FN 10.

(18a) (HR) Über Werk, Leben und Ehrungen des Malerehepaares CASPAR-FILSER geben u.a. folgende Jubiläumskataloge Auskunft : a) *Karl Caspar 1879-1965 zum 100. Geburtstag,* Tetnang : Verlag Lorenz Senn, 1979, 174 S. ; b) *Karl Caspar. Das druckgraphische Werk* (Gesamtverzeichnis), Sigmaringen : Jan Thorbecke Verlag, 1985, 280 S. ; c) *Maria Caspar-Filser,* Stuttgart : Ebro Color, 1988, 132 S. Frau Maria CASPAR-FILSER war übrigens die erste Frau, der (1925) der Ehrentitel Professor der Bildenden Künste verliehen wurde.

(19) (PT) K. WEIß, *Tantum dic Verbo,* Leipzig : Kurt Wolff, 1918, 74 S., und *Die Cumäische Sibylle,* München : Georg Müller, 1921, 103 S. Die zwei Gedichtbände sind übernommen in : *Gedichte 1914-1939* (hrsg. von F. KEMP), München : Kösel-Verlag, 1961, 816 S. ; dort S. 7-64, bzw. 65-158.

(20) (PT) Über das Denkmal und seine Einweihung gibt es einige Angaben in *op. cit.* (*supra* FN 1), u.a. S. 231 und 244-245. Von MASSECKs zeitgemäßer Ansprache besaß C.S. eine Kopie. Er arbeitete einige Male am *Deutschen Volkstum* mit.

(21) (PT) J. PIEPER, *Noch wusste es niemand. Autobiographische Aufzeichnungen 1904-945,* München : Kösel-Verlag, (1976) ^{3}1979, 256 S. ; S. 118.

(22) (PT) J. PIEPER, *op. cit.* (*supra* FN 21), S. 148.

(23) (PT) J. PIEPER, *op. cit.* (*supra* FN 21), S. 197 und 198. M.W. ist PIEPERs Urteil über C.S. bislang nur von Wolfgang MANTL (geb. 1939) herangezogen worden : « Hans Kelsen und Carl Schmitt », S. 185-199 in v.a., *Ideologiekritik und Demokratietheorie bei Hans Kelsen,* Berlin : Duncker & Humblot, 1982, Beiheft 4 der Zeitschrift Rechtstheorie ; dort S. 192 FN 32.

(24) (PT) HOESCH war Teilhaber und Geschäftsführer von einigen westfälischen Papierfabriken.

(25) (HR) Der mit C.S. befreundete Jesuitenpater Erich PRZYWARA (1889-1972) hätte sich gerne mit seiner Hausdame, Frl. Sigrid MÜLLER, in Siedlinghausen, am liebsten sogar auf Dauer in dem Hause von Dr. SCHRANZ, niedergelassen. Aus dem von SCHECK in seiner Eigenschaft als Stiefbruder des Frl. MÜLLER schriftlich befürworteten Plan ist nichts geworden.

(26) (PT) Über ihn, vgl. *Schmittiana I,* S. 62. Auch *infra* FN 45 Punkt a). Sehr wichtig für das Verständnis seiner Position im Dritten Reich ist der Aufsatz « Die Wahrheit der Rede von der Weltanschaauung », *Deutsches Volkstum,* 18. Jahrg. Nr. 3, März 1936, S. 174-185.

(27) (27) (PT) Die gleichzeitige Erwähnung des Biologen ANDRÉ und des Kirchenrechtlers BARION ist durchaus berechtigt, denn sie lehrten beide an der staatlichen katholischen Philosophisch-Theologischen Akademie Braunsberg, die im Range einer Universität stand, aber kein Promotionsrecht besaß. Vorher hatte ANDRÉ an der Universität Köln gearbeitet ; er war Mitarbeiter der Zeitschrift *Hochland.* Er schrieb bedeutende Bücher, darunter *Urbild und Ursache in der Biologie,* München : Oldenbourg, 1931, XI-360 S. C.S. besaß in seiner Bibliothek u.a. Widmungsexemplare seiner Nachkriegsveröffentlichungen *Wunderbare Wirklichkeit. Majestät des Seins,* Salzburg : Otto Müller, 1955, 267 S., Nr. 12 in der Reihe 'Wort und Antwort', und *Licht und Sein,* Regensburg : Habbel, 1963, 134 S. – Was BARION betrifft, vgl. *Schmittiana I,* S. 65-66 (dort FN 33 Einzelheiten über die posthume Buchausgabe seiner teilweise für die C.S.-Forschung unentbehrlichen Aufsätze). Vgl. auch *infra* FN 45 Punkt a).

(28) (PT) a) L. BLOY, *Le Salut par les Juifs,* Paris : Mercure de France, (1892) 1946, 215 S. Das Buch war gedacht als Antwort an Edouard DRUMONT (vgl. *Schmittiana II,* S. 104 FN 12). Über BLOYs Auffassungen, vgl. jetzt Maurice BARDÈCHE (geb. 1909), *Léon Bloy,* Paris : La Table Ronde, 1989, 411 S., dort S. 250-269.
b) Über MARITAIN, vgl. in diesem Band, S. 61 FN 45.
(HR) In der von Dr. SCHRANZ hinterlassenen Bibliothek gibt es eine deutsche Übersetzung des Buches von DRUMONT : *Das verjudete Frankreich. Versuch einer Tagesgeschichte* (übersetzt von A. GARDON), Berlin : Deubner, 1890, 460 und 424 S. Die nie erschienene Übersetzung des BLOY-Buches ist erhalten geblieben.

(29) (PT) Fr. G. JÜNGER, « An Doktor Schranz in Siedlinghausen », *op. cit.* (*supra* FN 1), S. 321-323.

(30) (PT) Fr. G. JÜNGER, « Erinnerungen an einen Landarzt (Doktor Franz Schranz, gestor-

ben am 30. Mai 1961 », *op. cit.* (*supra* FN 1), S. 325-329.

(31) (PT) Über ihn und sein Werk wird laufend berichtet in der *Schriftenreihe des privaten A. Paul Weber-Archivs* (Vaihingen-Ensingen) ; 1983-90 erschienen bereits 5 Hefte. Das vollständige Werkverzeichnis 1911-80 wurde erstellt von Helmut SCHUMACHER, *A. Paul Weber. Das illustrierte Werk,* Lübeck : Lucifer Verlag, 1984, 240 S. mit mehr als 360 Abbildungen.

(32) (HR) Soweit NIEKISCH in seinen Erinnerungen (*Gewagtes Leben, Begegnungen und Begebnisse,* Köln/Berlin : Kiepenheuer & Witsch, 1958, 390 S.) S. 280-281 angibt, er habe sich 1937, im Anschluß an eine Reise nach Krefeld und einen Besuch bei meinem Schwiegervater, bei dem gerade Fr. G. JÜNGER zu Gast gewesen sei, nach Goslar begeben und « dort bei Ernst JÜNGER gewohnt, in dessen Wohnung für den Abend eine geheime Zusammenkunft angesetzt » gewesen sei, irrt er sich hinsichtlich der Angabe des Jahres. Seine Absicht, auf dem Rückweg von Krefeld meinen Schwiegervater am 28. oder 29. Januar aufzusuchen, hatte er diesem in einem Brief vom 22. Januar 1936 angekündigt. Damit stimmt überein, daß Fr. G. JÜNGER sich ausweislich seiner Briefe von Mitte Januar bis Mitte Februar 1936, dann nochmals einige Wochen im Oktober 1936 beim Schwiegervater aufgehalten hat, während dessen Briefe Anhaltspunkte für einen Aufenthalt in Siedlinghausen auch Anfang 1937 ergeben.

(33) (PT) E. NIEKISCH, *Hitler – ein deutsches Verhängnis,* Berlin : AHDE-Verlag, (1932) [3]1979, 36 S.

(34) (PT) Über NIEKISCH und seinen Werdegang, vgl. u.a. Uwe SAUERMANN (geb. 1947), *Ernst Niekisch. Zwischen allen Fronten* (mit einem bio-bibliographischen Anhang von A. MOHLER), München/Berlin : Herbig, 1980, 236 S., in der Reihe 'Herbig Aktuell'. Über seine Zeitschrift, vgl. die Inauguraldissertation von U. SAUERMANN, *Die Zeitschrift 'Widerstand' und ihr Kreis. Die publizistische Entwicklung eines Organs des extremen Nationalismus und sein Wirkungsbereich in der politischen Kultur Deutschlands 1926-1934,* München : Bibliotheksdienst Angerer, 1985, VI-459 S. Derselbe U. SAUERMANN stellte außerdem eine Auswahl der im *Widerstand* erschienenen Aufsätze von NIEKISCH (leider ohne die Auseinandersetzung mit der berühmten C.S.-Schrift *Der Begriff des Politischen*) zusammen : *Widerstand,* Krefeld : Sinus-Verlag, 1982, 212 S., Nr. 3 in der Reihe 'Edition d'.

(35) (HR) C. HOHOFF, *Unter den Fischen. Erinnerungen an Männer, Mädchen und Bücher 1934-1939,* Wiesbaden/München : Limes Verlag, 1982, 338 S. ; dort S. 149-150.
(PT) a) Henri NANNEN (geb. 1913) war 1937-39 Kunsteditor des Bruckmann Verlags in München, gab 1946-47 die *Hannoverischen Neuesten Nachrichten* heraus und startete 1948 die Wochenschrift *Der Stern.*
b) Franz Josef SCHÖNINGH (1902-1960) war 1935-42 Schriftleiter, nach dem Zweiten Weltkrieg Herausgeber der Zeitschrift *Hochland* ; auch war er 1945 Mitbegründer der *Süddeutschen Zeitung.* Über ihn, vgl. Clemens BAUER, « Franz Josef Schöningh und das Hochland », *Hochland,* 53. Jahrg., 1960-61, S. 198-208.

(36) (PT) A. SCHMID NOERR lehrte 1909-21 Philosophie und Ästhetik in Heidelberg und München, wurde 1918 Privatgelehrter und beteiligte sich später an Verfassungsplänen deutscher Widerstandsgruppen. Sehr aufschlußreich für sein Denken sind zwei Texte im *Deutschen Volkstum,* 9. Jahrg. Nr. 12, Dezember 1933, S. 733-744 (« Die Überwelt des neuheidnischen Europäers. Eine Entgegnung ») und 765-766 (seine interessante Besprechung der deutschen Übersetzung eines Hauptwerkes des Italieners Julius EVOLA [1898-1974] : *Heidnischer Imperialismus).* Erwähnenswert ist ferner, daß er 1927, zusammen mit Gustav MEYRINK (1868-1932), den Roman *Der Engel vom westlichen Fenster* geschrieben hat.

(37) (HR) Auf Anregung von C.S. hatte Ernst JÜNGER mit Schreiben vom 15. Juli 1936 Dr. SCHRANZ gebeten, ihm und seinen Bruder – nebst Familien – bei der Anmietung eines Hauses am Bodensee behilflich zu sein. Aus weiteren Briefen geht hervor, daß das bei Überlingen – mit Blick auf den See – zwischen Weinbergen gelegene Haus im Oktober besichtigt und vor dem Jahresende bezogen worden ist. Ende Juli 1937 fand dort der erste Besuch meiner Frau und ihres Vaters statt.

(38) (PT) Das Werk dieses der Rheinischen Sezession zugerechneten Malers wurde von den Nazis verboten. PANKOK lehrte ab 1947 an der Kunstakademie Düsseldorf und erhielt

1953 den Preis der Biennale São Paulo. Vgl. den Ausstellungskatalog *Die Passion. Kohlebilder, Druckgraphik, Plastik 1933-1945,* Berlin : Otto Nagel Haus, 1988, 48 S.

(39) (HR) WAUBKE war Augenarzt in Bielefeld. Seine Schwester heiratete den damaligen 'Evangelischen Propst von Jerusalem', der später ins 'Reich' zurückkehrte und als Pfarrer tätig war. Als C.S. ihre Bekanntschaft machte, schrieb er Dr. SCHRANZ unter dem 10. Mai 1941 : « Die Welt ist klein, der Großraum groß ! »

(40) (HR) Der im Oktober 1944 im 29. Lebensjahr verstorbene WEGENER – in der Todesanzeige als 'Dichter und Schriftsteller' bezeichnet – wurde Ende 1939 als Patient mit Dr. SCHRANZ bekannt, als er sich – vermutlich wegen eines Asthmaleidens nicht zum Wehrdienst einberufen – zu einer Therapie im Sauerland befand. Wie sich aus seinen zahlreichen Briefen ergibt, fand er ausweislich der nachfolgenden Einladungen trotz seiner jungen Jahre Respekt und Sympathie ; er war während des Krieges in einem Berliner Amt tätig und fast ständig zu sog. 'Dichterlesungen' (nicht nur eigener Texte) in zahlreichen Städten unterwegs.

(41) (PT) Über ihn, vgl. *Schmittiana I,* S. 65. Zu zeiner Tätigkeit im Jahre 1933, sehr informativ aus evangelischer Sicht Klaus SCHOLDER, *Die Kirchen und das Dritte Reich. Band 1 : Vorgeschichte und Zeit der Illusionen 1918-1934,* München/Berlin : Ullstein Verlag und Propyläen Verlag, 1977, IX-897 S. ; dort S. 678-679, 681, 723-725, 735, 739.

(42) (PT) Frau SCHMITT hat nicht nur GILLES, sondern noch andere Künstler gefördert.

(43) (PT) Der von den Nazis vorübergehend inhaftierte MITSCHERLICH trat nach dem Zweiten Weltkrieg mit mehreren Büchern auf den Plan und gab die psychoanalytische Zeitschrift *Psyche* heraus. Als besonders zugkräftig hat sich die von ihm 1963 geprägte Formel von der vaterlosen Gesellschaft erwiesen. Während der Tagung vom 10. Mai 1965 des vom Hamburger Fabrikanten und Erfinders Kurt A. KÖRBER (geb. 1909) gegründeten *Bergedorfer Gesprächskreises zu Fragen der freien industriellen Gesellschaft* antwortete er Rüdiger ALTMANN (geb. 1921) mit der Behauptung, C.S. habe den Nazismus Vorschub geleistet und sei nicht nur Steigbügelhalter der Diktatur, sondern sogar « der Entwerfer, der faschistische Designer » gewesen (*Protokoll Nr. 18 : Hemmen Tabus die Demokratisierung der deutschen Gesellschaft ?,* Hamburg : o.V., 1985, 87 S. ; dort S. 30 und 31). Meine Bitte um Belege für diese krassen Äußerungen (Brief vom 9. September 1965) blieb leider unbeantwortet. Frau Alfonsa SCHMIDT schrieb mir freundlicherweise, daß es im von ihr verwalteten MITSCHERLICH-Nachlaß jedenfalls keinen Briefwechsel mit C.S. gibt (Brief vom 29. September 1986).

(44) (PT) Für diese berühmte Typologie, vgl. E. KRETSCHMER, *Körperbau und Charakter,* Berlin : Springer, 1921, 192 S. (die späteren Ausgaben wurden stark erweitert ; so zählt die 19. von 1949 schon 245 S.). Das Buch wurde bereits 1930 vom bekannten Denker und Musiker Vladimir JANKÉLÉVITCH (1903-1985) ins Französische übersetzt ; über ihn, vgl. jetzt Guy SUARÈS, *Vladimir Jankélévitch,* Paris : La Manufacture, 1986, 145 S., Nr. 6 in der Reihe 'Qui suis-je ?'.

(45) (PT) a) Über LORTZ, vgl. jetzt das Buch von Gabriele LAUTENSCHLÄGER, *Joseph Lortz (1887-1975). Weg, Umwelt und Werk eines katholischen Kirchenhistorikers,* Würzburg : Echter Verlag, 1987, 567 S., Nr. 1 in der Reihe 'Studien zur Kirchengeschichte der Neuesten Zeit'. Dort heißt es aber S. 237 FN 6 : « Neben Lortz und vor allem Barion stand auch Eschweiler unter dem Eindruck und Einfluß des seit 1933 in Berlin lehrenden Staatsrechtlers Carl Schmitt und dessen Werken 'Römischer Katholizismus und politische Form', erschienen 1923, sowie dem 'Begriff des Politischen', 3. Aufl. 1933. ».

b) Nach ihrer Rückerstattung durch die Amerikaner (vgl. *Schmittiana I,* S. 51 FN 13) wurde die Bibliothek C.S.s größtenteils im Institut des katholischen LUTHER-Forschers LORTZ aufgestellt. Sie ist 1957 verkauft worden bis auf 58 Titel, die der Gelehrte dem Institut vermacht hatte (ich bedanke mich bei Herrn Paul HUPKA für die am 27. Februar 1991 zugeleitete Liste). Vgl. den 1977 geschriebenen Bericht C.S.s über das Schicksal seiner Bibliothek in : *Verortung des Politischen. Carl Schmitt in Plettenberg,* Hagen : v.d. Linnepe, 1990, VII-128 S., Nr. 2 in der Reihe 'Beiträge zur Plettenberger Stadtgeschichte' ; dort S. 36. In diesem Bericht wird manches nicht erwähnt, z.B. die Tatsache, daß C.S. dem damaligen Sachbearbeiter für Kulturfragen in Berlin-Nicolassee, E.F. PODACH, (vgl. *Schmittiana I,* S. 99 FN 28), am 4. Juni 1945 folgendes mitteilte : « ..

Angesichts der Notlage des Bibliothekwesens möchte ich unter Bezugnahme auf unsere gestrige Besprechung vom 3.6.1945, diese meine Bibliothek zur Benutzung für Studienzwecke, als Leihgabe zur Verfügung stellen. » Gemeint war der rechts- und staatswissenschaftliche Teil der Bibliothek ; er ist tatsächlich von einigen Studenten benutzt worden.

(46) (PT) Der Germanist Jost TRIER (1894-1970) hat nur in Münster gelehrt (1932-63) und sich mit der Erforschung der sog. 'Wortfelder' einen Namen gemacht. Über ihn, vgl. Günter WEYDT, « Die Germanistik an der Universität Münster », S. 375-382 in Heinz DÖLLINGER (Hrsg.), *Die Universität Münster 1890-1980,* XVI-520 S. + Bildanhang ; dort S. 379.
(HR) Wie einem Brief von Professor PIEPER vom 20. Oktober 1943 zu entnehmen ist, war Professor TRIER unmittelbar vorher, in Begleitung von Professor LORTZ, zu Besuch bei meinem Schwiegervater gewesen ; er sei « begeistert » zurückgekommen (beide hatten bis dahin, wenn auch über Jahre, nur brieflich oder über PIEPER miteinander Kontakt gehabt). Bei der im Brief anvisierten Studie handelt es sich wohl um J. TRIER, « Zaun und Mannring », *Beiträge zur Geschichte der deutschen Sprache und Literatur,* 66. Band, 1942, S. 232-264. Unter Bezugnahme auf diesen Text hat C.S. TRIER lobend erwähnt : *Der Nomos der Erde im Völkerrecht des Jus Publicum Europaeum,* Köln : Greven Verlag, 1950, 308 S. ; dort S. 43-44. Über TRIER, vgl. H. DÖLLINGER (Hrsg.), *op. cit.* (*supra* diese FN) S. 319-320 ; dort S. 320.

(47) (PT) Über ihn, vgl. H. DÖLLINGER (Hrsg.), *op. cit.* (*supra* FN 46), S. 320.

(48) (PT) GROSCHE gründete 1932 die kontroverstheologische Vierteljahresschrift *Catholica.* Über ihn, vgl. W. WARNACH, « Die Welt als Zeugnis des Wortes. Zum Wirken Robert Grosches », *Catholica,* 22. Jahrg., 1968, S. 6-24. Über seine Ansichten und seinen Einfluß als katholischer Reichstheologe, vgl. K. BREUNING, *op. cit.* (*supra* FN 12), u.a. S. 238-240, 243-247, 270-272, 276-278.

(49) (PT) a) Im Rahmen des Stadtarchivs der Stadt Soest wurde 1990 eine 'Arbeitsstelle Kükelhaus' errichtet. Mehrere seiner Bücher sind im Buchhandel noch erhältlich. Bei dem im Text genannten Band handelt es sich um *Urzahl und Gebärde, Grundzüge eines kommenden Maßbewußtseins,* Berlin : Alfred Metzner, 1934, 248 S. + 20 Tafeln.
b) C.S. hat m.W. den bekannten Schriftsteller Heimito VON DODERER (1896-1966) nicht persönlich gekannt, besaß nichtsdestoweniger in seiner Bibliothek sein Buch *Der Fall Gütersloh. Ein Schicksal und seine Deutung,* Wien : Haybach, 1930, 126 S. mit 38 Tafeln, und zwar mit einer hübschen Widmung des Autors. Mit dem anderen Schriftsteller Albert Paris GÜTERSLOH (vgl. *infra* S. 159-160.) ist C.S. hingegen befreundet gewesen. Über den Wiener Ferdinand VON STEINHART, vgl. ebenfalls *infra* S. 159.

(50) (PT) a) G. TRAKL (1887-1914), *Sebastian im Traum,* Leipzig : Theodor Wolff, 1915, 92 S.
b) Nobelpreisinhaber Ivo ANDRIC (1892-1975) war mit C.S. befreundet ; vgl. *Schmittiana II,* S. 66 FN 39. Vgl. auch *infra,* S. 158.

(51) (PT) Herman MELVILLE (1819-1891), *Moby Dick* (übersetzt von Lucien JACQUES, Joan SMITH und Jean GIONO, geb. 1895), Paris : Gallimard, 1941, 536 S., in der Reihe 'Le Livre de poche'. Die amerikanische Erstfassung des Buches erschien 1851.

(52) a) E. JÜNGER, *Gärten und Strassen. Aus den Tagebüchern von 1939 und 1940,* Berlin : Mittler, 1942, 218 S.
b) Gerhard NEBEL (1903-1974), « Auf dem Fliegerhorst », *Die Neue Rundschau,* 52. Jahrg, Oktober 1941, S. 606-608. Dieser Aufsatz brachte der Zeitschrift Schwierigkeiten ein und trug dazu bei, daß der Autor 1942 auf die Kanalinsel Jersey strafversetzt wurde (vgl. E. JÜNGER, *Strahlungen,* Tübingen : Heliopolis Verlag, 1949, 648 S. ; dort S. 90 : Eintragung vom 1. Februar 1942). Nach Kriegsende ist NEBEL C.S. nähergetreten (Besuche, Korrespondenz). Für seine retrospektive Beurteilung C.S.s ist ein Aufsatz wichtig : « Johann Georg Hamann und Friedrich der Große », S. 164-185 in Gert HUMMEL (Hrsg.), *Synopse. Beiträge zum Gespräch der Theologie mit ihren Nachbarwissenschaften. Festschrift für Ulrich Mann zum 11 August 1975,* Darmstadt : Wissenschaftliche Buchgesellschaft, 1975, VIII-271 S.

(53) (HR) Herbert FRITSCHE (1911-1960), *Der Erstgeborene : ein Bild des Menschen,* Stuttgart : Klett (1940) ^{5}1953, 254 S.

(54) (HR) Oskar GOLDBERG (1885-1953), *Die Wirklichkeit der Hebräer. Einleitung in das*

System des Pentateuch (deutscher Text zur hebräischen Ausgabe), Berlin : Verlag David, 1. Band = 1925, 301 S. ; die Stelle über den Leviathan S. 46 : « Die Fixation, der geborene Feind der Metaphysik, der in Jesajah als der Vitjatan bezeichnet wird, den IKWH erst eschatologisch endgültig überwinden kann, tritt nicht etwa erst mit dem babylonischen Unternehen auf... » C.S. kannte diese Stelle also noch nicht, als er 1938 sein Leviathan-Buch herausgab.

(PT) Über Adrien TUREL (1890-1957), vgl. *Schmittiana II,* S. 135 und 161 FN 111 und FN 112. Folgendes ist nachzutragen : Erstens gibt es seit kurzem die Erinnerungsschrift *Adrien Turel zum 100. Geburtstag,* Hamburg : Nautilus Verlag + Zürich : Edition Moderne, 1990, 64 S. Zweitens wird auf TURELs Buch *Technokratie, Autarkie, Genetokratie* Bezug genommen in Peter SLOTERDIJK (geb. 1946), *Kritik der zynischen Vernunft.* Frankfurt a.M. : Suhrkamp, 2. Band = 1983, S. 395-960, Nr. 1699 in der Reihe 'Edition Suhrkamp' (dort S. 812-814 : « Exkurs 5 : Totalprothetik und technischer Surrealismus »). Drittens sind TURELs diesbezügliche Gedichtbände kaum von der Expressionismusforschung berücksichtigt worden ; eine rühmliche Ausnahme bildet Wolfgang ROTHE (geb. 1929), *Der Expressionismus. Theologische, soziologische und anthropologische Aspekte einer Literatur,* Frankfurt a.M. : Klostermann, 1977, 468 S., Nr. 9 in der Reihe 'Das Abendland – Neue Folge' ; dort S. 100, 170, 194.

(PT) Der im Briefexzerpt genannte Physiologe Johann Daniel ACHELIS (1898-1963) hat in Leipzig und Heidelberg gelehrt und fand nach Kriegsende ein neues Tätigkeitsfeld in einem Mannheimer Chemie- und Pharmazeutischen Unternehmen. 1933 ist er kurze Zeit im Preußischen Kultusministerium (Berlin) für Berufungen zuständig gewesen. Diese Angaben verdanke ich dem Kollegen H. QUARITSCH (Brief vom 26. Januar 1989).

(55) (PT) Über sie, vgl. die Hinweise ihres Sohnes Nicolaus SOMBART (geb. 1923), *Jugend in Berlin, 1933-1943. Ein Bericht,* Frankfurt a.M. : Fischer, (1984) ^{2}1986, 290 S., Nr. 1280 in der Reihe 'Fischer Taschenbücher' ; dort vor allem S. 55-69, 72-78, 81-84, 267-272. Frau SOMBART hat Texte C.S.s ins Rumänische übersetzt.

(56) (PT) a) C.S., *Ex captivitate salus. Erfahrungen der Zeit 1945/47,* Köln : Greven Verlag, 1950, 95 S. ; dort S. 35-53 (« Zwei Gräber »).
b) K. WEIß, *Zum geschichtlichen Gethsemane. Gesammelte Versuche,* Privatdruck, (1919) ^{2}1945, 247 S.

(57) (PT) Monsignore NYSSEN hat bereits mehrere Werke von WEIß neu herausgegeben und sich außerdem als Ikonen-Deuter einen Namen gemacht. Der erste Band seiner Schriftenreihe 'Koinonia-Oriens' war C.S. gewidmet : *Die Erneuerung der westlichen Welt aus dem Geist der Väter,* Köln : Luthe-Verlag, 1979, 42 S. ; dort S. 5 : « Carl Schmitt im Gedenken an Konrad Weiß zum 90. Geburtstag in Verehrung zu eigen ».

(58) (PT) KEMP wird zum deutschen Widerstand gezählt ; er war « während des Münchner Aufstandes 1945 Rundfunksprecher der Aufständischen » (vgl. Günther WEISENBORN, (1903-1969). *Der lautlose Aufstand. Bericht über die Widerstandsbewegung des deutschen Volkes 1933-1945,* Hamburg : Rowohlt, (1953) ^{2}1954, 360 S. ; dort S. 221). Er hat sich als begabter Übersetzer und als Herausgeber wichtiger Anthologien hervorgetan und sich außerdem in hervorragender Weise für WEIß eingesetzt (vgl. *supra* FN 4 und FN 19).

(58a) (HR) RIKUS war 1947-52 Meisterschüler von Professor Karl KNAPPE in München (vgl. *infra* FN 59). Hartmut SÄUBERLICH und Volker WERB fertigten ein Werkverzeichnis (bis 1973) an : *Josef Rikus. Skulpturen,* Paderborn, Schöningh, 1973, 72 Abb. Vgl. ferner W. NYSSEN (*supra* FN 57), *Vom Sinn der Wegnahme,* Köln : Luthe-Verlag, 1983, 36 S. und 16 Tafeln, Nr. 11 in der Reihe 'Koinoia-Oriens'.

(58b) (PT) J. DÜNNINGER hat am *Deutschen Volkstum* mitgearbeitet und Konrad WEIß einen schönen Aufsatz gewidmet : « Der Dichter Konrad Weiß », *Europäische Revue,* 10. Jahrg. Nr. 1, Januar 1934, S. 58-60.

(59) (HR) KNAPPE fand seine Eigenart als Bildhauer und Glasmaler in der Auseinandersetzung mit dem Expressionismus. Er übte großen Einfluß auf jüngere (z.B. RIKUS : vgl *supra* FN 58a) und gleichaltrige Künstler (z.B. auf Eugen SENGE-PLATTEN) aus.

(60) (PT) Über ihn, vgl. *Schmittiana II,* S. 127 und 155-156 FN 59.

(61) (PT) MOHLER ist bekanntlich der Verfasser des Standardwerkes über die (deutsche) Konservative Revolution : vgl. *op. cit.* (*supra* FN 6). Im vorliegenden Zusammenhang

sei hingewiesen auf die Widmung, die MOHLER seinem Buch *Was die Deutschen fürchten* (Stuttgart : Seewald. 1965, 249 S.) mitgegeben hat : « Für Carl Schmitt von einem, der zugibt, von ihm gelernt zu haben » (S. 5).

(62) (PT) Der katholische Literatur- und Kunstkenner WARNACH, der u.a. den Nachlaß des Dichters Eugen Gottlob WINKLER (1912-1936) herausgegeben hat, hörte zwar 1933 in Köln die Antrittsvorlesung C.S.s, machte aber die Bekanntschaft des Gelehrten erst im Herbst 1948. Vermittelt durch Alfred ANDERSCH (1914-1980) und gestützt auf ein eingehendes Studium der Schriften C.S.s führte er am 19. Juni 1951 im Hessischen Rundfunk ein einstündiges Gespräch zum Thema 'Hat Geschichtsphilosophie noch einen Sinn ?'. Mit Werner VON TROTT ZU SOLZ (?-1965), dem Maler und Holzschneider Helmut GRIESHABER (genannt H.A.P. ; 1909-1981) und dem Nobelpreisträger für Literatur 1972, Heinrich BÖLL (1917-1985) gab er die Zeitschrift *Labyrinth* heraus (vom September 1960 bis Juni 1962 erschienen 6 Hefte) ; dieser Initiative soll C.S. kritisch, ja ablehnend gegenübergestanden haben (Brief von WARNACH an mich vom 16. April 1972). Eine ergänzte Fassung seines für die nicht erschienene C.S.-Festschrift vom Jahre 1953 eingereichten Beitrags findet sich in der 2. gedruckten C.S.-Festschrift *Epirrhosis*, Berlin : Duncker & Humblot, 1968, Band 2 = VIII S. und S. 413-778 ; dort S. 727-737 : « 'Justitia' – ein Gedicht von Konrad Weiß » ; übernommen in *op. cit.* (vgl. *supra* S. 42 FN 17 Punkt a), S. 681-700. Erwähnenswert ist ferner, daß WARNACH das ungezeichnete Vorwort schrieb zu Gustav WILHELMY (Ps. von Sigrid MÜLLER : vgl. *supra* FN 25) (Hrsg.), *Erich Przywara, 1889-1969. Eine Festgabe,* Düsseldorf : Patmos-Verlag, 1969, 64; dort S. 5-6 : « Vorwort ». – Vgl. auch *infra* FN 67, sowie S, 42 FN 17.

(63) (PT) Über ihn, vgl. *Schmittiana II,* S. 100 und 110-111 FN 94. Dem ist hinzuzufügen, daß er erst im Dezember 1947 in Tübingen die Doktorwürde erlangte (Dissertationsthema : *Typologie des literarischen Verlagsvertrages,* IX-202 maschinenschriftliche Seiten ; Doktorvater war der Privatrechtler Hans DÖLLE, 1893-1980).

(64) (PT) Vgl. seine Beiträge in *Schmittiana I,* S. 55-69, *Schmittiana II,* S. 72-111, und in diesem Band, S. 45-51.

(65) (PT) SCHMITZ war bei F & G (= Felten & Guilleaume Carlswerk AG) in Köln-Mülheim tätig.

(66) (PT) Über die Academia Moralis, vgl. *Schmittiana II,* S. 156 FN 60. Vgl. auch *infra* S. 168 FN 13.

(67) (HR) W. WARNACH, *Eugen Senge-Platten*, Recklinghausen : Verlag Aurel Bonger, 1967, 62 S., Nr. 34 in der Reihe 'Monographien zur rheinisch-westfälischen Kunst der Gegenwart'.

(68) (PT) Pater BECHER schrieb eines der frühesten Nachkriegsbücher über Ernst Jünger, *Mensch und Werk,* Warendorf : Schnell, 1949, 110 S., Nr. 2 in der Reihe 'Gestalt und Werk'.

HEINZ BABERG †

Ansprache anläßlich der Überreichung des Ehrenrings der Stadt Plettenberg an Carl Schmitt am 11. Juli 1978

Die Anfangszeilen eines zum 90. Geburtstag C.S.s von seinem Jahrzehnte jüngeren Freund Ernst HÜSMERT (geb. 1928) geschriebenen Zeitungsaufsatzes lauten folgendermaßen : « Der Rat der Stadt Plettenberg nahm den 90. Geburtstag des Staats- und Völkerrechtlers Prof. Dr. Carl Schmitt zum Anlaß, dem international bekannten Gelehrten den Goldenen Ehrenring der Stadt zu verleihen. Damit nimmt Plettenberg zum ersten Mal offiziell Kenntnis von seinem wohl berühmtesten Einwohner. » (1) Der Initiative haben Gespräche zwischen den Bürgemeistern der verschwisterten Städte Berlin-Steglitz und Plettenberg zugrunde gelegen : Dr. Helmut F.W. ROTHACKER (geb. 1919), der bei C.S. gehoŕt und ihn nach dem Krieg in Plettenberg besucht hat, hat in der Person von Dr. Heinz BABERG (1927-1983), seines Zeichens Germanist, ein geneigtes Ohr gefunden (1a). Daß wir indes über die genauen Vorgänge im Rat der Stadt Plettenberg nicht unterrichtet sind, tut wenig zur Sache, wenigstens nicht im Licht der Feststellung, daß der Rat C.S. letzten Endes einstimmig den Ehrenring verlieh.

Die Überreichung fand am 11. Juli 1978 in den Räumen des Plettenberger « Berghaus Tanneneck » statt, wo Familienmitglieder und Freunde des Gelehrten sowie Herren der Stadtbehörde und einige Journalisten sich eingefunden hatten. Professor Joseph H. KAISER (geb. 1921) eröffnete die Feier mit einer formvollendeten Begrüßungsansprache. Dann schenkten der französische Hochschullehrer Julien FREUND (geb. 1921) (2) und ich dem Jubilar das erste Exemplar der von uns absichtlich nur aus nicht-deutschen Beiträgen zusammengestellten 4. Festschrift (3). Ernst JÜNGER (geb. 1895) hielt eine improvisierte schöne Tischrede, und C.S. sprach das von großer innerer Rührung zeugende Wort des Dankes. Vorher hatte Bürgermeister BABERG den goldenen Ehrenring seiner Stadt überreicht und dazu eine Ansprache gehalten, die ich mich freue, abdrucken zu dürfen.

Die Stadt Plettenberg hat sich vor kurzem erneut bewährt. Der Rat hatte sich mit dem konkreten Ansuchen eines Universitätsprofessors auseinander-

zusetzen : Könnte die Stadt sich nicht finanziell an der Edition gewisser Bestände des reichhaltigen C.S.-Nachlasses beteiligen ? Die Entscheidung fiel negativ aus, denn der Rat war der Meinung, daß jede finanzielle Anstrengung der Einwohnerschaft selbst irgendwie zugute kommen müßte. So entstand die Idee, ein Buch über C.S. als Exkurs zur Stadtgeschichte, die z.Zt. von Frau Martina WITTKOPP-BEINE aufgearbeitet wird, zu schreiben. Erst später entschloß man sich zu einer Ausstellung. Diese konnte realisiert werden, dank dem Einsatz des Hauptstaatsarchivs Düsseldorf und den wissenschaftlichen Betreuern des C.S.-Nachlasses Eberhard Freiherr VON MEDEM (geb. 1913) (4) und Frau Ingeborg VILLINGER sowie der Unterstützung seitens der Stadtbehörde, insbesondere von Herrn Hans Adolf PÜHL (geb. 1934) (5). Diese am 8. Januar 1991 feierlich eröffnete Ausstellung konnte sich einer großen Besucherzahl erfreuen (6) ; auch die beiden Abendvorträge wurden gut besucht (7), und für das statt eines Katalogs verlegten Buches über C.S. gab es gleichfalls überraschend viele Käufer (8). Die Resonanz war dermaßen groß, daß das Rivius-Gymnasium in Attendorn, an dem C.S. seine Reifeprüfung ablegte, auf Antrieb von Herrn Oberstudiendirektor Peter KANDORA (geb. 1936), vom 26. Februar bis 22. März 1991 eine kleinere Ausstellung (mit Gesprächsabend am 15. März 1991) veranstaltete (8a), und die Kreisstadt Lüdenscheid in der zweiten Aprilhälfte die ganze Plettenberger Austellung wiederholte.

Sämtliche Fußnoten stammen von mir und sind mittels der Sigle (PT) gekennzeichnet.

P.T.

*
**

Meine sehr geehrten Damen und Herren, verehrter Herr Professor SCHMITT, zunächst möchte ich mich, auch im Namen der anwesenden Ratsmitglieder aller Fraktionen und des Herrn Stadtdirektors, herzlich für die Einladung zu dieser Geburtstagsfeier bedanken.

Der Rat der Stadt Plettenberg hat am 23.05.1978 einstimmig beschlossen, Ihnen anläßlich des Tages der Vollendung Ihres 90. Lebensjahres den Ehrenring der Stadt Plettenberg zu verleihen. Fürwahr eine späte Ehrung ! Ich habe heute morgen in einer Zeitung gelesen, daß anläßlich seines 90. Geburtstages die Stadt Plettenberg offiziell Kenntnis von ihrem bedeutendsten Einwohner nimmt, dem einzigen Plettenberger - vielleicht neben dem Deutschordensmeister Wolter VON PLETTENBERG, falls dieser überhaupt Plettenberger war -, der sich Weltruhm erworben hat. (Würdigung für Carl SCHMITT von Ernst HÜSMERT in *Lüdenscheider Nachrichten).*

Das könnte nach Vorwurf klingen und enthält die Frage : Warum hat sich die Stadt, in der 1888 einer der bedeutendsten, gedanklich sicher der originellste deutsche Staatsrechtslehrer geboren wurde, der nunmehr schon seit über 30 Jahren wieder Bürger dieser seiner Heimatstadt ist, warum hat sich diese Stadt offiziell nicht um diesen berühmten Mann gekümmert ?

Herr Professor, ich darf sicher mit Ihrem Einverständnis sagen, daß diese Tatsache in erster Linie Ihrem eigenen persönlichen Wunsche entsprochen hat. Ihre Heimatstadt sollte ein Asyl sein, in dem Sie in der Stille Ihr Lebenswerk fortsetzen konnten, ohne von der teilweise ungerechten und diffamierenden Kritik Ihrer Umwelt belästigt zu werden. Ihr Freundeskreis hatte aber Zugang zu Ihrem Heim, zu Ihren Gedanken und sicher auch zu Ihrem Herzen.

Diesem Ihrem verständlichen Wunsche sind Rat, Verwaltung und die Bevölkerung unserer Stadt uneingeschränkt nachgekommen. Sie haben in Ihrer Heimatstadt die innere und äußere Ruhe gefunden, die Sie für Ihre Arbeit brauchten.

Nun aber, nach über 30 Jahren seit Ihrer Rückkehr in unsere Stadt, haben sich viele Wogen geglättet, ist der notwendige Abstand entstanden, der es - auch der Fachwelt - erlaubt, Ihr Lebenswerk objektiver zu beurteilen. Vielleicht ist « Carl Schmitt die Sphinx unter den modernen Staatsrechtlern » geblieben, « der sich von vornherein jeder exakten Einordnung entzieht », bei dem « die verborgene Mitte seines Denkens noch nicht erkanntest » (9), aber überlassen wir diese Einordnung der Fachwelt, den Schülern, Anhängern und Kritikern von Carl SCHMITT.

Der Rat unserer Stadt hat mit seiner einstimmigen Entscheidung, Carl SCHMITT den Ehrenring zu verleihen, eindeutig Stellung bezogen und eine eigene 'Einordnung' vorgenommen.

Meine sehr geehrten Damen und Herren, verehrter Herr Professor SCHMITT, erlauben Sie mir jetzt eine kurze Begründung des Stadtratsbeschlußes, erwarten Sie aber bitte nicht eine Würdigung des Lebenswerkes von Carl SCHMITT - bestimmt gibt es Berufenere, die sich aus Anlaß dieses Tages oder später dieser schwierigen Aufgabe stellen werden.

Herr Professor Carl SCHMITT ist ein Kind unserer Stadt und des Sauerlandes und ist seiner Heimat immer treu geblieben. Die Liebe zum Elternhaus und zur sauerländischen Heimat war bestimmend dafür. Auch in den 40 Jahren seiner beruflichen Abwesenheit hat es ihn immer wieder in seine Heimatstadt zurückgezogen : hier hat er neue Kräfte gesammelt. Auch heute, an seinem Ehrentage, hat er die bescheidene Ehrung durch seine Heimatstadt einem exklusiven Empfang in einer rheinischen Metropole vorgezogen. Seine Bindung an Plettenberg ist nie abgerissen, auch nicht in jener Zeit stärkster Produktivität und öffentlicher Inanspruchnahme (10). Einem Aufsatz über das Sauerland im *Merian* kann man entnehmen, daß seine wissenschaftlichen Gedanken durch Heimatstadt und Heimatlandschaft stark mitgeprägt wurden (11). Wir haben in Plettenberg mit Freude und Stolz verzeichnet, daß Carl SCHMITT in der Fachwelt als Rechtslehrer mit überzeitlicher Aktualität international anerkannt wird, der « in der Reihe der glänzendsten Vertreter seiner Wissenschaft » steht und doch nicht nur ein großer Jurist ist. « Die Dimensionen seines Denkens sind weiträumiger, auch tiefgründiger, als es durch die Anführung einer Spezialwissenschaft allein ausgeschöpft werden könnte. » « Wer über den Staat nachdenkt, kann sich nicht auf die Jurisprudenz beschränken, ganz von selbst gerät er in die Soziologie und Politologie bis hin zur Philosophie und Theologie. » (12) Auf allen diesen Gebieten ist Carl SCHMITT fündig geworden, und sogar für die Literatur, für die Musik und für die Kunst hat er sich immer besonders interessiert und teilweise Hervorragendes produziert, so daß sein Lebenswerk eine Fülle der überraschendsten Ausblicke bietet. Diese Universalität des Denkens, die Carl SCHMITT in die Reihe der großen Gestalten der deutschen Geistesgeschichte stellt, ist heute eine Rarität.

Doch bei aller Höhe seines geistigen Schaffens zeichnet ihn die Leidenschaft für das Konkrete aus, hat er den Boden nicht unter den Füßen verloren, ist er kein blasser Theoretiker geblieben, sondern verbindet er mit seinen theoretischen Gedanken immer die Frage nach der praktischen Durchführbarkeit.

Nach Jürgen FIJALKOWSKI besitzt Carl SCHMITT einen « politisch rechtsetzenden Gestaltungswillen. » « Reflexion auf das Bestehende, Erwägung dessen, was politisch getan werden könnte, rationale Abschätzung und ideologische Option durchdringen sich in recht verwickelter Weise gegenseitig. » (13) Diese staatsphilosophischen und politologischen Gedanken Carl SCHMITTs hatten Konsequenzen, indem er persönlich in das aktuelle politische Tagesgeschehen hereingezogen wurde. So werden bis heute verständlicherweise Fragen gestellt, wie etwa : War Carl SCHMITT Mitläufer, Sympathisant oder gar Wegbereiter des Nationalsozialismus, war er der Kronjurist des Gewaltherrschers, und : Hat er dazu beigetragen, die Weimarer Republik zu zerstören ?

Diese Fragen nach der moralischen Qualität des Werkes von Carl SCHMITT waren selbstverständlich auch einem Stadtrat gestellt, der sich anschickte, Carl SCHMITT zu ehren. Wir sind zu dem Ergebnis gekommen, daß Carl SCHMITT weder Kronjurist HITLERs noch Wegbereiter des Nationalsozialismus war oder Mithilfe bei der Zerstörung der Weimarer Republik geleistet hat. Im Gegenteil : heute wissen wir, daß er der nationalsozialistischen Ideologie fernstand - das haben doch selbst die Nationalsozialisten seit 1935 gewußt, als Carl SCHMITT in ihre Schußlinie geriet. Könnte er glaubhaftere Kronzeugen für seine wahre Haltung haben ? Seine geistige und persönliche Nähe zu den Männern des 20. Juli sei weiterhin erwähnt. Er mußte in der Zukunft auf dem Gebiete des Staatsrechtes weitgehend schweigen, wenn er nicht Märtyrer werden sollte. Er wandte sich jetzt mehr dem Völkerrecht zu, einem Thema, das nicht so brisant war. Er mußte schweigen, wie viele Kollegen in der damaligen Zeit, u. a. Theodor LITT, der mein Lehrer war und im persönlichen Gespräch über diese Zeit sein eigenes Schweigen begründete und mir seine Hochachtung vor meinem Plettenberger Mitbürger Carl SCHMITT zum Ausdruck brachte. (14)

Der Nationalsozialismus nahm ideologisch seine Bausteine, wo er sie gerade fand. Selbstverständlich kann man das nicht den ausgebeuteten Geistern zur Last legen, sie nicht verantwortlich machen für alle, die sich auf sie beriefen und an sie anknüpften. So wurden beispielsweise SCHMITTsche Begriffe wie « totaler Staat » von den Nationalsozialisten mit einem Bedeutungsgehalt gefüllt, den sie bei Carl SCHMITT nicht haben konnten, da die grauenhafte Wirklichkeit dieses Begriffes erst viel später und in ganz anderer, verzerrter, pervertierter Form hergestellt wurde. Ich zitiere Sepp SCHELZ : « Belastet war Carl Schmitt, weil er sich mit den Nationalsozialisten eingelassen hatte, nachdem all seine Warnungen vor ihnen von den Weimarer Exponenten in den Wind geschlagen worden waren. Der Nationalsozialismus lag weder in der Konsequenz seines Staatsdenkens noch in der Richtung seiner politischen Sympathien. Dennoch hat er den Nazis nach dem Ermächtigungsgesetz vom 24.03.1933 'Lippendienste' geleistet ». (15) Carl SCHMITT hat aber niemals versucht, das zu vertuschen oder zu bagatellisieren, wie viele andere sogenannte 'Mitläufer', die heute ihr schlechtes Gewissen als schlechtes Gedächtnis hinzustellen versuchen. Im Gegenteil : Carl SCHMITT hat sich zu seinen Irrtümern bekannt. Wer damals in maßgebender Position gestanden hat und sich nicht geirrt hat, der werfe heute den Stein.

Der Rat der Stadt Plettenberg hält Carl SCHMITT für würdig, den Ehrenring, den nur wenige Bürger bisher verliehen bekommen haben, zu tragen. Die Verleihungsurkunde hat folgende Text :
« Der Rat der Stadt Plettenberg verleiht Herrn Professor Dr. Carl Schmitt zu seinem 90. Geburtstag in Anerkennung seiner großen wissenschaftlichen Leistungen auf dem Gebiet des Staats- und Völkerrechts den Ehrenring der Stadt Plettenberg. »

Wir ehren Sie für ein erfülltes Leben : denn ein Teil Ihrer Werke hat jetzt schon die Zeit überdauert. Herr Professor Carl SCHMITT, Sie haben nicht umsonst gelehrt, zur Resignation besteht kein Grund - ein kleiner Beweis dafür mag die Tatsache sein, daß Ihre Heimatstadt Ihnen schon zu Ihren Lebzeiten Dank und Anerkennung signalisiert. Wir wünschen Carl SCHMITT in unserer schönen Heimat, im idyllischen Dörfchen Pasel, noch viele Jahre in Gesundheit und Schaffenskraft, damit auch unsere Paseler Mitbürger noch lange Zeit mit « ihrem Professor » sprechen können.

In diesem Sinne verleihe ich im Namen des Rates der Stadt Plettenberg

Herrn Professor Carl SCHMITT den Ehrenring unserer Stadt.

Ich danke Ihnen !

---

(1) (PT) E. HÜSMERT, « Als Staatsdenker im 'Zentrum des Taifuns'. Der Staats- und Völkerrechtslehrer Prof. Dr. Carl Schmitt aus Plettenberg wird 90 Jahre alt », *Süderländer Tageblatt* und *Lüdenscheider Nachrichten,* 99. Jahrg. Nr. 150, 11. Juli 1978, Sonderseite (mit Bild und Nachdruck des bekannten C.S.-Gedichts « Gesang des Sechzigjährigen ») ; vgl. dazu den ablehnenden Leserbrief von Gustav-Adolf KIEBELER, « Die Feinde der Demokratie aktiv unterstützt », *Lüdenscheider Nachrichten,* 15.-16. Juli 1978. Über HUSMERT und sein Verhältnis zu C.S., vgl. seine Erinnerungen : « Die letzten Jahre von Carl Schmitt », *Schmittiana I,* S. 40-54.

(1a) (PT) Dr. ROTHACKER hat mir diesen Vorgang freundlicherweise bestätigt (Brief vom 1. März 1991).

(2) (PT) Über ihn, vgl. *Schmittiana II,* S. 31-71.

(3) (PT) P.T. und J. FREUND (Hrsg.), *Miroir de Carl Schmitt,* Genf : Droz, 1978, 238 S.

(4) (PT) Über ihn, vgl. *supra* S. 58 FN 7.

(5) (PT) H.A. PÜHL hatte sein Interesse an C.S. (dem er übrigens nie begegnet ist) schon früher in einem Leserbrief unter Beweis gestellt : « Tür zur Zerstörung geöffnet », *Frankfurter Allgemeine Zeitung,* Nr. 189, 17. August 1983, S. 9.

(6) (PT) a) Die Ausstellung fand nicht nur Beachtung in der Regionalpresse ; vgl. Eberhard STRAUB (geb. 1940), « Der irrende Geist. Eine Ausstellung über Carl Schmitt », *Frankfurter Allgemeine Zeitung,* Nr. 18, 22. Januar 1991, S. 27. Außerdem Gunnar SOHN, « Der Ernstfall in Plettenberg », *Criticon,* 21. Jahrg., Nr. 123, Jan.-Februar 1991, S. 31.
b) « Schmitt-Ausstellung löste Völkerwanderung nach Plettenberg aus », *Westfälische Rundschau,* Nr. 30, 5, Februar 1991, S. LP 3 : « ... Verloren sich an den Folgetagen nach Austellungseröffnung zehn bis fünfzehn Besucher täglich im Ratssaal, waren es am letzten Wochende jeweils über 80. Interessenten, die zum Teil aus Wien, München, Köln, Hamburg und aus dem Ruhrgebiet angereist waren. » Vorher hatte die Regionalpresse schon ausführlich berichtet über den Besuch des japanischen C.S.-Forschers Akira WANI (geb. 1963), Autor des Buches *Kirche, 'Publizistik', Staat. Versuch über Carl Schmitt unter besonderer Berücksichtigung seines Frühwerks (1910-1927/28),* Tokyo : University Press, 1990, VIII-391 S. (in japanischer Sprache ; auf S. 387-391 ein deutsches Inhaltsverzeichnis und eine deutsche Zusammenfassung).

(7) (PT) Während ich am 15. Januar 1991 das Thema « Carl Schmitt und 1933 » behandelte, sprach Dr. Manfred LAUERMANN (geb. 1947) am 22. Januar 1991 über « Carl Schmitt - ein Klassiker des politischen Denkens. » Über die beiden Vorträge wurde in der Regionalpresse positiv berichtet.

(8) (PT) a) I. VILLINGER, *Verortung des Politischen. Carl Schmitt in Plettenberg,* Hagen : v.d. Linnepe, 1990, VII-128 S., Nr. 3 in der Reihe 'Beiträge zur Plettenberger Stadtgeschichte'. Vgl. die lobende Kurzrezension von Armin MOHLER in *Criticon,* 21. Jahrg., Nr. 123, Jan.-Februar 1991, S. 31.
b) *Art. cit. (supra* FN 6, Punkt b) : « ... So ist der mit 380 Stück in Druck gegangene zweite Band der Stadtgeschichte, den Autorin Ingeborg Villinger mit 'Verortung des Politischen. Carl Schmitt in Plettenberg' titelte, vergriffen. 400 weitere Bestellungen liegen dem Verlag bereits jetzt schon vor. »

(8a) (PT) Während dieser Abendveranstaltung berichtete Herr Studiendirektor Werner CORDES (geb. 1932) über die aus dem Archiv des Gymnasiums stammenden Exponate und deutete Frau Ludwige HARTMANN den C.S.-Text « Der Spiegel » (*Die Rheinlande,* 22. Jahrg. Nr. 2, Februar 1912, S. 61-62). Die Lokalpresse nahm die Initiativen des Gymnasiums zur Kenntnis. Herr KANDORA plant jetzt eine Broschüre über die Attendorner Schulzeit C.S.s.

(9) (PT) Die drei obigen Zitate sind einem Aufsatz von Sepp SCHELZ (1917-1986) entnommen : « Ein epochaler Staatsdenker. Die Leidenschaft für das Konkrete. Carl Schmitt begeht am 11. Juli seinen 90. Geburtstag », *Deutsches Allgemeines Sonntags-*

blatt, 31. Jahrg. Nr. 28, 8. Juli 1978, S. 16 (mit Bilder und einem am 20. Januar 1930 vom späteren Bundespräsidenten Theodor HEUSS [1884-1963] an C.S. gerichteten Brief). Wie SCHELZ mitteilte, wurde die in den beiden ersten Zitaten zum Ausdruck gebrachte Charakteristik C.S.s 1930 vom Bonner Strafrechtslehrer Erich SCHWINGE (geb. 1903) formuliert.

(10) (PT) Einzelheiten teilte ich mit in meinem Aufsatz « Staatsrechtler Carl Schmitt wäre heute 100 Jahre alt geworden », *Westfälische Rundschau,* Nr. 159, 11. Juli 1988, S. LP 3 (mit drei Bildern).

(11) (PT) C.S., « Welt großartigster Spannung », *Merian,* 7. Jahrg. Nr. 9, 1954, S. 3-6. Dieser Aufsatz ist übernommen in Karl JUNKER (Hrsg.), *Heimatbuch der Stadt Neuenrade 1355-1955* (Neuenrade : Stadtverwaltung, 1955, 160 S.), S. 5-8, sowie im *Sauerländischen Gebirgsboten,* 60. Jahrg. Nr. 4, Juli-August 1958, S. 83-85 (geänderter Titel : « Eine Welt voll großartigster Spannung. » und - leicht gekürzt und von Carl Peter FRÖHLING (geb. 1933) eingeleitet - im *Süderländer Tageblatt,* 97. Jahrg. Nr. 156, 10.-11. Juli 1976. Als der Grazer Verlag Leopold Stocker 1960-61 ein Buch *Der Deutsche und das Deutsche* zusammenstellen wollte, bot C.S. den *Merien*-Aufsatz an, aber der Text war im geplanten Buch nicht unterzubringen.

(12) (PT) Die obigen drei Zitate sind dem Aufsatz von SCHELZ *(supra* FN 9) entnommen.

(13) (PT) Jürgen FIJALKOWSKI (geb. 1928), *Die Wendung zum Führerstaat. Ideologische Komponenten in der politischen Philosophie Carl Schmitts,* Köln/Opladen : Westdeutscher Verlag, 1958, XXIII-222 S., Nr. 12 in der Reihe' Schriften des Instituts für Politische Wissenschaft' ; dort S. XXII.

(14) (PT) Über ihn, vgl. u.a. Thomas FRIEDRICH, « Theodor Litts Warnung vor 'allzu direkten Methoden' », S. 99-124 : in Wolfgang Fritz HAUG (Hrsg.), *Deutsche Philosophie 1933,* Berlin : Argument-Verlag, 1989, 261 S., Nr. 3 in der Reihe 'Ideologische Mächte im deutschen Faschismus'. Theodor LITT (1880-1962) hat sich gelegentlich zu C.S. geäußert, u.a. in der Broschüre *Die politische Selbsterziehung des deutschen Volkes,* Bonn : Bundeszentrale für Heimatdienst, 1955, 38 S., Nr. 1 in der 'Schriftenreihe der Bundeszentrale für Heimatdienst' ; dort S. 17-19 (« Freund und Feind »).

(15) (PT) S. SCHELZ, *art. cit. (supra* FN 9).

HENDRIK FAYAT

Réflexions d'août 1942 sur un précurseur de la doctrine de Brejnev : la « Völkerrechtliche Großraumordnung » de Carl Schmitt

Hendrik FAYAT (geb. 1908) ließ sich 1935 in Brüssel als Rechtsanwalt nieder, war 1939-40 Privatsekretär einiger Minister, stand zwischen September 1940 und Februar 1942 der belgischen Dienststelle im nicht-besetzten Frankreich als Rechtsberater zur Seite und zog schließlich nach London. Dort meldete er sich freiwillig zu den belgischen Exil-Streitkräften, wurde aber nach seiner Ausbildung zur belgischen Exilverwaltung abkommandiert (vgl. infra) und amtierte ab Juni 1943 als Kabinettschef des Außenministers August DE SCHRYVER (1898-1991). Nach der Rückkehr in seine Heimat blieb er in letzterer Eigenschaft bis Februar 1945 im Amt. 1946-71 gehörte er dem Abgeordnetenhaus an : 1946-68 als Mitglied der sozialistischen Fraktion und 1968-71 als Vertreter der flämischen Sozialisten in Brüssel (der sog. Roten Löwen). Zwischendurch stand er einige Male dem Außenhandelsministerium vor und wurde außerdem 1961 zum Professor der flämischen Rechtsfakultät der Freien Universität Brüssel berufen. FAYAT hat sich übrigens stets als konsequenter Flame verhalten, indem er beispielsweise die Werbung flämischer Jungakademiker für die belgische Diplomatie befürwortete und auch in die Wege leitete (die sog. Fayat-Boys).

Soviel zur Biographie des Autors der nachstehenden Analyse (1), an deren Wiege ein bedeutender Kenner des internationalen Rechts Pate gestanden hat. Es handelt sich um Georges S.F. Ch. KAECKENBEECK (1982-1973), der bereits 1918 das beachtliche Werk « International Rivers » (^{2}1968) herausgab, 1921 in Oxford den D.C.L. (= Doctor of Civil Law, also : Doktor des Römischen Rechts) machte und 1922-37 den Vorsitz im Schiedsgerichtshof des Völkerbunds für Oberschlesien führte (2). Im Frühling 1941 bot der in die Schweiz emigrierte KAECKENBEECK der belgischen Exilregierung seine Dienste an. Als er einen Assistenten brauchte, entschied er sich für FAYAT. Vorsorglich stellte er seinen Kandidaten auf die Probe : Er soll doch einmal das von ihm aus der Schweiz mitgebrachte Buch von C.S. analysieren (3). Rückblickend seufzt FAYAT : « ... Wie es mir überhaupt gelungen ist, diese Arbeit in wenigen Wochen fertigzustel-

len, während ich doch im Militärlager intensiv ausgebildet wurde, ist mir jetzt ein Rätsel. » (4) Jedenfalls lag KAECKENBEECK am 10. August 1942 die erbetene Analyse vor, die dieser in Kreisen der belgischen Exilregierung zirkulieren ließ, ohne ihre Ducklegung zu beantragen.

Erst als FAYAT zur Mitarbeit an der Festschrift für seinen Genter Kollegen Robert SENELLE (geb. 1918) aufgefordert wurde, entsann er sich wieder seiner früheren Leistung. Da die Analyse, der damaligen Lage entsprechend in französischer Sprache abgefaßt worden war, übertrug er sie in seine Muttersprache und gab ihr einen zeitgemäßen Titel mit auf den Weg (5). Für die Abdruckgenehmigung der Originalfassung bin ich Herrn Minister a.D. FAYAT zu aufrichtigem Dank verpflichtet. Die Schrift C.S.s ist bekanntlich in der britischen Presse keineswegs mit Stillschweigen übergangen worden (6), aber m.W. war bislang nicht bekannt, daß sogar Exilregierungen sie zur Kenntnis genommen haben. – Ich habe den Gelegenheitstitel – übersetzt – übernommen und meine Fußnoten mittels der Sigle (PT) gekennzeichnet.

P.T.

*
**

Le titre donne, en fait, le schéma de cet opuscule. Carl SCHMITT y propose, comme texture nouvelle du droit des gens – en place des Etats souverains et égaux en droit, – de grands espaces *(Großräume),* ordonnés et organisés sous la direction d'Empires (*Reiche*) dont la puissance rayonne dans chacun d'eux, à l'exclusion de toute autre puissance étrangère à cet espace *(mit Interventionsverbot für raumfremde Mächte).*

On voit immédiatement les questions que fait surgir pareille propositon. Qu'est-ce qu'un « Großraum » ? Qu'est-ce qu'un « Reich » ? Quelle est la portée de l'« Interventionsverbot » ?
Nous ne résumerons pas l'auteur en essayant de le suivre parmi les exemples de « Principes d'espace » *(Raumprinzipien)* dont il dit qu'ils sont impropres ou dépassés : sphères d'intérêt, équilibre des puissances, frontières naturelles, droit à l'espace basé sur la démographie, ententes régionales (pp. 6 à 12).

L'exemple le plus typique d'un « Großraum » existant résulte de la doctrine de Monroe (pp. 12 à 22). Car SCHMITT la compare avec un autre exemple fameux, mais qu'il qualifie d'impropre : le principe de la sécurité des voies de communication de l'Empire britannique.

La doctrine de Monroe – pour autant qu'on en écarte l'impérialisme qu'elle a justifié à certains moments (bien connu sous les noms de « dollar diplomacy » ou « Caribean policy ») et la politique d'intervention universelle que M. WILSON a basé sur elle – serait un véritable « Großraumprinzip ».

SCHMITT en donne trois raisons. Elle s'applique aux Amériques, il s'agit donc d'un espace contigu et défini. Elle exprime une idée politique nouvelle : faire échec aux puissances du statu quo, à la Sainte-Alliance de la légitimité monarchique. Elle proclame la défense d'intervention des puissances étrangères à cet espace.

Par contre, le principe de la sécurité des voies de communication de l'Empire britannique (pp. 22 à 23) ne serait pas un principe de grand espace. Cet Empire est un « Streu-Besitz » : il est composé de morceaux épars aux quatre coins du monde. Dès lors, une obligation de non-intervention résultant de ce principe pour les autres puissances, se traduit, pour la Grande-Bretagne, en une politique d'intervention universelle. Par ailleurs, ce principe ne sort pas une idée politique nouvelle, mais tend purement et simplement au maintien du statu-quo.

SCHMITT termine cette discussion par une phrase qui met en évidence un point essentiel de son raisonnement :

« Unsere Erörterung der Monroedoktrin und ihres Gegenbeispiels, des Grundsatzes der Sicherheit der Verkehrswege des Britischen Weltreiches, sollte die Verschiedenheit eines in konkreten Großräumen gedachten Völkerrechts gegenüber einem universalistisch-humanitären Weltrecht zum wissenschaftlichen Bewußtsein bringen (p. 29) (7).

Pour résumer sa thèse en formule, il cite le titre d'un ouvrage d'un autre auteur allemand « Völkerbundsrecht gegen Völkerrecht » (Carl Bilfinger, Schriften der Akademie für Deutsches Recht, Gruppe Völkerrecht, nr. 5, München (1938) (8).

Par un exemple habilement présenté et analysé (Minderheiten – und Volksgruppenrecht im Mittel – und Osteuropäischen Großraum – pp. 29 à 35) – Carl Schmitt étaie sa thèse de l'impuissance, voire de la nuisance d'un droit des gens à tendance universelle, basé sur des principes libéraux et humanitaires. Pourquoi la protection des minorités est-elle restée confinée à une seule région dans le monde : l'Europe Centrale et Orientale ? Pourquoi sont-ce les puissances occidentales, les vainqueurs de 1918 qui, par le jeu des traités de protection des minorités et par le mécanisme de la Société des Nations, s'arrogèrent le droit de s'immiscer dans les affaires de cette région ? Si l'application de principes de valeur universelle (dans la doctrine libérale) a été – en contradiction avec cette doctrine - restreinte à une région déterminée, c'est parce que, pour certaines raisons, on a estimé que les problèmes relatifs à l'organisation étatique de cette région étaient différents de ceux des autres régions du monde. L'Allemagne est du même avis. Mais elle est logique jusqu'au bout lorsqu'elle affirme que le soin de traiter ces problèmes ne rélève pas de puissances étrangères à cette région. Ce soin doit être confié à la puissance prépondérante de cette région, le Reich allemand, à l'exclusion des autres puissances.

On voit ici la portée purement politique de cette analogie. Elle tend a fournir – par le principe des grands espaces – une justification théorique, pseudo-scientifique des vues expansionnistes des chefs de la Grande-Allemagne. Cette préoccupation s'avère nettement dans un passage caractéristique, extrait d'un chapitre suivant :

« Der Gedanke eines zu den Trägern und Gestaltern eines neuen Völkerrechts gehörenden Deutschen Reiches wäre früher ein utopischer Traum und das auf ihm aufgebaute Völkerrecht nur ein leeres Wunschrecht gewesen. Heute aber ist ein machtvolles Deutsches Reich entstanden. Aus einer schwachen und ohnmächtigen ist eine starke und unangreifbare Mitte Europas geworden, die imstande ist, ihrer großen politischen Idee, der Achtung jedes Volkes als einer durch Art und Ursprung, Blut und Boden bestimmten Lebenswirklichkeit, eine Ausstrahlung in den mittel- und osteuropäischen Raum hinein zu verschaffen und Einmischungen raumfremder und unvölkischer Mächte zurückzuweisen. Die Tat des Führers hat dem Gedanken unseres Reiches politische Wirklichkeit, geschichtliche Wahrheit und eine große volkerrechtliche Zukunft verliehen ». (p. 49) (9).

Devant l'échec de la S.D.N., la science juridique allemande doit donc, selon SCHMITT, faire triompher une conception nouvelle du Droit des Gens, qui s'opposera à l'utopie d'une organisation universelle. D'autre part, il faut en finir avec la notion surannée d'Etats souverains.

Contre cette souveraineté traditionnelle, obstacle à tout progrès véritable dans les relations internationales, Carl Schmitt développe plusieurs arguments (pp. 35 à 49). ** Il convient de relever la façon dont il critique le principe de l'égalité des Etats dans la doctrine de la souveraineté (pp. 40 à 52). Cette préoccupation est à la base de toute la conception politique du national-socialisme dans le domaine international. En lieu et place des relations traditionnelles entre Etats, la science juridique allemande doit faire triompher la notion de grands espaces dans lesquels domineront les idées et les principes qui résultent de la conception du monde («weltanschauliche Ideeën und Prinzipien ») qu'auront leurs « Reiche » respectifs. De chaque espace, l'intervention de puissances qui y sont étrangères sera exclue. Le garant et le protecteur de chaque espace sera un peuple qui se montre à la hauteur de sa tâche (p. 47).

Incidemment, on peut encore remarquer que – selon SCHMITT – ne sont dignes d'être reconnus comme Etats que les peuples qui sont non seulement en mesure de se créer un appareil étatique moderne, mais encore les rares peuples qui sont à même de faire face à la guerre moderne de matériel par leurs propres moyens techniques et industriels.

On voit déjà ce qu'il y a de rétrograde dans une conception politique qui s'attaque, de cette manière, à la thèse de l'universalité du Droit des Gens et qui – au travers d'une critique de la souveraineté – étatique – vise, en fait, à justifier l'hégémonie de quelques « Herrenvölker ».

Mais, à ne s'en tenir qu'aux idées, on pourrait avoir une hésitation.

N'est-il pas vrai, quelque dépit qu'on en ait, que la S.D.N. et les principes universels du Droit des Gens ont été tournés en dérision par ceux-mêmes qui en étaient les protagonistes ? Quelle meilleure preuve, direz-vous, de l'impuissance de ces principes à donner la paix au monde.

N'est-il pas vrai que le dogme de la souverainité et de l'égalité des Etats a été une des causes majeures de cette impuissance ? Que malgré ce dogme il y a toujours eu de grands Etats et des petits, des puissants et des faibles. Que c'est un non-sens, entre autres exemples, que les deux inventions qui semblaient appelées à supprimer les frontières : l'avion et la radio, n'ont pu échapper à la camisole de la souveraineté territoriale ? (pp. 45-46).

N'est-il pas vrai que, malgré la découverte du monde extra-européen depuis la fin du 15e siècle, la paix du monde est en réalité liée à la paix européenne – et l'est même encore de plus en plus à mesure que le monde se trouve plus strictement partagé et occupé (pp. 55-58). Or, cette Europe est restée lamentablement divisée. Depuis 1648, c'était même un principe admis et consacré que la paix, basée sur l'équilibre des puissances, réclamait une Europe centrale morcelée. N'en déplaise aux manes de BAINVILLE, l'Europe centrale est irrévocablement unifiée (p. 43 et p. 49) (10).

Dès lors, la formule des grands espaces n'apporte-t-elle pas la solution ?

SCHMITT ne dresse pas la liste de ces grands espaces. Il affirme que l'Allemagne doit organiser l'Europe centrale et orientale (il n'en donne pas la frontière Est). On peut induire de son texte qu'il considère les deux Amériques comme un autre grand espace organisé sous la direction des Etats-Unis. Pour le reste du monde, on ne peut rien inférer de son texte.

Mais la formule est séduisante en elle-même. Elle répond à des besoins économiques de plus en plus pressants : l'organisation de vastes marchés intérieurs capables d'absorber sans entraves douanières la production des mastodontes de l'organisation industrielle contemporaine.

Il est curieux de remarquer, cependant, que SCHMITT insiste fort peu sur cet aspect positif de la question. Il en parle au début (pp. 4-6) et n'y revient pratiquement plus par la suite.

C'est que le nœud est ailleurs. Il se trouve en effet, dans la défense d'intervention pour les puissances étrangères à un grand espace donné.

Ici les faits sont décisifs pour démontrer l'impraticabilité du système de SCHMITT.

L'auteur néglige de mettre en évidence que l'obligation de non-intervention pour les puissances étrangères à un grand espace donné a pour corollaire le pouvoir discrétionnaire d'action du « Reich » compétent dans cet espace.

On sait déjà la portée de ce corollaire dans le cas du Reich allemand et de son espace vital. On sait les tortures morales et physiques que la « puissance d'organisation de ce 'Reich' rayonnant dans le grand espace de l'Europe centrale et orientale signifie pour les peuples que 'leurs propres moyens techniques et industriels n'ont pas mis à la hauteur des prestations qu'exige la guerre moderne de matériel. »

C'est par là que pèche doublement son système.

D'une part, par l'inconscience dont il fait preuve à l'égard du cynisme de cette politique. SCHMITT cite, l'un après les autres, sans broncher, à l'appui du soi-disant respect dont le grand Reich allemand témoigne à l'égard des autres nations (*sic !*) : les déclarations germano-polonaises d'amitié du 5 novembre 1937 et le traité germano-russe du 28 septembre 1939 partageant la Pologne (voir la très ahurissante page 34).

Et depuis, il y a eu le 22 juin 1941, la « Ostlandpolitik » et les déportations massives, projetées ou commencées : Alsace, Hollande, etc...

D'autre part, l'ignorance par l'auteur d'une force – bien faible peut-être – mais toujours vivace : la conscience universelle. Un système politique qui se base trop sur les seules forces morales courra naturellement à un échec. Les prophètes désarmés périront, a dit très justement MACHIAVEL. S'ils n'organisent pas leur vie pour éviter que certains de leurs propres penchants ne tournent en dérision leurs principes, les êtres vertueux feront dire par les autres que la vertu est une farce. Mais, par contre, les cyniques qui croient pouvoir piétiner toute morale, se trompent tout autant. On n'empêchera pas l'individu d'exiger des garanties pour le respect de sa personnalité. On n'empêchera pas que les protestations de ceux qu'un Grand Reich opprime trouvent écho non seulement hors de son territoire propre en tant qu'Etat, mais même au-delà des frontières d'un grand espace qu'il s'adjuge, si vaste cet espace soit-il.

***

Le moment est venu de conclure – et de le faire sur le terrain juridique.

Le système proposé est jusqu'à présent un « Wunschrecht », quoi qu'en dise C. SCHMITT.

Il est basé sur trois notions :

Le Reich est un grand groupement humain qui a su se donner une organisation étatique moderne et qui sait résister victorieusement, par ses propres moyens techniques et industriels, aux épreuves de la guerre moderne de matériel. La puissance économique et culturelle rayonne au-delà des frontières de son territoire en tant qu'Etat. Elle a pour terrain naturel d'expansion un Grand Espace. Les rapports de droit international entre un Reich et son Grand Espace, d'une part, et les autres « Reiche » et leurs Grands Espaces, d'autre part, sont dominés par le principe de non-intervention de chaque Reich, Etat ou Peuple quelconque dans tout Grand-Espace qui n'est pas le sien.

I. La situation comme « Reich » au sein d'un Grand Espace, l'étendue de cet espace et la défense d'intervention pour autrui sont basées sur des déclarations unilatérales du Reich considéré. Cela résulte de la référence à la doctrine de Monroe (elle-même une déclaration unilatérale de politique internationale de la part du Gouvernement des Etats-Unis), de la terminologie concernant la non-intervention (Interventionsverbot) et de tous les commentaires relatifs à la place que le Reich allemand a conquise de haute lutte (et maintiendra de même apparemment) au sein du Grand Espace de l'Europe centrale et orientale. La base du système étant donc unilatérale dans le chef de chaque Reich, sa consécration juridique résultera soit d'une reconnaissance expresse ou non de la part des autres Etats, soit d'un état de fait permanent.

C'est pourquoi la situation du Reich allemand au sein de son Grand Espace restera – jusqu'après une victoire hypothétique des armées allemandes – basée sur un simple « völkerrechtliches Wunschrecht ». Il faut préférer à cela un système contractuel, comme l'était celui du Pacte de la S.D.N.

II. La conception du Reich et de son grand Espace à l'exclusion du principe de non-intervention, n'est guère nouvelle. Les empires coloniaux répondent, semble-t-il, à cette notion. Pourquoi toute cette terminologie nouvelle un peu mégalomane, si ce n'est :

1) pour tenter de justifier l'injustifiable défense d'intervention ;

2) pour tenter de consacrer en droit une politique de colonisation, de tutelle, de domination, – le mot importe peu, il sera toujours en deçà de la réalité forgée par le régime nazi – en une région du monde où les peuples qui l'habitent ont été, depuis le recul de la puissance turque, en lutte incessante pour leur indépendance. On en lit l'aveu presque larmoyant en la

page 54 :

« Preußen war die einzige Großmacht, die nur Staat war und, wenn sie sich räumlich vergrößerte, dieses nur auf Kosten von Nachbarn tun konnte, die der europäischen Völkerrechtsgemeinschaft bereits angehörten. »

« Dadurch war es leicht, Preußen in den Ruf des Friedensstörers und brutalen Machtstaates zu bringen, obwohl sein Raum im Vergleich zu dem der anderen Reiche klein und bescheiden war. » (11)

Cette conception nous paraît fausse sous cet angle.

Mais le « Grand Espace » est peut-être une notion très intéressante au point de vue économique, en ce sens qu'il permettrait de créer de grands marchés intérieurs permettant de rationaliser l'organisation industrielle, de promouvoir le développement de certaines régions, d'adapter les moyens de communication au conquêtes de la technique, etc...

Il y a, à ce sujet, une littérature passionnante aux Etats-Unis (cf. This Chemical age) (Les publications « International Conciliation », etc...).

III. Pour les rapports entre Grands Espaces, l'« Interventionsverbot » doit être radicalement rejeté. Au contraire, à mesure que par l'économie dirigée, par l'incorporation de la masse dans des organisations sociales de plus en plus multiples et diverses, par l'accroissement de la puissance publique qui résulterait de la création même de Grands Espaces, le besoin de protection de certains droits individuels deviendra plus pressant, au lieu d'écarter, comme C. SCHMITT, toute possibilité d'intervention, il faudra reprendre et perfectionner certaines techniques d'intervention internationale (Cour permanente de Justice internationale, Bureau international du Travail, Statut des Minorités, Mandats coloniaux) et faire en sorte qu'elles assurent plus directement contre la puissance publique une protection efficace de quelques droits essentiels de la personne humaine.

En campagne dans le Royaume-Uni,
le 10 août 1942
H. Fayat.

** On pourrait rappeler ici quelques-unes des grandes controverses sur la notion de l'Etat dans l'Etat fédéral (cf. CARRÉ DE MALBERG *versus* LE FUR) (12).

---

(1) (PT) Vgl. die Kurzbiographie von Manu RUYS (geb. 1924), « FAYAT, Hendrik », *Encyclopedie van de Vlaamse Beweging,* Tielt/Utrecht : Lannoo, 1973, Band 1 = 902 S. ; dort S. 498-499 (mit Bild). Sie vermag freilich die persönlichen Erinnerungen FAYATs nicht

zu ersetzen : *Niets is voorbij,* Antwerpen : Standaard Uitgeverij, 3 Bände = 1983-88.

(2) (PT) Vgl. G. KAECKENBEECK, *The International Experiment of Upper Silezia. A Study in the Working of the Upper Silezian Settlement, 1922-1937,* London : Oxford University Press, 1942, XXXIX-867S.

(3) (PT) Es handelte sich um C.S., *Völkerrechtliche Großraumordnung mit Interventionsverbot für raumfremde Mächte. Ein Beitrag zum Reichsbegriff im Völkerrecht,* Berlin : Deutscher Rechtsverlag, (1939) [3] 1941, 59 S. Angesichts der Tatsache, daß C.S. jede Ausgabe ergänzt hat, ist es wichtig im Auge zu behalten, daß FAYAT die dritte benutzte.

(4) (PT) H. FAYAT, *Niets is voorbij,* Antwerpen : Standaard Uitgeverij, 1983, 408 S. ; dort S. 237.

(5) (PT) a) H. FAYAT, « Beschouwingen van augustus 1942 over een voorloper van de Brezjnev-leer : Carl Schmitt's 'Völkerrechtliche Großraumordnung' », S. 1-8 in Edgard VAN DE VELDE en R. DE MEYER (Hrsg.), *Liber amicorum Robert Senelle. Vraagpunten van publiek recht,* Brügge : Die Keure, 1986, XVIII-482 S.

(PT) b) Bei der Breschnjew-Doktrin handelt es sich um die von westlichen Kommentatoren erfundene Bezeichnung der sowjet-russischen Rechtfertigung der 1968 mit militärischen Mitteln durchgeführten Ausschaltung der von Josef DUBČEK (geb. 1921) geleiten tschechoslowakischen Regierung. In seiner Ansprache an den 5. Kongreß der polnischen kommunistischen Partei (Warschau, den 12. November 1968) begründete Generalsekretär Leonid BRESCHNJEW (1906-1982) die Intervention mit der These der Selbstverteidigung der sozialistischen Gemeinschaft als Ganzes (also die Sowjet-Union und die verbündeten Staaten) gegen in – und ausländische Feinde.

(6) (PT) « Germany to Proclaim a 'Monroe Doctrine' », *The Daily Mail,* 5. April 1939 ; « Germany's Goal », *The Times,* 5. April 1939, S. 14. Es handelte sich um Berichte Berliner Zeitungskorrespondenten ; sie betrafen den Vortrag, aus dem die Schrift hervorgegangen ist.

(7) C.S., *op. cit.* (FN 3), S. 29. Die Unterstreichungen stammen von Herrn FAYAT.

(8) (PT) Carl BILFINGER (1879-1958), *Völkerbundsrecht gegen Völkerrecht,* München : Schweitzer, 1938, 43 S., Nr. 5 in der Reihe 'Schriften der Akademie für Deutsches Recht'.

(9) (PT) C.S., *op. cit.* (FN 3), S. 49.

(10) (PT) Gemeint ist Jacques BAINVILLE (1879-1936), der Historiker aus dem Umkreis von Charles MAURRAS (1868-1952) und der 'Action Française'. Über ihn, vgl. W. KEYLOR, « Clio et le Roi. Jacques Bainville et la doctrine historique de l'Action Française », *Etudes maurrassiennes,* Nr. 3, 1974, S. 97-106.

(11) (PT) C.S., *op. cit.* (FN 3), S. 54.

(12) (PT) Gemeint sind die bedeutenden französischen Rechtsgelehrten Louis Érasme LE FUR (1870-1943) und Raymond CARRÉ DE MALBERG (1861-1935).

GOTTFRIED NEEßE †

Die Hauptlehren des deutschen Verfassungsrechts in graphischer Darstellung

Nach seinem Studium in München und Leipzig (1930-33) und der großen juristischen Staatsprüfung trat der aus dem Vogtland stammende Gottfried NEEßE (1911-1987) im Herbst 1937 in den höheren Verwaltungsdienst ein. 1938-42 bearbeitete er staatsrechtliche Fragen, zunächst im Stab des « Stellvertreters des Führers », später beim « Leiter der Parteikanzlei ». Gegen seinen Willen wurde er erst im Januar 1942 zu den Waffen eingezogen, aber nach seiner Verwundung in Rußland in den Zivildienst abkommandiert : 1944 war er Stadtrat in Leipzig, und nach der Zerstörung Dresdens leitete er dort im Februar-März 1945 den Wiederaufbau der Stadtverwaltung. Im April 1945 wurde er wieder Soldat und geriet in Schleswig-Holstein in britische Kriegsgefangenschaft, von wo aus man ihn im August 1945 nach Süddeutschland entließ. Bis Herbst 1948 verdiente er den Unterhalt seiner wiedervereinten Familie als Landarbeiter auf einem Hof. Danach arbeitete er hintereinander als Werbeleiter eines Maschinenbau-Unternehmens (1948-49), als Geschäftsführer und Dozent des Werbewissenschaftlichen Instituts in München (1949-51) und als Leiter des Münchner Kommunalschriftenverlags Jehle (1951-56). Im Februar 1956 konnte er in die Verwaltung zurückkehren, indem ihm die « Bayerische Versicherungskammer » in München für 17 Jahre zur beruflichen Heimat wurde. Seine drei letzten Berufsjahre (1983-86) verbrachte er in der « Vereinigten Krankenversicherung ». Bis zu seinem Tod war er mit der Deutung altgriechischer Werke beschäftigt ; eine Arbeit über die Fragmente HERAKLITs konnte er leider nicht mehr vollenden.

NEEßE war von frühen Jahren an ein überzeugter Verfechter des autoritären Staates und ein konsequenter Nationalist. So erklärt sich sein Einsatz für das Dritte Reich ; so erklären sich erst recht Inhalt und Duktus seiner damaligen Schriften, insbesondere :

- *«Partei und Staat», Hamburg : Hanseatische Verlagsanstalt, 1936, 102 S., Nr. 20 in der Reihe 'Der deutsche Staat der Gegenwart' ;*

– *« Führergewalt. Entwicklung und Gestaltung der Hoheitlichen Gewalt im Deutschen Reich », Tübingen : Mohr, 1949, 59 S.*

In diesem Zusammenhang sei hingewiesen auf einen von der Forschung unbeachtet gebliebenen Aufsatz, der erschienen ist im Führerorgan der Hitlerjugend « Wille und Macht », 4. Jahrg. Nr. 11, 1 Juni 1936, S. 1-7. Sein Nachdruck in diesem Band wurzelt in meiner Überzeugung, daß er die Diskussion über den Vorwurf, C.S. sei der Kronjurist des Dritten Reiches gewesen, unter Umständen fördern kann. Aus ihm geht einwandfrei hervor, daß es eigentlich nie ein NS-Verfassungsrecht gegeben hat, vielmehr auch in dieser Hinsicht die Entscheidung keineswegs gefallen war.

Ich bedanke mich bei Frau Beate NORBERG, geb. NEEßE, für die Abdruckgenehmigung, sowie für die reichhaltigen biographischen Informationen. Fußnoten erübrigen sich, aber es ist wohl nützlich, die von NEEßE erörterten Publikationen zu präzisieren :

– *C.S., « Staat, Bewegung, Volk. Die Dreigliederung der politischen Einheit », Hamburg : Hanseatische Verlagsanstalt, (1933) ²1934, 46 S., Nr. 1 in der Reihe 'Der deutsche Staat der Gegenwart' ;*

– *Otto KOELLREUTTER (1883-1972), « Deutsches Verfassungsrecht. Ein Grundriß », Berlin : Junker & Dünnhaupt, 1935, XII-199 S. ;*

– *Reinhard HÖHN (geb. 1904), « Die Wandlung im staatsrechtlichen Denken », Hamburg : Hanseatische Verlagsanstalt, (1935), 97 S., Nr. 16 in der Reihe 'Der deutsche Staat der Gegenwart' ;*

– *Ernst Rudolf HUBER (1903-1990), « Wesen und Inhalt der politischen Verfassung », Hamburg : Hanseatische Verlagsanstalt, 1945, 97 S., Nr. 16 in der Reihe 'Der deutsche Staat der Gegenwart'.*

Wie sich aus dieser Liste ergibt, ist nur das Buch von KOELLREUTTER nicht in der von C.S. herausgegebenen Schriftenreihe 'Der deutsche Staat der Gegenwart' erschienen. Das hängt wohl damit zusammen, daß KOELLREUTTER zeitlebens eine Art Anti-C.S.-Affekt gepflegt hat. Jedenfalls war der Gegensatz bereits Gegenstand eines lesenswerten Aufsatzes eines sich hinter der Sigle K.L. (es handelt sich nicht um den C.S.-Doktorand Karl LOHMANN, geb. 1901, wie dieser mir unter dem 4. Dezember 1989 schriftlich versicherte) verbergenden Kenners : « Carl Schmitt und Otto Koellreutter. Deutungen des nationalsozialistischen Staates », in : « Junge Front », 3. Jahrg. Nr. 4 und Nr. 6, 28. Januar und 11. Februar 1934, jedesmal S. 7. Nicht von ungefähr notierte C.S., nach einem Besuch bei seinem Jenaer Kollegen, am 12. April 1933 in sein Tagebuch : « ... Koellreutter ist national und liberal, versteht aber nichts von meinen Büchern ». Eine eingehende Behandlung der hier nur angedeuteten Animosität

Zu guter Letzt sei noch erwähnt, daß C.S.s. Schrift « Staat, Bewegung, Volk » auch von ausländischen Autoren zur Kenntnis genommen wurde. Herr Günter MASCHKE machte mich neulich noch aufmerksam auf das Buch des Engländers Harry Powys GREENWOOD : « The German Revolution », London : Routledge & Sons, 1934, XIII-334 S. Dieser Zeitzeuge hat Gespräche mit C.S. geführt ; deswegen sind seine Informationen wichtig, z.B. über den Kriegsbegriff (S. 274-275) und über die deutsche Justiz (S. 316).

P.T.

1

Die Worte sind im Laufe der Jahrhunderte immer vieldeutiger geworden. Vor allem in der wissenschaftlichen Erörterung hat die Fragwürdigkeit der Begriffe, der Mangel einer eindeutigen Ausdrucksmöglichkeit mehr Zersplitterung verursacht, als die Uneinheitlichkeit geistigen Wollens und geistiger Haltung.

Aus diesem Grundgedanken heraus entstand der Plan, die großen Lehren unseres gegenwärtigen Verfassungsrechtes, die sich mit dem Aufbau des Reiches befassen, zeichnerisch darzustellen. Dabei wird nicht verkannt, daß eine solche Darstellung nur die organisatorisch-technische Problematik, nicht aber die innerste wissenschaftliche Bedeutung einer Lehre aufzeigen kann. Außerdem : eine Verdeutlichung wird immer eine Vergröberung, eine Versinnbildlichung meist eine Versimpelung sein. In letzter Folgerichtigkeit ist nur ein rational ausgeklügeltes Verfassungsschema, nicht aber eine organisch wachsende Verfassungswirklichkeit darzustellen. Trotzdem lohnt die Mühe solcher Betrachtung.

In welchem Umfange der Versuch, die Hauptlehren des deutschen Verfassungsrechtes graphisch darzustellen, Klärung und Förderung der wissenschaftlichen Auseinandersetzung bedeutet, wird sich in der Zukunft zu erweisen haben. An uns ist es, kein Mittel, keine Möglichkeit außer acht zu lassen, die zur Klarheit beizutragen und nationalsozialistische Scheinsiege in der Wissenschaft unmöglich zu machen oder doch wenigstens zu erschweren vermag.

2

I. 'Staat' als Dreigliederung der politischen Einheit
Die Lehre Carl Schmitts

1. a) Das Einheitsgefüge des politischen Gemeinwesens (mit ===== umrandet) wird gewöhnlich als ‘Staat’ bezeichnet. ‘Staat’ als Bezeichnung des Einheitsgefüges ist hier im weiteren Sinne zu verstehen.

   b) Dieses Einheitsgefüge ist in drei ‘Ordnungsreihen’ gegliedert, in Staat, Bewegung Volk (S, B, V), die unterschieden, aber nicht getrennt, verbunden, aber nicht verschmolzen sind. ‘Staat’ als Bezeichnung der einen Ordnungsreihe ist hier im engeren Sinne zu verstehen.

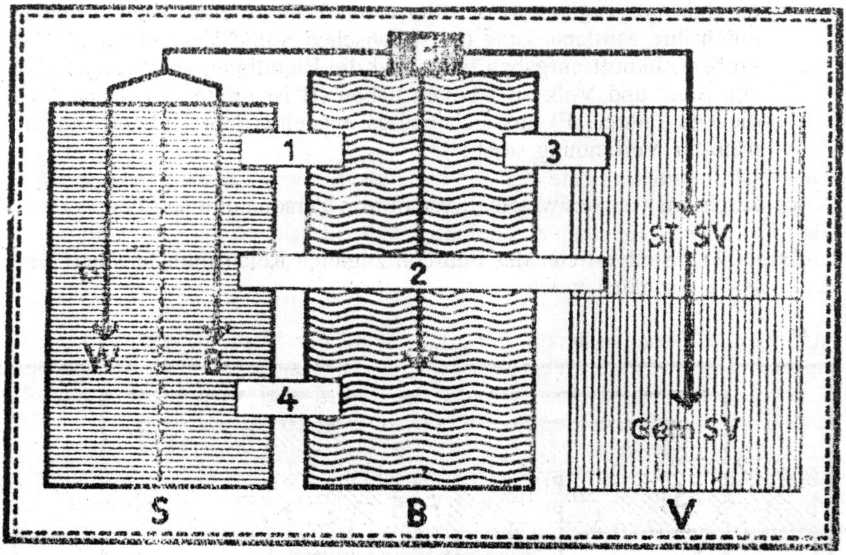

2. Die drei Ordnungsreihen sind verschieden geartet. Staat und Bewegung sind die beiden politischen Faktoren des Gemeinwesens (starke Umrandung). Der Staat, bestehend aus Behörden- und Wehreinrichtungen (W, B), ist die politisch-statische Macht, das Element der Stetigkeit (waagerechte Strichelung), die Bewegung, bestehend aus der NSDAP, ihren Gliederungen und angeschlossenen Verbänden, ist die politisch-dynamische Macht, das Element der Lebendigkeit und ständigen Erneuerung (horizontale Wellenlinien). Das Volk ist die unpolitische Macht (schwache Umrandung), der in Schutz und Schatten der politischen Mächte wachsende Bereich der ständischen und gemeindlichen Selbstverwaltung (StSV, GemSV).

3. Die Einheit wird gewährleistet:

a) durch den Führer, der in Artgleichheit mit seiner Gefolgschaft unmittelbar über Staat und Bewegung und Volk hoheitliche Gewalt ausübt (→);

b) durch die nationalsozialistische Bewegung, die ideell Staat und Volk trägt und damit die beiden anderen Ordnungsreihen mit ihrem Wesen durchdringt; organisatorisch Staat und Volk zu einer Einheit bindet durch ihre Mittlerstellung (B ist zwischen S und V gezeichnet); die großen Zukunftsaufgaben weist und die Richtlinien angibt, nach denen Staat und Volk zu arbeiten haben (B ist größer als S und V); die den Führer (F) aus sich heraus entstehen läßt und mit ihm in nächster Verbindung steht;

c) durch ein weitverzweigtes System von Personalunionen (▭):

Bsp. (1): Stellvertreter des Führers, zugleich Reichsminister ohne Geschäftsbereich;

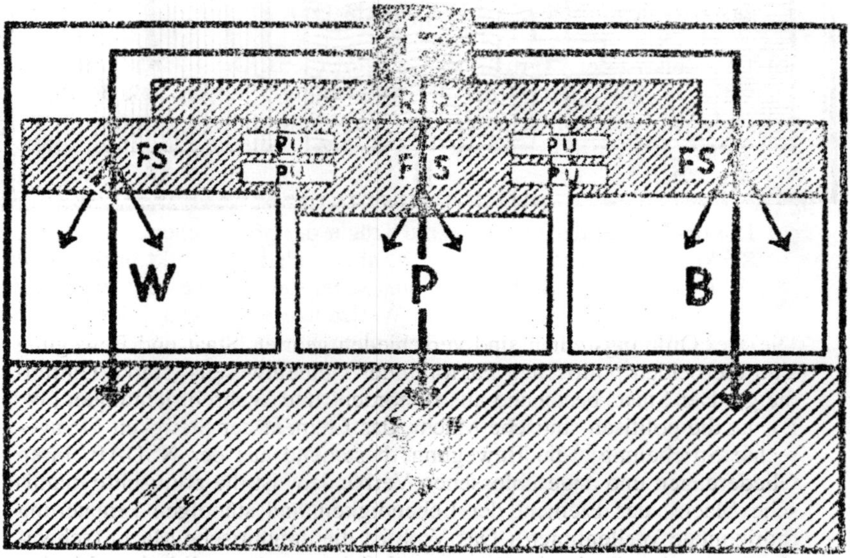

Bsp. (2) : Reichsernährungsminister, Reichsleiter der NSDAP, außerdem zugleich Reichsbauernführer ;

Bsp. (3) : Reichsorganisationsleiter der NSDAP, zugleich Reichsleiter der DAF ;

Bsp. (4) : Reichsstatthalter, zugleich Gauleiter der NSDAP usw.

vgl. dazu Carl Schmitt : 'Staat, Bewegung, Volk', Hamburg 1934.

II. Der deutsche Führerstaat Die Lehre Koellreutters

1. Das deutsche Gemeinwesen wird am besten mit dem Worte 'Deutscher Führerstaat' bezeichnet (stark umrandet). Er faßt in sich das Volk (V), seine Spitze bildet der Führer (F). 'Staat' ist Bezeichnung des ganzen Gemeinwesens, nicht eines Teiles.

4

2. a) Der Führer bedient sich dreier Mittel zur Durchsetzung seines Willens. Die drei Mittel der politischen Führung sind : die NS Partei (P), das Beamtentum (B), die Wehrmacht (W).

   b) Das Volk ist der Urgrund des Gemeinwesens. Der Führer ist mit ihm wesensgleich (gleiche Art der Strichelung), jedoch faßt er Wesen und Wert des Volkes in stärkster Zusammenballung in sich : er verkörpert als einzelner Mensch das ganze Volk (verschiedene Stärke der Strichelung).

   c) Die drei Mittel der Führung sind Träger der öffentlichen Verwaltung. Sie sind in der Art unterschieden, aber einheitlich wirkt in ihnen der Wille des Führers und die nationalsozialistische Idee. Sie sind keine eigenständigen Wesen, sondern Werkzeuge in der Hand des Führers (P, B, W sind zum größten Teil ohne Strichelung).

3. a) Eine für die Einheit des deutschen Führerstaates besonders wichtige Stellung nimmt die Reichsregierung ein (RR), die unmittelbar unter dem Führer steht und die Elemente der Partei (Bsp. Stv. des Führers als Reichsmin. ohne GeschBer. ; Reichsführer des BRSDJ als Reichsmin. ohne GeschBer. usw.), des Beamtentums (Reichsinnemin. ; Reichsfinanzmin, usw.), der Wehrmacht (Reichskriegsmin. ; Reichsluftfahrtmin.) in sich faßt.

   b) Der Einheit dient weiterhin die völkische Führerschicht, die sich heute erst einmal in Partei, Beamtentum, Wehrmacht gebildet hat (FS) und in sich weiter durch vielfältige Personalunionen verbunden ist (PU). Das Schwergewicht der Führerschicht als einer *politischen* Elite liegt in der Partei.

4. a) Alle herrscherliche Gewalt geht vom Führer aus, in dem sich das Volk verkörpert. Er übt sie unmittelbar aus (starke Pfeillinien) oder läßt sie durch Männer seines Vertrauens (schwache Pfeillinien), ausüben, die aber ihre Macht erst aus der des Führers ableiten.

Vgl. dazu Koellreutter: 'Deutsches Verfassungsrecht', 2. Aufl. 1936.

III. Die deutsche Volksgemeinschaft
Die Lehre Höhns

1. Die deutsche Volksgemeinschaft umfaßt den Bereich des Volkes (die Grenzen sind mit 0 kenntlich gemacht), den Bereich der Bewegung (die Grenzen sind mit (Δ) kenntlich gemacht), den Bereich des Führers (mit X kenntlich gemacht). Diese drei Bereiche gehen vollständig ineinander über. Die jeweiligen inneren Abgrenzungen (----) sind höchstens organisatorischer Natur.

2. Bewegung und Volk sind echte Gemeinschaften. Der Führer (F) ist die Spitze der Bewegung und des Volkes.

   a) Führer, Bewegung und Volk sind einheitlich geartet (gleiche Strichelung). Damit entfällt der Begriff des Untertanen.

   b) Führer, Bewegung und Volk sind Erscheinungen der wirklichen Welt. Damit entfällt eine bloße gedankliche Vorstellung wie der Begriff der 'juristischen Person'.

5

3. Von der Gemeinschaft unterschieden ist der Staat (stark umrandet). Der Staat ist keine selbständige Größe (in der Zeichnung dargestellt ohne Strichelung) und völlig umgeben von dem Volke. Die Reichsregierung (mit RR bezeichnetes Rechteck) gehört allein dem staatlichen Bereiche an. Ein Reichsminister, der nicht zugleich in der Bewegung führend ist, ist nur Leiter eines bürokratischen Ressorts.

4. Zwei verschiedene Formen der Herrschaft werden im Führer zur Einheit gebracht. Er *befiehlt* dem Apparate Staat (→) und er *führt* die Gemeinschaften, Bewegung und Volk (--->). In dem Staate wird nur befohlen, in der Bewegung (dem Volke ebenfalls) wird nur geführt.

Vgl. dazu Höhn: 'Die Wandlung im staatsrechtlichen Denken', Hamburg 1934.

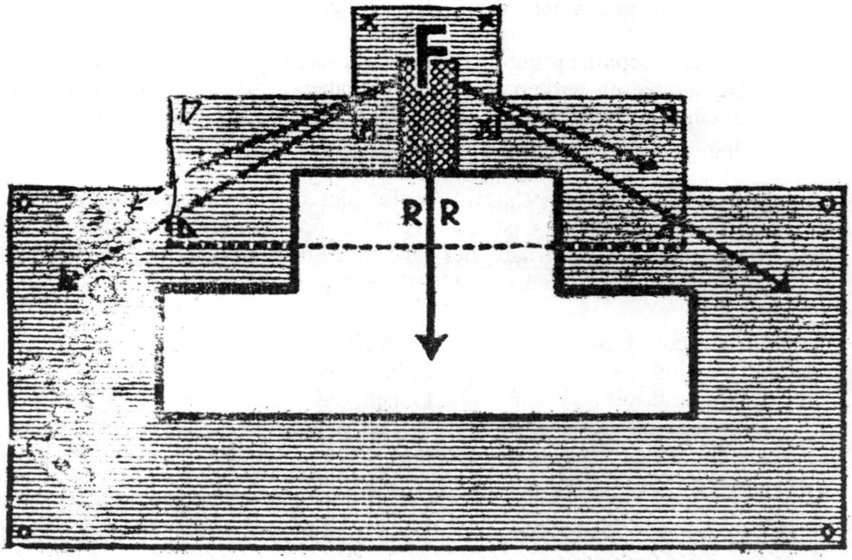

IV. Der Bewegungsstaat Die Lehre Hubers

1. Die politische Verfassung (die starke Umrandung) faßt in sich das Volk – hier Volk im weiteren Sinne 'politisches Volk' (das stark Umrandete), die Volksgemeinschaft.

2. Die vier wesentlichen Verfassungseinrichtungen sind:

   a) Die Führung, die das gesamte Gemeinwesen zu betreuen und zu lenken hat (der mit starker Strichelung versehene Teil). Zu unterscheiden ist der Führer (F) und die Führerschicht (FS).

   b) Die Bewegung (B), die den politischen Willen des Volkes ausstrahlt (die Herrschaftsordnung hat die gleiche Strichelung, wie die Bewegung). Die steht

6

mitten in der Volksgemeinschaft. Sie ist eine Grundeinrichtung der

Verfassung, untersteht daher nicht der Aufsicht eines staatlichen Organs. Das Recht der Bewegung ist eigenes Recht. Da sie dem gesamten Gemeinwesen das ihm eigentümliche Gepräge gibt, heißt das 'in Form gebrachte' Volk 'Bewegungsstaat'.

c) Die Herrschaftsordnung (HO) umfaßt alle hoheitlichen Kräfte, die im Gemeinwesen wirken und Staatsaufgaben erfüllen. Sie ist in sich gegliedert in Wehrordnung (WO), Rechtspflege (RP) und Verwaltungsapparat (VA).

d) Die Volksordnung (VO) – 'Volk' hier im engeren Sinne 'ständisch geordnetes Volk' – ist der Urgrund, auf dem alle anderen Erscheinungsformen innerhalb der großen gegliederten Volksgemeinschaft beruhen. Sie umfaßt das nicht hoheitlich

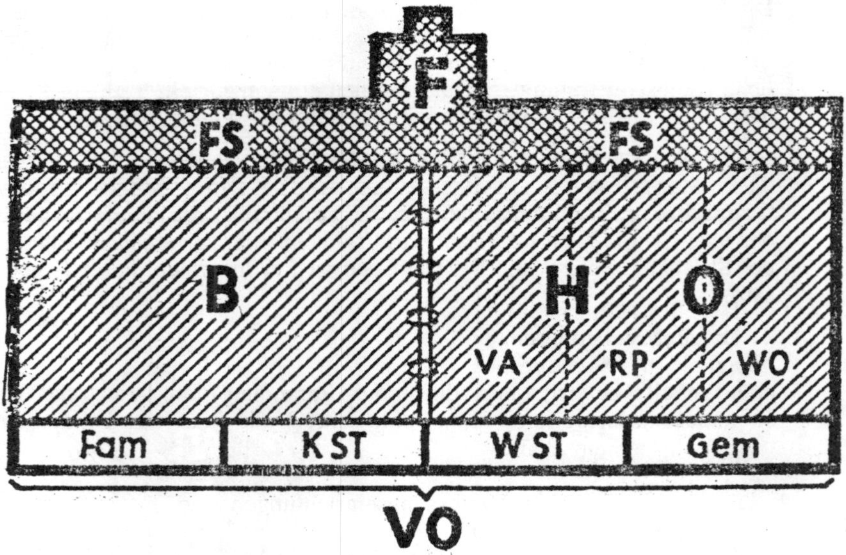

geformte Volk (die Strichelung fehlt). Diese Volksordnung gliedert sich in Familie (Fam), Kulturstand (KSt), Wirtschaftsstand (WSt) und Gemeinde (Gem).

3. Die notwendige 'Einheit von Partei und Staat' (hier B und HO) wird nicht durch gegenseitige Überwachungs- oder Befehlsrechte, sondern durch andere Mittel hergestellt, deren wichtigstes Mittel das System der

Personal- und Realunion ist (Klammern zwischen B und HO).

Vgl. dazu Huber : 'Wesen und Inhalt der politischen Verfassung', Hamburg 1935.

V. Das Gemeinwesen 'Deutsches Reich'

Als eine weitere Deutung erscheint :

1. Das Volkstum ist der Urgrund, aus dem das Volk und damit auch das gesamte deutsche Gemeinwesen wächst.

7

Partei (P) und Staat (S) sind die beiden Lebensformen des Volkes, die beiden hoheitlichen Organisationsformen im deutschen Gemeinwesen. Die Partei umfaßt die NSDAP mit all ihren Gliederungen und angeschlossenen Verbänden (und die ständische 'Selbstverwaltung'), der Staat umfaßt die Behörden – und Wehreinrichtungen (und die gemeindliche 'Selbstverwaltung'). 'Staat' ist heute nur mehr ein Teilbegriff, er dient nicht mehr zur Bezeichnung des gesamten Gemeinwesens.

2. Das Volk ist vorhanden als 'Selbstzweck', wie der Führer sagt. Es hat daher keine festen sachlichen Aufgaben. Die Partei gibt die großen Grundsätze an, nach denen der Staat zu arbeiten hat, da sie die Trägerin der Idee ist, die auch im Staate wirkt (gleiche Art, verschiedene Stärke der Strichelung bei P und S). Der Staat ist frei innerhalb dieser Grundsätze.

Trotz ihrer Verschiedenheit bilden sie im höheren Sinne eine Einheit : sie sind *eines, aber nicht dasselbe :*

a) in ihnen wirkt die gleiche Weltanschauung ;

b) sie dienen beide dem Führer bei der Führung des Volkes ;

c) sie wachsen beide aus dem Volke unmittelbar und formen es zu geschichtlicher Wirkung.

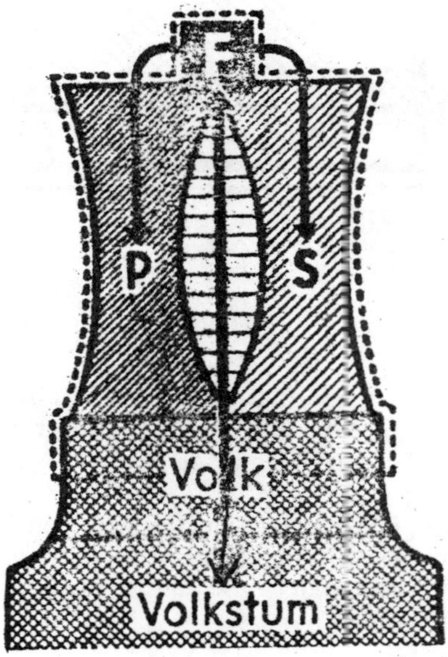

3. Die organisatorische Übereinstimmung von Partei und Staat wird außerdem gewährleistet durch

a) den ‘Alten-Kämpfer-Grundsatz’ ;

b) das System der Personalunion (----

----) ;

c) einzelne Anordnungen des Führers.

4. Der Führer (F) ist die unmittelbare Verkörperung des deutschen Volkstums. Er vollstreckt in bewußter Tat den unbewußten Willen des Volkes (starker Pfleil), indem er ihn an Partei und Staat weitergibt (schwache Pfeile).

5. Das Gemeinwesen ‘Deutsches Reich’ (----) umfaßt das deutsche Volk nicht ganz (Auslandsdeutschtum !). Die Einheit von Volk und Staat wird von der NSDAP verwirklicht. Diese Einheit von Volk und Staat wird als ‘Nation’ bezeichnet. Dieses deutsche Wort Nation (vollendete Übereinstimmung von Volk und Staat) ist zu unterscheiden von dem romanischen Worte ‘nation’ (Identität von Volk und Staat).

PIET TOMMISSEN

BRIEFE AN CARL SCHMITT. EINE ERSTE AUSWAHL

Der im Hauptstaatsarchiv Düsseldorf archivierte literarische Nachlaß von C.S. enthält u.a. etwa 16.000 Briefe, die der Gelehrte im Laufe seines langen Lebens erhalten hat und die gottlob den Wirren der Zeit nicht zum Opfer gefallen sind. Es liegt auf der Hand, daß diese erstaunliche Ernte manche Überraschung in sich birgt. C.S. pflegte überdies von ihm als wertvoll oder interessant betrachtete Briefe als solche zu kennzeichnen und sie sogar in Sammel- oder Sondermappen aufzubewahren. In diesem Beitrag veröffentliche ich einige Briefe, die als kleine Bausteine zu der intellektuellen Biographie des Gelehrten in Frage kommen. Platzmangel erlaubt leider keine umfangreichere Auswahl, aber ich hoffe, in absehbarer Zeit eine zweite Kostprobe zur Verfügung stellen zu können. Dennoch drucke ich diesmal auch noch zwei Briefe in Sachen C.S. ab, die manchen Forscher ohne Zweifel interessieren werden. Sämtliche Briefe werden völlig textgemäß abgedruckt, d.h. die Interpunktion wird jedesmal respektiert und sogar kleinere Fehler werden nicht berichtigt. Die Fußnoten sind von mir angefertigt worden.

I. Paul Adams (1894-1961)

In "Schmittiana I", S. 62 FN 17, habe ich bereits mitgeteilt, daß der körperlich etwas behinderte Paul ADAMS, der als Student über William SHAKESPEARE (1564-1616) und Christian GRABBE (1801-1846) arbeitete und Redakteur der kulturellen Beilage der "Germania" ('Zu neuen Ufern') wurde (seine Theaterkritiken fanden damals Beachtung), sich schon in Bonn mit C.S. angefreundet haben mag, zusammen mit seinem nicht weniger begabten Bruder Alfons ADAMS (1899-1973). Dem konnte ich in "Schmittiana II", S. 111 FN 96, hinzufügen, daß er 1934 beim Rundfunk in München, als Mitarbeiter von Veit ROßKOPF (1898-1976 ; vgl. supra S. 80 FN 8), beschäftigt war. 1945 wurde er entlastet, lebte in Gauting bei München bei einer russischen Fürstin und war in seinen letzten Lebensjahren wegen Krankheit auf finanzielle Unterstützung von Freunden, darunter C.S., angewiesen. Man darf getrost sagen, daß Paul ADAMS C.S. zeitlebens die Treue gehalten hat, ohne jedoch über dessen Schwächen und

Irrtümer blind zu sein. Er bewährte sich auch als väterlicher Freund einiger C.S.-Schüler, an erster Stelle Günther KRAUSS (1911-1989 ; vgl. supra S. 45–51) (1). Umgekehrt hat C.S. für ADAMS stets große Sympathie empfunden und das auch gezeigt (2). Interessantes Detail : In der Bibliothek C.S.s gab es ein Exemplar des postumen Buches von Theodor HAEKKER (1879-1945) : "Tag- und Nachtbücher. 1939-1945" (München : Kösel, 1945, 308 S.) mit dem Besitzvermerk 'Paul Adams' (3).

Paul ADAMS war außerordentlich belesen, musikalisch begabt und mehrsprachig (nach seiner Entlassung bei der 'Germania' verbrachte er einige Monate in Paris). Kein Wunder, daß er für C.S. einen ausgezeichneten Gesprächspartner abgab. Vermutlich hat er C.S. frühzeitig auf die Bedeutung der Ansichten der britischen SHAKESPEARE-Forscherin Lilian WINSTANLEY (1875-?) hingewiesen (4). Daß er mit dem amerikanischen Autor Herman MELVILLE (1819-1891) gut vertraut war, sei nur vermerkt (5). Interessant ist ferner ein Hinweis in einem Brief, den er C.S. nach seinem ersten Nachkriegsbesuch unter dem 7. November 1947 zuleitete : « ... Ich denke so gern zurück an die Stunden in Plettenberg und wünsche, wenn Sie den Nomos der Erde schreiben sollten, alles Glück. Wüßten Sie, daß Nomos ursprünglich ein Kultlied des Apollo-Kultus ist ? » Dank der von Herrn Raymond ADAMS, seinem Neffen, anstandslos gewährten Abdruckgenehmigung bin ich in der Lage, zwei Briefe von Paul ADAMS zu veröffentlichen, die mir für die vielseitigen Interessen des Briefschreibers und für sein Verhältnis zu C.S. exemplarisch scheinen.

P.T.

1

16. Dez. 33

Lieber Herr Professor,

ich bin heute nicht dazugekommen, Sie wegen E. Jünger : Stahlgewitter anzutelephonieren. Zu Hause finde ich das Exemplar. Ich danke bestens für die Übersendung (6).

Die Karte von Fischer gebe ich Ihnen hiermit zurück. Seine Beobachtung finde ich ausgezeichnet gut und richtig (7). Ich würde mich sehr freuen, Fischer einmal wieder zu treffen.

Pascal ist in seinem Verhalten symptomatisch für das zweite Stadium der Neuzeit. Das erste dürfte Luther + die Nominalisten heißen ; das zweite Pascal + die Jesuiten ; das dritte Nietzsche + die Liberalen. Es wäre schön, wenn Fischers Aufsatz über Luther & Pascal erschiene.

Das eigentümliche bei all diesen drei grössten Protestierenden ist, dass sie ganz abhängig bleiben von ihren Gegnern. So auch Pascal. Die Beobachtung Fischers ist mir ein neuer Beweis dafür. Das was Balthasar Gracian mit Aufwendung aller Energie als sein Lebensziel erreicht, ein 'politischer Mensch' im Sinne des 17. Jhrds zu werden, das ist Pascal als Ingenium mitgegeben (8). Die Dialectic, das Spielen, die Larve, die Maske, das Schauspielen, die Regie, das beherrscht er mühelos. Darin vollzieht sich seine äussere Tätigkeit. Seine innerste Frömmigkeit heftet er in dem bekannten Zettel in sein Gewand. Die findet man erst nach dem Tode (9).

In allen Gestalten der Neuzeit findet man drei Entscheidungen wieder:

1. den 'politischen' Dualismus: die Ausserwählten sind klug + gut, die andern dumm + böse. Bei den S.J. (*sc.* Jesuiten) mehr rationalist. bei Pascal mehr moralistischer. Ebenso wichtig ist, dass man diese beiden Gruppen schon heute erkennen kann, nicht erst am jüngsten Tage. Auch der Protest gegen diese Dinge wie bei Luther führt auf Umwegen wieder zur Ausgangsposition: Es sind die Esoteriker des schlechthin Bösen.
2. diese Auserwählten sind aber im Grunde einsame Individuen. Bei den Jesuiten sehr herrischbewusste, selbstgewisse + sichere, bei Luther Pascal Nietzsche verzweifelte einsame Individuen; aus dieser Verzweiflung führen gelegentliche 'Gnadenerweise', gefühlte 'Gnaden' heraus. Die Jesuiten nehmen das Spiel, die Regie der Umwelt noch ernst. Bei den [?] Pascal + Nietzsche wird es zur reinen Maske, die heitere Fröhlichkeit + die universelle Humanität.
3. alle Typen der Neuzeit sind 'Practizisten' (^{o}), nicht mehr im echten Sinne Contemplative, theoretische Menschen. Sie berechnen ihre Wirkungen, + erlauben sich ein Urteil darüber, ob die Wahrheit, die sie aussprechen, von andern erkannt werden kann. Und zwar nicht im concreten einzelnen Fall, es ist vielmehr ihr constitutiver Habitus. Alle Menschen der Neuzeit denken dabei sehr gering vom Menschen + sagen deswegen möglichst wenig + immer mit der lauernden Angst, ob der andere auch wohl capiert. Aus diesem Habitus wird das Niveau der Predigten, der Theater, der Universitäten immer geringer. Die S.J. ist dabei ursprünglich noch am 'optimistischen' gewesen in ihrer Äusserung vom Menschen. Alle Naivität des im Schaun verloren Seins, alle simple + einfache Liebe zur Wahrheit geht dabei verloren wie der ton direct, der ja nichts anderes ist als die simple Aussage eines erkannten positiven oder negativen Sachverhalts.

Ich danke Ihnen sehr für die Bemerkungen von Fischer. Es wäre schön, wenn er über die Einzelbeobachtung hinaus Beiträge zum Gesetz der Neuzeit brächte.

Empfehlen Sie mich bitte Frau Schmitt. Ihr stets dankbarer

(S)

(°) womit nichts gegen die echte praktische Intelligenz, die prudentia + die echten Practiker gesagt ist. Es handelt sich nur um <u>das</u> System des Praktizismus.

2

28. Jan. 35

Lieber Herr Professor,

ich hatte Ihnen geschrieben, dass ich mit Frau Rosskopf sprechen wollte, die hier am 24. Jan. die Elektra sang (10). Leider war ich krank, ich habe 8 Tage wegen einer Nierenerkältung etc. zu Bett liegen müssen. Rosskopf war wegen Überarbeit auch nicht mitgekommen. Ich höre auch nichts von ihm. Seine Frau hatte einen ausserordentlichen Erfolg : 29 Vorhänge. Richard Strauss kam auf die Bühne, dankte ihr (11). Man kann diese Sängerin nicht vom Kunstsinn aus beurteilen. Sie hatten damals ganz recht. Sehr eigenartig ist, dass Frau Rosskopf diese scheusslichen Operngestalten in eine Sphäre hebt, in der Engel + wahre Frauen leben + dass man die Erinnerung an Wagners Isolde + Straussens Elektra vollkommen vergisst. Es entsteht so damit allerdings eine merkwürdige Discrepanz zwischen Orchester, den andern Darstellern + ihrer Gestaltung. Sie spielt nur keusche Frauen, mag sie spielen, was sie will.

Persönlich mag ich sie auch sehr gern. Sie ist eine überlegene Frau + ist für Rosskopf eine sehr geeignete Ergänzung. Rosskopf, sobald er irgendwo erscheint, entfesselt sofort Parteien für und gegen sich. Sie behandelt auch Feinde sehr geschickt und klug. Sie bleibt noch 2 Jahre in Leipzig, obwohl man ihr München anbot. Vor einiger Zeit war ich bei Krauses. Beide sind viel krank gewesen. Ich hoffe, gut mit ihm ausgekommen zu sein (12). Da Frau Krause noch immer mit Blinddarmreizung zu Bett lag, habe ich mich allein mit ihm unterhalten von $\frac{1}{2}8$ – $\frac{1}{2}3$. Krause kennt die ganze Welt + er hat ein sehr nüchternes + doch lebendiges Urteil über Personen & Völker. Ausserdem hat er viel Interesse für Literatur. Ich habe ihm von Balthasar Gracian + Tacitus erzählt (12). Er hat für alles Verständnis, Sinn & Urteil & ausserordentlich ausgebreitete Interessen. Mein Herz hat er gewonnen durch eine Bemerkung über Villiers de l'Isle Adam. Er sagte, dass Villiers des Hungertodes gestorben wäre. Er hatte offenbar ein Gefühl dafür, dass das eine besondere Sache sei (14).
Im übrigen bin ich überzeugt, dass in dieser Endperiode des 19. Jhdts diese Art Mensch noch eremitenhaft existieren konnte (in dem Sinn gehört auch Weiss noch zum 19. Jhdt.) (15) ; diese Figuren würden heute Martyrer werden. Bloy hat das gewusst, dass ihm der mangelnde Glaube der Liberalen & der Katholiken am Ende des 19. Jhdts noch eine Auflage von 1000 Exemplaren garantierte, also seine solitäre Existenz, dass er aber in einem andern politischen System nicht noch diese geringe öffentliche Wirksamkeit

haben würde & ins Bagno wandern müsse (16).

Aus dieser [?] Situation ohne die vocatio zum Leben des Eremiten erklären sich auch die gnostischen, manichaeischen & magischen Versuche, mit denen die grössten alle zu tun haben: Bloy mutet einem an wie ein Christ aus dem 3. Jhdt.

In meiner Krankheit habe ich Flaubert gelesen, den ich früher sehr unterschätzt habe. Bloy erreicht ja keiner, aber diese seltsame Ansammlung im Kreis der erstaunlichsten Köpfe ist doch kein Zufall: Bloy, Barbey, Villiers, Verlaine, Hello, Huysmans, Roselly de Lorgnes, Gobineau, Rimbaud, Baudelaire, Peladan (17). Ich habe den Eindruck, dass wie zur Zeit der Französ. Revolution de Maistre, Balzac, Stendhal, Bonald (18), den Commentar liefern zur Französ. Revolution, diese Geister der 2. Hälfte + Ende des Jhdt den Commentar zu einer neuen Revolution liefern. Bei Flaubert (Education sentimentale) finde ich folgende Bemerkungen + Stichworte zum Sozialismus: 1. Kaserne, 2. Bordell, 3. Büro. Er prophezeit ein 'amerikanisches Sparta', was mir viel wichtiger erscheint als Jüngers Arbeiter (19). Die deutsche Leistung des 19. Jhdt. ist lyrischer Natur. Die m.A.n. bedeutendere französ. Leistung hängt nicht nur mit dem Catholizism. zusammen & der höheren Spiritualität, sondern auch mit der überlegeneren Politik. Frankreich hat im 19. Jhdt nach dem Verlust seiner amerikanischen Kolonien, doch das grosse afrikanische Kolonialreich aufgebaut. Die deutsche Dichtung existiert bei mangelnder politischer Kraft nur zu seinem Bild der Lyrik. Die französ. hat die Kraft, das reine Bild im Roman politischer + gesellschaftlicher Art zu entfalten (20).

Konrad Weiss, der ja wenig Kenntnis von Frankreich hat, las jetzt endlich mal einen Roman von Balzac. Er sagte 10 Zeilen von Balzac wären wichtiger als der ganze Raabe. Er fragte, worauf sind die Deutschen stolz ? Das finde ich eine sehr wichtige Frage (21).

Krause stimmte mir auch zu, dass die beiden einzigen Völker in Europa, die in Frage kämen, Frankreich & Deutschland seien. Die Engländer hält er für Epigonen. Die Amerikaner für erledigt. Von den Japanern erwartet er noch viel. Die Italiener findet er für geringer als die Neger. Die Russen hält er für zweitrangig. Er hofft, dass Hitler die Verbindung mit Frankreich zustande bringt.

Es wäre sehr schön, wenn Ihre Zeit es Ihnen gestattete, in den Ferien nach München zu kommen. Ich glaube, dass Krauses & K. Weiss sich sehr freuen würden. Wie sehr ich es begrüssen würde, wissen Sie ja.

Der Vortrag von Peterson selbst in dieser verstümmelten Form erweckt einige Erwartungen (22). Die Germania ist, scheint's zu einem einzigen Druckfehler geworden. Vielleicht geben Sie die Ausschnitte auch

Krauss (23). Grüssen Sie ihn bitte. Hoffentlich geht alles gut.

Sennep ist doch ein hervorragender Karikaturist, viel substantieller als Gulbransson (24). – Grüssen Sie bitte Frau Schmitt & Anima. Ich wünsche Ihnen alles Gute. Ihr stets dankbarer

(S)

---

(1) (PT) a) Das geht einwandrei hervor aus den an KRAUSS gerichteten Briefen, über die ich seit kurzem verfüge. In seinen Erinnerungen an C.S. hat KRAUSS übrigens ausführlich aus einem dieser Briefe zitiert ; vgl. *Schmittiana II,* S. 100-101.
b) Aus an mich gerichteten Briefen von KRAUSS vom 28. Mai 1984 und 3. September 1985 geht hervor, daß Franz A. KRAMER (1900-1950 ; vgl. *Schmittiana I,* S. 62 FN 18) den Kontakt zwischen KRAUSS und ADAMS schuf und dieser wiederum KRAUSS die Bekanntschaft mit C.S. vermittelte, obzwar KRAMER KRAUSS als erster auf C.S. aufmerksam gemacht hatte.

(2) (PT) Günther KRAUSS schrieb mir am 12. Juni 1984 Folgendes : « Die Beziehungen von CS zu Adams waren gleichbleibend gut, auch nach dem Kriege. Adams wurde allerdings vor allem Faulheit vorgeworfen. Dieser Vorwurf ging aber weniger von CS selbst aus, der hierfür durchaus Verständnis hatte und sehr großzügig war. Es gibt auch für diese 'Faulheit plausible Entschuldigungen ».

(3) (PT) Angesichts der freundschaftlichen Beziehungen die zwischen HAECKER und C.S. bestanden haben – sie lernten sich im Ersten Weltkrieg in München als Soldaten kennen –, ist der Hinweis nicht ganz ohne Bedeutung. In dem ansonsten recht informativen Aufsatz von Curt HOHOFF (geb. 1913) wird C.S. leider nur einmal *en passant* erwähnt : « Theodor Haecker. Eine Erinnerung », *Internationale katholische Zeitschrift,* 8. Jahrg., 1979, S. 543-560 ; dort S. 557. — Von den *Tag- und Nachtbüchern* brachte Hinrich SIEFKEN endlich eine erste vollständige und kommentierte Ausgabe heraus : Innsbruck : Haymann, 1989, 350 S., Nr. 9 in der Reihe « Brenner Studien ».

(4) (PT) In seinem gehaltvollen Aufsatz « Othello », *Germania,* Nr. 21, 21. Januar 1932, machte ADAMS auf die Interpretation der WINSTANLEY aufmerksam. Bekanntlich hat C.S. sich später zweimal mit ihren Thesen befaßt. Weder diese Thesen noch C.S.s Aufsatz wurden von den Anglisten problemlos hingenommen ; vgl. u.a. die kritischen Ausführungen im *Shakespeare-Jahrbuch,* 89. Band, 1953, S. 235-238. C.S. hat zu dieser Kritik Stellung genommen im Exposé « Was habe ich getan ? »', *Dietsland-Europa* (Antwerpen), 2. Jahrg. Nr. 1, Januar 1957, S. 7—9.

(5) (PT) C.S. Interesse an MELVILLE im allgemeinen (vgl. *supra* S. 86 FN 51) und seine 'Verwertung' der Erzählung *Benito Cereno* im besonderen (vgl. *supra* S. 40 FN 1) können nicht in einer Fußnote 'erledigt', sondern müssen in einem breiteren Zusammenhang behandelt werden.

(6) (PT) E. JÜNGER, *In Stahlgewittern,* Stuttgart : Klett, (1920) [26]1961, 310 S.

(7) (PT) Die mir nicht zugängliche Karte berührte wohl eine Thematik, die bereits in FISCHERs Brief an C.S. vom 16. Januar 1933 anklingt (*Schmittiana I,* S. 99-101). Allerdings hat FISCHER sich erst später eingehend mit Blaise PASCAL (1623-1662) befaßt. Ganz im Sinne der von ADAMS gehegten Hoffnung, hat FISCHER Anfang 1936 einen Aufsatz über LUTHER und PASCAL geschrieben, wovon ich nicht weiß, ob er erschienen ist (vgl. *Schmittiana I,* S. 107).

(8) (PT) Vgl. *infra* FN 12.

(9) (PT) Einige Tage nach seinem Tod entdeckte ein Hausdiener zufällig ein gefaltenes Dokument im Futter eines von PASCAL getragenen Rocks. Gilberte PÉRIER (1620-1687), die Schwester des Verstorbenen, war sich sofort darüber im klaren, daß es sich nur um ein Bruchstück des von ihrem Bruder gehüteten sog. *Mémorial* handeln könne : d.h. der schriftlichen Festlegung seines religiösen Erlebnisses (Vision) vom 23. November 1654.

(10) (PT) Margarete BÄUMER (1893-1969) hat als Sängerin große Erfolge erzielt. ROß-

KOPF hatte sie in Zürich kennengelernt, wo sie am Theater arbeitete ; die beiden heirateten 1933. Nach Kriegsende blieb sie bis Oktober 1967 in Leipzig. Auf ihrem Grabstein befindet sich ein Mosaik von der Bildhauerin Felicitas KÖSTER-CASPAR (geb. 1917) : 'Kampf Jakobs mit dem Engel'. – Diese Einzelheiten teilte mir Herr H. RUNTE freundlicherweise mit (Sendung vom 8. August 1989).

(11) (PT) Gemeint ist selbstverständlich der berühmte Komponist Richard STRAUSS (1864-1949).

(12) (PT) Gemeint ist der süddeutsche Industrielle Georg Alexander KRAUSE, im Volksmund 'Trockenkrause' genannt, da er pulverisierte Produkte auf den Markt brachte. Einer wichtigen Mitteilung von Eberhard Freiherr VON MEDEM (geb. 1913) zufolge, hat C.S. nach dem Ersten Weltkrieg zeitweilig bei ihm gewohnt und gehörte zu dem « engsten kleinen Freundeskreis (*sc.* C.S.s), dem seine von mir im Nachlaß entdeckte Tischrede bei seinem 50. Geburtstag gewidmet war » (Brief vom 13. Dezember 1989). Als erster hat Helmut QUARITSCH (geb. 1930) auf diese Tischrede aufmerksam gemacht (*Positionen und Begriffe Carl Schmitts,* Berlin : Duncker & Humblot, [1989] ^{2}1991, 130 S. ; dort S. 60 FN 110) ; sie wird in absehbarer Zeit von Herrn VON MEDEM herausgegeben.

(13) (PT) Balthasar GRACIAN Y MORALES S.J. (1601-1658), *Handorakel und Kunst der Weltklugheit* (deutsche Übersetzung von Arthur SCHOPENHAUER [1788-1860], mit einer Einleitung von Karl VOSSLER [1872-1949]), Stuttgart : Kröner, (1862) ^{7}1951, XVII-132 S., in der Reihe 'Kröners Taschenausgabe'. Im Hinblick auf diese Übersetzung hatte SCHOPENHAUER sich bekanntlich die spanische Sprache angeeignet. Die spanische Originalfassung des berühmten Buches erschien 1653 in Madrid unter dem Titel *Oraculo manual y arte de prudencia ;* die französische Übersetzung des Vertreters des politischen Tacitismus Amelot DE LA HOUSSAYE (1634-1706) aus dem Jahre 1685 (*L'Homme de Cour*) hatte eine große Breitenwirkung.

(14) (PT) Der mit Richard WAGNER (1813-1883) befreundete Romancier Auguste VILLIERS DE L'ISLE-ADAM (1838-1889) wird literarisch den Symbolisten, weltanschaulich den katholischen Außenseitern zugerechnet (obzwar er den Einfluß des Illuminaten Eliphas LÉVY [1810-1875] erfahren haben soll). Über ihn, vgl. noch immer Max DAIREAUX, *Villiers de L'Isle-Adam,* Paris : Desclée de Brouwer, 1935, 457 S. in der Reihe 'Temps et visages'. Im Hinblick auf BLOY, vgl. jetzt Luc-Olivier D'ALGANGE, "Villiers de l'Isle-Adam ou la lumière des siècles", *Nouvelle Ecole,* 22. Jahrg., Nr. 46, September 1990, S. 32-35.

(15) (PT) Über WEIß, vgl. *supra* S. 80 FN 4 und FN 6.

(16) (PT) Über Léon BLOY (1846-1917), vgl. *supra* S. 83 FN 28.

(17) (PT) Außer den bereits in obigen Fußnoten 'entschlüsselten' Autoren handelt es sich um Jules BARBEY D'AUREVILLY (1808-1889), Paul VALÉRY (1844-1896), Ernest HELLO (1828-1885), Joris-Karl HUYSMANS (1848-1907), Arthur Graf DE GOBINEAU (1816-1882), Arthur RIMBAUD (1854-1891), Charles BAUDELAIRE (1821-1867) und den Rosenkreuzler Joséphin PÉLADAN, genannt SAR PÉLADAN (1859-1918), allesamt Autoren, die von sich reden machten und nicht unbedingt ihrer literarischen Verdienste wegen zur Kenntnis genommen wurden, bzw. werden. C.S. kannte sie alle, d.h. er hat Bücher von ihnen gelesen.

(18) (PT) Ich setze in diesem Fall als bekannt voraus, daß C.S. sich mit diesen Autoren intensiv befaßt hat : Joseph DE MAISTRE (1753-1831), Louis DE BONALD (1754-1840), STENDHAL (= Marie-Henri BEYLE ; 1783-1842) und Honoré DE BALZAC (1799-1850).

(19) (PT) Gustave FLAUBERT (1784-1880), *L'Education sentimentale. Histoire d'un jeune homme,* Paris : Gallimard (1870) 1972, 512 S., Nr. 147 in der Reihe 'Folio'. Ein gutes Buch über diesen Roman schrieb René DUMESNIL, *'L'Education sentimentale' de Flaubert.* Paris : Nizet, (1936) ^{3} 1971, 211 S., in der Reiche 'Les grands événements littéraires'. – Erich AUERBACH hat gezeigt, daß Deutschland mindestens bis 1870 dem französischen Realismus des 19. Jahrhundert, von Honoré DE BALZAC bis Emile ZOLA (1840-1902), nichts Ebenbürtiges entgegenzustellen hatte ; vgl. *Mimesis. Dargestellte Wirklichkeit in der abendländischen Literatur,* Bern : Francke, 1946, 504 S., dort vor allem S. 399 und 458 ff.

(20) (PT) Auf diese Überlegung beruhen gewisse Seufzer C.S.s, z.B. in seinem Brief an mich vom 25. Juli 1965 : « Die Franzosen sind das einzige intelligente Volk Europas ».

(21) (PT) Vgl. die mündliche Mitteilung von C.S. vom 3. Februar 1968 an Hans-Dietrich SANDER (geb. 1928), *Marxistische Ideologie und allgemeine Kunsttheorie,* Tübingen : Mohr, (1970) ^{2} 1975, VII-400 S., Nr. 67 in der Reihe 'Veröffentlichungen der List Gesellschaft' ; dort S. 152-153 : « ... – im Gegensatz zu Werner Sombart, der am Ende seines Lebens nur noch Zola las, weil er ihn für den größten und einzigen Soziologen hielt. »

(22) (PT) Ich bin leider außerstande, den Vortrag des Theologen Erik PETERSON (1890-1960) aus dem Jahre 1935 zu bibliographieren.

(23) (PT) Gemeint ist selbstverständlich Günter KRAUSS.

(24) (PT) Olaf GULBRANSSON (1873-1959), dem Zeichner der Münchner satirischen Wochenschrift *Simplicissimus,* ist eine große Resonanz beschieden gewesen ; vgl. über ihn seine Witwe Dagny GULBRANSSON-BJÖRNSON, *Olaf Gulbransson,* Pfullingen : Neske, 1967, 304 S. – Jean SENNEP (Ps. von Jean-Jacques PENNÉS ; geb. 1894) war der Karikaturist der Zeitung der 'Action Française'.

2. Giovanni Gentile (1875-1944)

Giovanni GENTILE lehrte in Palermo, Pisa und Rom ; er begründete den von seinen Gegnern als einen Pseudo-Hegelianismus hingestellten aktualen Idealismus (1). Im ersten von Benito MUSSOLINI (1883-1945) geführten Kabinett amtierte er als Unterrichtsminister : 1923 führte er eine gründliche Erziehungsreform durch, die sog. 'riforma Gentile', und 1931 legte er den Hochschullehrern den Treuschwur auf das Regime auf, der nur von elf Professoren verweigert wurde. In seiner Eigenschaft als Vorsitzender des Instituts für faschistische Kultur begründete er die « Enciclopedia Italiana » (1929-37 : 35 Bände) ; im 14. Band (1932) formulierte der Duce die Doktrin des Faschismus (2). Enttäuschungen zum Trotz – vergeblich hat er sich dem Konkordat vom Jahre 1929 widersetzt und andererseits ging die Freundschaft mit Benedetto CROCE (1866-1952) in die Brüche – wurde GENTILE nie untreu und hat er sich sogar noch für die Republik von Saló eingesetzt. Er wurde im April 1944 vor seiner Villa erschossen von jungen kommunistischen Partisanen, die womöglich das Todesurteil, welches in der kurz vorher in einer illegalen Zeitung erschienenen « Lettera aperta a Gentile » des Latinisten Concetto MARCHESI (1878-1957), enthalten war, zu wörtlich genommen hatten (3). Der Philosoph des italienischen Faschismus hinterließ das Manuskript eines Buches, das erst 1946 erscheinen konnte (4). Über den geistigen Rang dieses Mannes sind Freund und Feind sich seit langem einig geworden.

Bekanntlich hat C.S. mit vielen italienischen Kollegen in Beziehung gestanden bzw. korrespondiert, und es haben umgekehrt viele italienische Intellektuelle versucht, die Bekanntschaft C.S.s zu machen. Während Wolfgang SCHIEDER (geb. 1935) von diesen Querverbindungen eine erste Bilanz gezogen hat (5), haben andere Forscher einzelne Aspekte des Themas untersucht (6). Die nachstehende Briefkarte hat inhaltlich zwar nichts auf sich, aber dennoch belegt sie meine These, daß das letzte Wort über 'C.S. und Italien' noch nicht gesprochen ist.

P.T.

Berlin, den 27.11.1930

Hoch verehrter Herr Professor,

Da in diesen Tagen ich sehr beschäftigt war, war es mir leider nicht möglich, persönlich von Ihnen Abschied zu nehmen.

Indem wir dies hier schriftlich nachholen, möchte ich nicht verfehlen, für die vielen Höflichkeiten, die ich durch Sie erhalten habe, mein Dank auszusprechen.

Ich will hoffen dass wir wiedersehen werden entweder in Rom oder in Berlin.

Mit vielen Grüssen

(S)

---

(1) (PT) G. GENTILE, *Der aktuale Idealismus. Zwei Vorträge,* Tübingen : Mohr, 1931, 40 S., Nr. 35 in der Reihe 'Philosophie und Geschichte'. Für eine kurze Einführung, vgl. Ivo HÖLLHUBER (geb. 1906), *Geschichte der italienischen Philosophie von den Anfängen des 19. Jahrhunderts bis zur Gegenwart,* Basel : Reinhardt, 1969, 377 S. ; dort S. 142-153 (« Der Aktualismus Giovanni Gentile's »). Im Hinblick auf C.S., vgl. fernerhin Emilio GENTILE (geb. 1946), *Le origini dell'ideologia fascista (1918-1925),* Bari : Laterza, 1975, XI-476 S., Nr. 780 in der 'Biblioteca di cultura moderna' ; dort S. 343-369 (« La teologia politica di Giovanni Gentile e la riforma politico-religiosa degli italiani ».

(2) (PT) B. MUSSOLINI, *Die Lehre des Faschismus,* Florenz : Valecchi, o.J. (= 1938), 84 S. Die wohl erstmals von Fernand-Lucien MUELLER in seinem Buch *La pensée contemporaine en Italie et l'influence de Hegel* (Genf : Kundig, 1941, XVII-345 S.), S. 310 FN 1, aufgestellte Behauptung, nicht MUSSOLINI, sondern GENTILE habe diesen Text abgefaßt, wird heutzutage als bewiesen betrachtet.

(3) (PT) Diese traurige Geschichte wird ausführlich behandelt von Luciano CANFORA, *La Sentenza. Concetto Marchesi e Giovanni Gentile,* Palermo : Sellerio, 1985, 363 S. Vgl. auch Giampiero MUGHINI, « I retroscena della morte di Giovanni Gentile. Venne un ordine : uccidete il filosofo », *Europeo,* 37. Jahrg. Nr. 20, 18. Mai 1981, S. 100-103.

(4) (PT) G. GENTILE, *Genesi e struttura della società. Saggio di filosofia pratica,* Florenz : Sansoni, 1946, 192 S.

(5) (PT) W. SCHIEDER, « Carl Schmitt und Italien », *Vierteljahrshefte für Zeitgeschichte,* 37. Jahrg. Nr. 1, 1989, S. 1-21. In dieser Studie fehlen wichtige Namen, darunter Norberto BOBBIO (geb. 1909) und Alexander PASSERIN D'ENTRÈVES (geb. 1902). Die Angabe des Autors, das genaue Datum des Mailander Vortrags C.S.s « war bisher nicht festzustellen » (S. 18 FN 100), ist zu berichtigen : Einem Bericht im *Völkischen Beobachter,*Nr. 111, 20. April 1936, zufolge, hielt C.S. jenen Vortrag am 19. April 1936, und zwar in italienischer Sprache.

(6) (PT) An vorderster Stelle ist der ausgezeichnete C.S.-Übersetzer Antonio CARACCIOLO (geb. 1950) zu nennen ; vgl. seine wichtige Studie « Felice Battaglia e la recezione idealista di Carl Schmitt », *Behemoth,* 5. Jahrg. Nr. 3-4, Juli-Dezember 1990, S. 47-61. Vielleicht ist es gestattet, in diesem Zusammenhang auf eine eigene Arbeit hinzuweisen : « Robert Michels corrispondente di Carl Schmitt », *Behemoth,* 2. Jahrg. Nr. 2-3, Juli-Dezember 1987, S. 45-48.

3. Wolfgang Keiper (1911-1981)

In seinem (letzten ?) Brief an Hansjörg VIESEL (geb. 1941), vom 26. April 1977 schaltete C.S. diese Frage ein : « ... Existiert das Antiquariat Wilhelm Keiper noch (in Ihrer Gegend) ?... » (1) Gemeint ist Wolfgang (nicht Wilhelm) KEIPER, der Ende 1932 den Entschluß faßte, « ein gepflegtes Antiquariat einzurichten, um damit eine erlesene Verlagsarbeit vorzubereiten und wirtschaftlich zu verstärken ». (2) Er war nur an reiner Wissenschaftsgeschichte interessiert und brachte 1935-45 etwa 40 Titel heraus. Im November-Dezember 1943 war in Berlin und Leipzig ein Totalschaden zu verzeichnen, « wovon sich der Verlag wirkungsmäßig nicht recht zu erholen vermochte », denn beträchliche Vorräte und Unterlagen waren gleichfalls in Flammen aufgegangen. Nach Kriegsende bekam KEIPER von zwei Militärregierungen in Berlin die Lizenz für den Neuanfang als Verleger, baute aber aus zeitbedingten Überlegungen zunächst das Antiquariat wieder auf. Auch widmete er sich vorzugsweise seinen wissenschaftlichen Interessen (z.B. der GOETHE-Forschung) im Rahmen der Max-Planck-Gesellschaft (3).

Bezeichnend für die geistige Interessensphäre KEIPERs ist gewiß die von ihm, unter Mitwirkung von Artur BUCHENAU (1879-?), Friedrich G. VON DER LEYEN (1873-1966) und Julius SCHUSTER (1886-1949) (4) herausgegebenen Schriftenreihe 'Dokumente zur Morphologie, Symbolik und Geschichte', in der C.S. seinen Nachdruck des bis dahin vernächläßigten Aufsatzes « Zur Preußischen Verfassungsfrage » (1852) von Lorenz VON STEIN (1815-1890) unterbringen konnte (5). Gerade deswegen habe ich den nachstehenden Brief ausgewählt, zumal er belegt, daß, trotz totaler Gefährdung des Individuums, Mitte 1944 in Deutschland noch Forschung betrieben und ablehnende Kritik geübt wurde. Für die Abdruckgenehmigung danke ich Frau Margarete TIETZ-KEIPER, der Schwester des Briefschreibers.

P.T.

Neukölln, Innstr. 42

1944, 27. Juli '/e.

Herrn Professor
Dr. Carl Schmitt
Schönerer Zeile 19,
<u>Berlin-Schlachtensee.</u>

Verehrter Herr Professor !

Kürzlich hatte ich mit Herrn Baeumler eine Zusammenkunft, und händigte er mir « Die Posaune » zur Prüfung für den von ihm angeregten Neudruck aus. Ich habe ihm im voraus sehr deutlich zu verstehen gegeben, daß ich dieses Ultimatum keineswegs für ein « Dokument zur Morphologie » halte. Er erklärte dazu, daß eine Neubelebung auch außerhalb dieser Reihe erfolgen müßte, und zwar etwa in der Art, wie die Kant-Gesellschaft Neudrucke philosophischer Seltenheiten seinerzeit veranstaltete. Bevor ich mich aber mit der Lektüre befaßte, sagte ich ihm, daß nach meiner Ansicht ein selbständiger Neudruck kaum in Betracht käme, daß sich aber darüber reden ließe, zu erwägen, ob man dieses Heft mit Planung der ersten SCHELLING'schen Vorlesung verbindet. Dieser Vorschlag hat ihm sehr gut gefallen, zumal ich noch weitere Dokumente dazu vorgeschlagen, wie die FEUERBACH'sche Stellungnahme zu HEGEL usw. Überdies schwebte ihm aber auch ein Beitrag des spätern HEGEL vor. Dazu habe ich die Einleitung zu HINRICHS, die Religion im innern Verhältnis, in Vorschlag gebracht, die einzige selbständige, geeignete lesbare Niederschrift des systematischen Philosophen.

Nachdem ich aber von der Lektüre der « Posaune » Kenntnis genommen, muß ich gestehen, daß Ihr hartes Urteil nicht nur den Nagel auf den Kopf getroffen hat, sondern geradezu milde ausgefallen ist. Daraufhin habe ich Baeumler in Kenntnis gesetzt, daß nicht einmal die Einleitung dieser unmöglichen Stachelschrift für dieses Vorhaben verwendet werden, und daß kein noch so gutes Nachwort solchen Mißgriff herausreißen könnte. Unter diesen Umständen möchte ich Sie als guten Kenner des Gegenstandes informieren und gestatte mir, Ihnen beigefügten Auszug meiner wissenschaftsgeschichtlichen Studien aus dieser Zeit zu behändigen, die einige beachtliche soziologische Strömungen verzeichnen.

An der Planung des bereits vor einem Jahr mit Ihnen besprochenen SCHELLING-Dokumentes der ersten Vorlesung in Berlin will ich festhalten. Es bleibt hier allerdings eine außergewöhnliche Schwierigkeit, die wirklich geeigneten Dokumente zu konzentrieren, da es ja schießlich darauf ankommt, keine politisch-pädagogische Konstruktion, sondern wahre wissenschaftsgeschichtliche geistige Substanz dieser Zeit dokumentarisch zu vermitteln.

Wie weit sich nun die BAUER'sche Kritik über das Leben Jesu von STRAUSS in diese Geschehnisse einfügt, wird die Lektüre ergeben, die Sie mir gütigerweise in Abschrift versprochen, und die ich mit ungeduldiger Spannung erwarte. Wenn ich Ihnen bei Abschriftnahme behilflich sein kann, erwarte ich gern Ihren Anruf (60 16 58). Ich würde die Blätter in den Morgenstunden abholen lassen, um Ihnen Durchschläge am selben Tage zur Verfügung zu stellen.

Mit besten Empfehlungen und

Heil Hitler !

Ihr sehr ergebener :

(S)

Anlage W. KEIPER VERLAG

---

(1) (PT) H. VIESEL, *Jawohl, der Schmitt. Zehn Briefe aus Plettenberg,* Berlin : Support Verlag, 1988, 70 S., Nr. 5 in der Reihe 'Lager-Schaden' ; dort S. 26.

(2) (PT) Die beiden Zitate dieses Abschnitts sind einem von KEIPER erstellten maschinenschriftlichen Lebenslauf entnommen.

(3) (PT) Mir ist bislang nur ein GOETHE-Aufsatz von KEIPER zu Gesicht gekommen, und zwar im GOETHE-Festheft der argentinischen Zeitschrift *Verbum,* 35. Jahrg., 1932 (« Goethe considerado en su totalidad »).

(4) (PT) a) BUCHENAU, Gymnasialdirektor und Stadtschulrat in Berlin, war Pädagoge und Philosoph.

b) Der Germanist und Märchenforscher Fr. VON DER LEYEN lehrte u.a. in München und Köln, wo er 1937 wegen 'jüdischer Versippung' zum sog. freiwilligen Abschied gewungen wurde.

c) Der Naturforscher J. SCHUSTER gab von GOETHE die *Metamorphose der Pflanzen* heraus (Berlin, 1924).

(5) (PT) L. VON STEIN, *Zur Preußischen Verfassungsfrage* (besorgt von C.S.), Berlin : Keiper, 1942, 71 S., in der Reihe 'Dokumente zur Morphologie, Symbolik und Geschichte' ; 1943 erschien eine um bibliographische Einzelheiten und Dokumente erweiterte Neuauflage (92 S.). Das Buch scheint Seltenheitswert zu haben, denn in Deutschland soll nur die Universitätsbibliothek Bayreuth über ein Exemplar verfügen (schriftliche Mitteilung von H. QUARITSCH vom 28. Januar 1991). – Einem anderen, am 11. April 1944 datierten Brief von W. KEIPER ist zu entnehmen, daß er in seinem Büro, für C.S. Abschriften von einem anderthalbseitigen Bericht über VON STEINs Wirkung in Ungarn machen ließ.

(6) (PT) In einer Art Rechenschaftsbericht, den Alfred BAEUMLER (1887-1968) dem amerikanischen Germanisten Jonas LESSER (geb. 1895) am 15. Juli 1954 zuschickte, behauptete er « auch die vielgelesene Abhandlung von Carl Schmitt über den 'Begriff des Politischen' heftig bekämpft » zu haben ; vgl. Marianne BAEUMLER, Hubert BRUNTRÄGER und Hermann KURZKE, *Thomas Mann und Alfred Baeumler, Eine Dokumentation,* Würzburg : Königshausen & Neumann, 1989, 261 S., dort S. 230. Als Antwort auf meine diesbezügliche Anfrage schrieb mir Herr Detlev PIECHA (geb. 1949), der demnächst darlegen wird, daß Thomas MANN (1875-1955) für seine Romanfigur Naphta an BAEUMLER, den Philosoph und Kenner von Johann Jakob BACHOFEN (1815-1887) und Friedrich NIETZSCHE (1844-1900) gedacht hat, die von BAEUMLER gemeinten Stellungnahmen seien ihm unbekannt, und der Philosoph habe im Gegenteil viel mehr von C.S. übernommen, als er wahrhaben wollte (Brief vom 3. Juli 1990).

(7) (PT) Bruno BAUER (1809-1882), *Die Posaune des jüngsten Gerichts über Hegel, den Atheisten und Antichristen. Ein Ultimatum,* Leipzig : Wigand, 1841, 68 S. In diesem anonym erschienenen Pamphlet zeigte BAUER, wie G.W.F. HEGEL (1770-1831) mittels seiner Reduktion Gottes zur absoluten Idee, die christliche Religion zum Pantheismus und so sogar zum Atheismus zurückführe. Die Mitarbeit von Karl MARX (1813-1883) an *Die Posaune* ist bekannt, und wahrscheinlich ist er auch beteiligt gewesen an einer zweiten Anti-Hegeliade BAUERs, *Hegels Lehre von der Religion und Kunst vom Standpunct des Glaubens beurtheilt,* Leipzig : Wigand, 1842, IV-227 S.

(8) (PT) Gemeint ist offensichtlich Friedrich Wilhelm Joseph VON SCHELLINGs (1775-1854) berühmte Berliner Antrittsrede vom 15. November 1841, Auftakt zu seinen Vorlesungen über die *Philosophie der Offenbarung* (Darmstadt : Wissenschaftliche Buchgesellschaft, (1858) 1990, 2 Bände = XXVIII-897 S.) mit ihrer Kritik an dem Rivalen HEGEL.

Diese Rede haben u.a. Michael BAKUNIN (1814-1876) und Friedrich ENGELS (1820-1895) gehört. Sie hat letzteren zur Abfassung der anonymen Schrift *Schelling und die Offenbarung* (Leipzig : Wigand, 1842) veranlaßt ; vgl. Vera MACHAKOVA, « Einige Bemerkungen zur literarischen Seite der 'Anti-Schellingiana' des jungen Engels », *Annali dell'Istituto Giangiacimo Feltrenelli*, 6. Jahrg., 1963, S. 289-300.

(9) (PT) Hier bin ich auf Spekulationen angewiesen, denke jedoch an erster Stelle an K. Ludwig FEUERBACHs (1804-1872) Abhandlung « Zur Kritik der Hegelschen Philosophie », *Hallische Jahrbücher für deutsche Wissenschaft und Kunst,* 2. Jahrg., Nr. 61-62, August-September 1839. Die Erlanger Vorlesungen 1835-36 geben Aufschluß über das Verhältnis von FEUERBACH zu HEGEL : *Vorlesungen über die Geschichte der neueren Philosophie,* Darmstadt : Wissenschaftliche Buchgesellschaft, 1974, LXVI-203 S., Nr. 21 in der Reihe 'Texte der Forschung'.

(10) (PT) Längere Auszüge aus den *Politischen Vorlesungen* (Halle : Schwetsche & Sohn, 1843, 286 S.) des Theologieprofessors Friedrich Wilhelm HINRICHS (1794-1861) sind abgedruckt im Anhang der von Helmut REICHELT besorgten Ausgabe von G.W.F. HEGEL, *Grundlinien der Philosophie des Rechts, oder Naturrecht und Staatswissenschaft im Grundrisse,* Frankfurt a.M. : Ullstein, 1972, LXXVIII-826 S., Nr. 2929 in der Reihe 'Ullstein Buch'.

(11) (PT) Als Vertreter der Hegelschen Rechten hat Br. BAUER die von David Friedrich STRAUß (1808-1874) in seinem *Leben Jesu, kritisch bearbeitet* (Leipzig : Kröner (1835-36) ^{2}1924, 2 Bände = XXII-402 und VII-391 S.) dargelegte mythische Interpretation der Evangelien wiederholt abgelehnt ; vgl. seine Artikel in den (Hegelschen) *Jahrbüchern für wissenschaftliche Kritik,* Dezember 1836, Nr. 109-113 und Mai 1836, Nr. 86-88. Auch später hat er sich noch mit STRAUß auseinandergesetzt ; vgl. sein Buch *Philo, Strauß und Renan, und das Urchristentum,* Berlin : Hempel, 1874, 155 S.

(12) (PT) a) Für den im Brief als bekannt vorausgesetzten Kontext, vgl. Auguste CORNU (1888-1981), *Karl Marx et Friedrich Engels. Leur vie et leur œuvre. Band 1 : Les années d'enfance et de jeunesse – La Gauche hégélienne – 1818/1820-1844,* Paris : Presses Universitaires de France, 1955, V-313 S.
b) Vielleicht zum Überfluß sei gesagt, daß C.S. mit den im Brief und in den Fußnoten genannten Personen, Schriften und Zusammenhängen sehr gut vertraut war. Weiniger bekannt dürfte sein, daß er sich Anfang 1947 vier Publikationen von ENGELS besorgt und sie besonders intensiv studiert hat.

4. Hugo Preuß (1860-1928)

In der reichhaltigen und zugleich widersprüchlichen Literatur über die Weimarer Republik besteht wenigstens darüber Einhelligkeit, daß Hugo PREUß als der Vater ihrer Verfassung anzusehen ist (1). Auch C.S. war dieser Meinung, wie u.a. hervorgeht aus einer Rede, die hinterher als selbständige Schrift einem breiteren Publikum zugänglich gemacht wurde (2) und ihm Lob einbrachte (3). Soweit ich das Schrifttum überschaue, hat PREUß C.S. nur gelegentlich erwähnt, d.h. die « seiner interessanten verfassungsgeschichtlichen Arbeit 'Die Diktatur' » zugrundeliegende Typologie sozusagen verwertet : « ... Will man dieser Typologie folgen, so war die Diktatur der Volksbeauftragten eine souveräne, während die des Reichspräsidenten nach Art. 48 eine kommissarische ist. » (4) Es ist nicht ohne weiteres auszuschließen, daß C.S. deswegen dem Reichsminister a.D. PREUß seinen Zeitungsartikel über « Reichspräsident und Verfassung » geschickt hat (5). Die nachstehende Antwort kommt einer gar nicht überraschenden, aber trotzdem wertvollen Stellungnahme gleich.

P.T.

19. März 1925

Reichsminister a.D. Dr. Hugo Preuß
Berlin-Grünewald
Königsallee 37

Sehr geehrter Herr Professor !

Herzlichen Dank für die freundliche Gabe Ihres sehr fleißigen Artikels. Gewiß ist die staatsrechtliche Stellung des Reichspräsidenten von besonderer Art und ihr Schwergewicht abhängig von der Persönlichkeit des Mannes, der an diese Stelle gestellt wird. Aber es ist doch nicht richtig, daß die Urheber der Verfassung vor den Konsequenzen ihrer eigentlichen Absicht zurückgeschreckt seien. Da die Mit.–Verf. in der Hauptsache an diesen Bestimmungen des ersten Entwurfs wenig geändert haben, darf ich sagen, daß die Elastizität dieser Stellung ganz. [?] angelegt ist. Das Machtsverhältnis zwischen Reichspräsid. u. Reichstag wird nicht durch Verfassungsformeln festgelegt, sondern durch die Überlegenheit des politischen Willens und Intellektes bestimmt. Und von dem stärkeren der beiden Faktoren wird die Reichsregierung maßgebend beeinflußt werden. Um so richtiger ist Ihre Betonung der Wichtigkeit einer guten Wahl. Freilich auch dies muß unser Volk erst durch Erfahrung lernen. Mit vorzüglicher Hochachtung,

(S)

(1) (PT) a) Über ihn, vgl. vor allem Theodor HEUSS (1884-1963), « 'Staat, Recht und Freiheit'. Hugo Preuss – Eine Würdigung zum 100. Geburtstag », *Frankfurter Allgemeine Zeitung,* Nr. 254, 29. Oktober 1960 ; enthält einen Seitenhieb gegen C.S.
b) Die wichtigsten Aufsätze von PREUß wurden zusammengefaßt : *Staat, Recht und Freiheit, Aus 40 Jahren deutscher Politik und Geschichte,* Tübingen : Mohr, 1926, VIII-588 S.

(2) (PT) C.S., *Hugo Preuß. Sein Staatsbegriff und seine Stellung in der deutschen Staatslehre,* Tübingen : Mohr, 1930, 34 S., Nr. 72 in der Reihe 'Recht und Staat in Geschichte und Gegenwart'.

(3) (PT) Vgl. meinen Beitrag « Bausteine zu einer wissenschaftlichen Biographie (Periode: 1888-1933 », S. 71-100 in Helmut QUARITSCH (Hrsg.), *Complexio oppositorum. Über Carl Schmitt,* Berlin : Duncker & Humblot, 1988, 610 S., Nr. 102 in der 'Schriftenreihe der Hochschule Speyer' ; dort S. 83-84.

(4) H. PREUß, « Reichsverfassungsmäßige Diktatur », *Zeitschrift für Politik,* 13. Jahrg., 1924, S. 97-113 ; dort S. 101.

(5) (PT) C.S., « Reichspräsident und Verfassung », *Kölnische Volkszeitung,* 66. Jahrg. Nr. 198, 15. März 1925, S. 1.

5. Ernest Seillière (1966-1955)

Kaum hatte der katholische Baron Ernest SEILLIÈRE, der auch in Heidelberg studiert hatte (1901-03), sich zu einer von Friedrich NIETZSCHE (1844-1900) beeinflußten Geschichtsphilosophie (implizite Kernfrage : Wie können Menschen in Gemeinschaften leben und überleben ?) durchgerungen, so fing er an, Jahr auf Jahr mindestens ein Buch und viele Artikel und Rezensionen abzufassen, die fast ausnahmslos in den Dienst seines Systems gestellt wurden. Er bediente sich dreier Begriffe, die er aber völlig neu definierte : 'impérialisme' (etwa : Machtleidenschaft, d.h. der in jedem Individuum, in jeder sozialen Gruppe, in jeder Nation schlummernde 'libido dominandi'), 'mysticisme' (etwa : Ideologiebildung, d.h. die mit großen individuellen und kollektiven Ambitionen verwobene Überzeugung der Förderung seitens einer übernatürlichen Kraft oder Instanz) und 'raison' (etwa : regulative Vernunft, d.h. die externe höhere Machtquelle, die sowohl 'impérialisme' als 'mysticisme' zu steuern vermag, so daß Krieg und Frieden alternieren und Chaos sich in Ordnung verwandelt).

Im besagten System setzt die moderne Zeit mit der römisch-katholischen Häresie des Jean-Jacques ROUSSEAU (1712-1778) an. Dieser sei nicht Erbe und Fortsetzer der ersten, sondern Inaugurator einer zweiten Reformation gewesen : Während die erste rational, viril, sozial, objektiv und theokratisch eingestellt war, gab sich die zweite affektiv, feminin, individualistisch, subjektiv und egozentrisch. Aus der These von der natürlichen Güte des Menschen ging die Religion des 'naturisme' hervor, die auch – weniger exakt – 'romantisme' genannt wird. Es gilt allerdings im Auge zu behalten, daß die Entwicklung sich in Deutschland anders vollzogen hat als in Frankreich : « ... ich bin der Meinung, daß der deutsche 'naturisme' in seinem Schoß vor allem den ästhetischen und den rassistischen 'mysticisme' entwickelt hat, während dem französischen 'naturisme' oder 'romantisme' eher die affektive und die soziale Spielart abgingen. » (1)

Bei diesen freilich unzulänglichen und den Ansichten SEILLIÈREs nicht ganz gerecht werdenden Angaben muß es sein Bewenden haben. Sie bestätigen ohnehin die Feststellung meines Landsmannes und Kollegen Hugo DYSERINCK (geb. 1927) – « Seillière nahm innerhalb der antiromantischen Geisteswelt... eine eigene Stellung ein. » (2) – und reichen für ein richtiges Verständnis des nachstehenden Briefes. Im Mittelpunkt desselben steht C.S.s Buch über die Politische Romantik. Schon im Vorwort distanzierte er sich von der Romantikdeutung des Franzosen (3), die er im Verlauf seiner Untersuchung – etwas vereinfachend – darstellte (4) und abermals als unzulänglich ablehnte (5). Jedenfalls beweist eine lange Fußnote, daß C.S. über die französische anti-romantische Literatur im allgemeinen und über die einschlägigen Schriften SEILLIÈREs aufs vorzüglichste informiert war (6). In meinem Speyerer Beitrag habe ich übrigens mitgeteilt, daß er im Ersten Weltkrieg mit Büchern des Barons in Berührung kam (7) :

Von einigen fertigte er eine von Ritaten durchsetzte Zusammenfassung an (8).

Ich kann nicht umhin, an dieser Stelle die von Jean LINN (9) hergestellte Teilübersetzung des C.S.-Buches zu erwähnen (10). Den im C.S.-Archiv befindlichen Briefen LINNs ist manches über das Zustandekommen dieser Übersetzung zu entnehmen. Ich begnüge mich damit zu betonen, daß LINN im letzten Augenblick Skrupel gekommen sind, als er sich an die Stelle der französischen Leserschaft setzte : War die Veröffentlichung der vollständigen Übersetzung wirklich opportun ? In einem sechsseitigen Schreiben vom 20. Januar 1927 erörterte er seine Bedenken ; ich übersetze bloß den entscheidenden Satz : « ... Die Existenzberechtigung der Übersetzung, das sage ich mal ganz offen, wird ausschließlich gerechtfertigt durch die Skizze einer metaphysischen Theorie der Romantik, die sich im Buch findet, und durch die ernstaunlichen Analysen, die diese Theorie erhärten. Das macht den Wert der 'Politischen Romantik' aus und nicht Müller, Schlegel und andere ». (11) LINN und C.S. einigten sich offenbar auf eine Teilübersetzung, und diese wurde in Druck gegeben. Das Buch erschien am 28. April 1928, wie LINN C.S. unter dem 19. April 1928 meldete.

Einer diesbezüglichen Anfrage entsprechend, schickte C.S. eine Liste mit Namen von 21 Personen und Titel von 5 Periodika, die s.E. ein Freiexemplar bekommen müßten. Obzwar er SEILLIÈRE vorgesehen hatte, schrieb LINN am 21. Mai 1928 folgendes (12) : « ... In der Liste habe ich Seillière und Massignon, aufgenommen, ersteren weil Sie ihn ein wenig malträtiert haben und Massignon, weil Sie ihn persönlich kennen und ich sicher bin, daß er sich für alles interessiert, was Sie schreiben. Ein Exemplar bekommt ebenfalls Herriot, damit er sein Bild sieht ». (13) In seinem Brief vom 17. Juni 1928 bestätigte er mittelbar, daß SEILLIÈRE sein Exemplar erhalten hatte und fügte einen interessanten Hinweis hinzu (14) : « Seillière schickte mir seinen Auguste Comte, ein interessantes Buch übrigens, aber unordentlich und ernsthaft leidend, sowohl unter einer totalen metaphysischen und logischen Unsicherheit, als unter dem Vokabular, das auf alle seine Bücher drückt. Ich konnte nicht unterlassen, seine Aufmerksamkeit zu lenken auf die mir allzu schlimm vorkommende Konfusion von Mystizismus und Mystik, Termini, die er sich nicht scheut, als Synonyme zu verwenden. Schon anläßlich seines Feuilletons hatte ich den Heilsaktionsformeln einige Bemerkungen beigegeben – die er wirklich verdiente – über die Superiorität einer metaphysischen Definition im Vergleich zu einer, die sich nur der natürlichen Güte bedient. Er hat lediglich die Schlußfolgerung ziehen können, 'daß seine Thesen nicht entkräftet sind' und ist damit fortgefahren, seine Akten des Akzidentiellen zu akkumulieren ». (15)

Aus irgendeinem Grund oder Anlaß hat C.S. SEILLIÈRE auch ein Exemplar des deutschen Originals seines Buches zugeleitet. Der Baron schickte umgehend seine Besuchskarte mit diesen Worten : « Je reçois votre beau livre, Monsieur le Professeur, et vous en écrirai après lecture. Merci aussi de votre lettre ». Er hielt sein Wort, wie aus dem nachstehenden Brief hervorgheht. Es bleibt die Frage, ob er C.S.s Buch rezensiert hat, was ja nahegelegen hätte. Angesichts der buchstäblichen Schreibwut, ja Graphomanie SEILLIÈREs ist es nicht einfach, einer etwaigen Äußerung auf die Spur zu kommen, aber dessenungeachtet gebe ich die Hoffnung nicht auf.

P.T.

Paris, 16, rue Hamelin, XVI°
16. VI. 1928

Monsieur le Professeur,

J'ai maintenant pris connaissance, avec un vif intérêt, de votre volume dans son texte original, et j'ai beaucoup mieux compris ainsi votre pensée, comme il est naturel.

Votre étude sur la vie de Mueller, (de la page 60 à la page 76 environ) m'a beaucoup appris. J'en aime la conclusion qui proclame que le catholicisme n'a jamais été romantique, malgré le préjugé qui s'est établi sur ce point en Allemagne. Dans mon système aussi, christianisme ou catholicisme s'opposent à romantisme, encore que le catholicisme en soit un peu plus près que le protestantisme parce que le romantisme procède surtout des hérésies romanesques et féminisées.

J'ai beaucoup goûté également vos pages sur la POSSIBILITÉ et son rôle dans la mentalité romantique. Mais il est frappant combien, malgré tout, le romantisme allemand et le français sont divers. Ainsi le concept de l'IRONIE que vous commentez de façon si ingénieuse n'a, chez nous, aucune espèce de connexion avec le romantisme et parait plutôt s'y opposer.

Tout cela ne rend que plus attrayant les efforts faits de part et d'autre pour pénétrer plus à fond dans la psychologie de ce mouvement des esprits qui tient une place si décisive dans l'histoire contemporaine.

Avec la nouvelle expression de mes remerciements et de mes félicitations, je vous prie d'agréer, Monsieur le Professeur, celle de mes sentiments très-sympathiques et dévouées,

(S)

---

(1) (PT) E. SEILLIÈRE, *L'Histoire et nous,* Paris : Picquot, 1942, 248 S. ; dort S. 212-247

(« Ma Doctrine ») und das Zitat S. 238 (von mir frei übersetzt).

(2) (PT) a) H. DYSERINCK, *Graf Hermann Keyserling und Frankreich. Ein Kapitel deutsch-französischer Geistesbeziehungen im 20. Jahrhundert,* Bonn : Bouvier, 1970, III-157 S.
b) Vor dem Ersten Weltkrieg wurden einige Bücher SEILLIÈREs ins Deutsche übertragen ; der NIETZSCHE-Freund und GOBINEAU-Biograph Eugen KRETZER widmete den Lehren des Barons sogar eine kritische Monographie : *Imperialismus und Romantik. Kritische Studie über Ernest Seillières 'Philosophie des Imperialismus',* Berlin : Barsdorf, 1909, 8O S. Zwischen den Weltkriegen erschlaffte das Interesse, ohne jedoch voll und ganz nachtzulassen. Seit 1945 werden der Baron und sein System in Deutschland kaum noch zur Kenntnis genommen ; Ausnahmen sind das Buch von DYSERINCK (worin SEILLIÈRE eine bedeutende Rolle spielt) und ein Aufsatz von Karl KORN (geb. 1908), « Die romantische Krankheit. Über Ernest Seillières Philosophie des rationalen Imperialismus », *Berliner Hefte,* 1. Jahrg. Nr. 3, August 1946, S. 192-203. Der Baron hat seine Ideen zusammengefaßt in Hans PRINZHORN (1886-1933) (Hrsg.), *Die Wissenschaft am Scheidewege von Leben und Geist. Festschrift Ludwig Klages zum 60. Geburtstag 10. Dezember 1932,* Leipzig : Barth, 1932, VIII-252 S. ; dort S. 213-218 (« Qu'est-ce que le romantisme ? »).

(3) (PT) C.S., *Politische Romantik,* Berlin : Duncker & Humblot, (1919 ; [2] 1925) [3] 1968, 234 S. ; dort S. 3.

(4) (PT) C.S., *op. cit.* (vgl. *supra* FN 3), S. 37-39.

(5) (PT) C.S., *op. cit.* (vgl. *supra* FN 3), S. 41 und 226.

(6) (PT) C.S., *op. cit.* (vgl. *supra* FN 3), S. 38-39 FN 1 (eine Ergänzung S. 44 FN 1).

(7) (PT) P. TOMMISSEN, *art. cit.* (vgl. *supra* S. 132 FN 3), S. 77.

(8) (PT) Es handelt sich um : (a) *Une tragédie d'amour au temps du romantisme. Henri et Charlotte Stieglitz,* Paris : Plon, 1909, VII-291 S, in der Reihe 'Etudes de psychologie romantique' (zwei Seiten) ; (b) *Les mystiques du néo-romantisme. Evolution contemporaine de l'appétit mystique,* Paris : Plon, 1911, XIII-337 S. (etwa 18 Seiten) ; (c) *Houston-Stewart Chamberlain, le plus récent philosophe du pangermanisme mystique,* Paris : La Renaissance du Livre, 1917, II-182 S., Nr. 13 in der 'Bibliothèque internationale de critique. Religion et philosophie' (acht Seiten). Dazu ist folgendes zu bemerken : Erstens sind diese handschriftlichen Zusammenfassungen reichhaltiger als angedeutet, da C.S. sich wiederholt der Gabelsbergerschen Kurzschrift (vgl. *Schmittiana II,* S. 106 FN 34) bedient hat ; zweitens gibt es mit rotem Bleistift angekreuzte und numerierte Stellen (meistens Zitate), die beim Leser den Eindruck erwecken, sie könnten für Publikationen oder Vorlesungen in Erwägung genommen sein, bzw. gedient haben.

(9) (PT) Über LINN, vgl. *supra,* S. 59 FN 23.

(10) (PT) C.S., *Romantisme politique,* Paris : Valois, 1928, 165 S., in der 'Bibliothèque française de philosophie'. Infolge beruflicher Schwierigkeiten, die LINN zu schaffen machten, und interner Probleme des Verlags hat sich die bereits im März 1926 ins Auge gefaßte Übersetzung in die Länge gezogen ; LINNs geplante Einführung ist schließlich auch unterblieben. Von den 2.200 Exemplaren der Auflage waren am 30. Juni 1929 ungefähr 500 verkauft (Brief vom 10. August 1929) ; die Schriftenreihe und *mutatis mutandis* der Übersetzung gingen dann auf den größeren Verlag Desclée de Brouwer über.

(11) (PT) Der Originaltext lautet : « ... La raison de la traduction je le dis sans embarras, tient toute entière dans l'esquisse d'une théorie métaphysique du romantisme que le livre contient et dans les extraordinaires analyses qui démontrent cette théorie. Voilà ce qui fait le prix de la Pol. Rom. et non Müller, Schlegel et autres. »

(12) (PT)a) Louis MASSIGNON (1883-1962) machte sich einen Namen als Islamist, schrieb aber auch Bücher über die tragische Königin MARIE-ANTOINETTE (1755-1793) und über den Oratorianer-Pater Charles DE FOUCAULT (1858-1916), der sich bekanntlich als Feldgeistlicher in Nord-Afrika die Missionierung der Tuaregs zu Herzen gehen ließ. Als C.S. im März 1928 in Paris verweilte, hat er wohl seine Bekanntschaft gemacht im sog. Meudon-Kreis (vgl. *supra* S. 58 FN 13), wie ich aus einem Sonderdruck schlußfolgere. Unter dem 24. Mai 1928 bestätigte MASSIGNON den Eingang der Übersetzung sowie einer Schrift des Theologen Erik PETERSON (1890-1960 ; vgl. *supra* S. 82 FN 18) : vgl. Anlage, S. 137.

b) Edouard HERRIOT (Ps. von Paul MAIGROT ; 1889-1961) trat als Schriftsteller hervor und veröffentlichte 1929 sogar eine Biographie von Ludwig VON BEETHOVEN (1770-1827). Aber in erster Linie war er doch Politiker und Chef der Radikalen Partei (vgl. seine Bekenntnisschrift *Pourquoi je suis radical socialiste,* Paris : Eds de France, 1928, 183 S., in der Reihe 'Leurs raisons'). LINN meinte ohne Zweifel seine politische Tätigkeit.

(13) (PT) Der Originaltext lautet : « ... J'ai compris dans la liste Seillière et Massignon, le premier parce que vous le maltraitez un peu et Massignon parce que vous le connaissez personnellement et que je suis sûr qu'il s'intéresse à ce que vous écrivez. Envoyé également le livre à Herriot pour qu'il voie son portrait. »

(14) (PT) a) E. SEILLIÈRE, *Auguste Comte,* Paris : Alcan, 1924, II-402 S.
b) Betreffs der eigenwilligen und nicht immer konsequent gehandhabten Terminologie SEILLIÈREs ist LINN durchaus beizupflichten.

(15) (PT) Der Originaltext lautet : « Seillière m'a envoyé son Auguste Comte, livre d'ailleurs intéressant, mais désordonné et qui souffre fâcheusement de l'entière incertitude métaphysique logique et même, simplement, de vocabulaire, qui pèse sur toutes ses œuvres. En le remerciant, je n'ai pu m'empêcher, d'attirer son attention sur la confusion, qui me paraît tros grosse, entre mysticisme et mystique, mots qu'il ne se gêne pas d'employer comme des synonymes. Déjà à l'ocassion de son feuilleton, j'avais ajouté aux formules d'action de grâce, quelques remarques, qu'il méritait vraiment trop, sur la supériorité d'une définition métaphysique, comparée à celle par la bonté naturelle. Il n'a pu qu'en conclure 'que ses thèses ne sont pas infirmées' et continuer à accumuler ses dossiers de l'accidentel ».

Anlage : Brief von MASSIGNON an C.S. vom 24. Mai 1928

Très honoré Collègue,

Je vous remercie beaucoup de m'avoir fait envoyer un exemplaire de la traduction française de votre « Romantisme Politique » que je vais me mettre à lire.

J'ai à vous remercier également pour l'Heus Theos de Peterson que l'auteur m'avait d'ailleurs envoyé directement et dont je vais donner une recension, forcément assez brève vu le sujet dans la Revue des Etudes Islamiques.

Veuillez accepter, très honoré Collègue, les hommages tous confraternels.

(S)

6. Eugen Senge (1890-1972)

Der in diesem Band abgedruckte Beitrag von Frau Dr. med. Veronica RUNTE-SCHRANZ (geb. 1924) ist für den Katalog einer großen retrospektiven Ausstellung der Werke Eugen SENGEs konzipiert worden (vgl. supra S. 63). Für bio-bibliographische Auskunft über den begabten Bildhauer kann ich daher auf diesen ausgezeichneten Katalog verweisen (1), obwohl es töricht wäre, frühere Versuche gering zu werten (2). Da C.S. und SENGE sich gegenseitig schätzen, nimmt es nicht wunder, daß es zu einem Briefwechsel gekommen ist. Der nachstehende Brief, dessen Abdruck von dem Erben autorisiert wurde, stammt aus der Kriegszeit und ist symptomatisch für die Lesegewohnheiten SENGEs : Auch in diesem Fall vermochte die Lektüre eines C.S.-Buchs beim Künstler interessante Reflexionen auszulösen.

P.T.

27. Dez. 1942

Lieber Herr Professor Schmitt.

Ich danke Ihnen für die Adressen, die Sie mir geschickt haben und für das Büchlein. Die Adressen habe ich zu meinem Bedauern nicht mehr benutzen können, ich war zu stark in Anspruch genommen und zur Zeit bin ich bereits wieder unterwegs nach dort, wo ich vor einem Jahr war. Das Buch (3) habe ich in den langen Stunden des Transportes gelesen und möchte Ihnen nun auch gleich schreiben. Es beschäftigt mich in Gedanken sehr. Den geschichtlichen Ausblick darin finde ich sehr befreiend und wohltuend.

Und von der Kunst und von Weiß (4) herkommend, gehen meine Gedanken betreffs Raum in einer besonderen Richtung. Die Welt ist eine Kugel, und der kosmische Raum ist gekrümmt. Er berechnet sich nicht nach drei gerade Achsen die der ratio entsprechen würden, sondern er folgt, so stelle ich mir vor, als Einheit einer höheren Stufe einem anderen Prinzip. Ich stelle mir vor, daß ein Lichtstrahl und auch unser Blick einen großen Kreis machen, sodaß der entfernteste Stern den wir sehen, wieder wir selber sind. So wie das Ziel menschlichen Denkens der Mensch selber ist, so sieht er auch seine eigene Welt wieder. Die Koincidens der dritten Dimension mit der Fläche, wie es in der alten Kunst, in den romanischen Bildern (Goldgrund) der Fall ist, ist die letzte Wirklichkeit, die dem Menschen zugänglich ist. Der Satz : Die Welt ist nicht im Raum, sondern der Raum ist in der Welt (5), ist für mich überzeugend und fast selbstverständlich. – Das 'Nichts' der Perspektive in den Bildern oder auf der Bühne, von dem Sie schreiben (6), ist für mich ein überzeugender Begriff. Und ist nicht der Nihilismus ein Produkt menschlichen Bemühens, ähnlich der flüssigen Luft, die unter negativen Vorzeichen ähnliche Wirkungen wie Feuer hervorbringt. – Vielleicht ist die äußerste Zusammenballung dem Nichts am entsprechendsten, und somit würde der Punkt, an dem der Krieg in sein totalstes Stadium getreten ist, dem Nichts am nächsten sein. Dann würde der Friede nicht weit sein, denn der Mensch kann sich im Feuer ebensowenig wie im Nichts halten.

Meine Schrift wird immer mal unleserlicher, sowie der Zug sich wieder in Bewegung setzt. – Außerdem wird es gleich dunkel. Die Landschaft, die schon Vorfrühling zeigt, verschwindet langsam, ich habe so lange aus dem Fenster gesehen, bis ich müde war. Am Abend freue ich mich an dem Rotwein, den meine Marketenderei noch aus Frankreich mitgebracht hat. – Zu Haus war ich 2 Tage bevor ich die große Reise antrat (7) und konnte von meinem Vater Abschied nehmen. Er ist nun gestorben, und meine Frau hat allein für alles sorgen müssen. – Hoffen wir daß die Zeiten nicht zu fern sind, wo man wieder seiner friedensmäßigen Tätigkeit nachgehen kann und die Freunde sich wieder versammeln können in Siedlinghausen. Ich grüße Sie und auch die Ihrigen herzlich und wünsche Ihnen das Beste zum neuen Jahr. Ihr

(S)

---

(1) (PT) Vgl. *supra,* S. 80 FN 1.
(2) (PT) Ich denke an die in *Schmittiana I,* S. 106 FN 37, erwähnte Broschüre der Barbara ORTWEIN, *Eugen Senge-Platten. Leben und Werk,* Siedlinghausen : o.V., 1955, 26 S.
(3) (PT) Es handelt sich um C.S., *Land und Meer. Eine weltgeschichtliche Betrachtung,* Köln : Hohenheim Verlag, (1942) [4] 1981, 108 S., in der Reihe 'Edition Maschke'.
(4) (PT) Über ihn, vgl. *supra* S. 80 FN 4.
(5) (PT) C.S., *op. cit.* (vgl. *supra* FN 3), S. 106.
(6) (PT) C.S., *op. cit.* (vgl. *supra* FN 3), S. 68-69.
(7) (PT) Im November 1942 war Hauptmann SENGE einer Transportkolonne zugeteilt, die er in den folgenden Jahren in Italien führte. Vorher hatte er u.a. in Libyen gedient.

7. Rudolf Smend (1882-1975)

Mit Fug und Recht wird Rudolf SMEND zu den führenden Staatsrechtslehrern der Weimarer Republik gerechnet. Sofort nach ihrem Bekanntwerden erregte seine Integrationslehre großes Aufsehen. Sie faßt den Staat als einen permanenten Werdeprozeß auf, der auf die Aufhebung des im 19. Jahrhundert entstandenen Gegensatzes von Staat und Gesellschaft hinzielt (1). Deswegen konnte Ernst Wilhelm ESCHMANN (1904-1987) von einer aus einem juristischen Ansatzpunkt entwickelten soziologischen Lehre vom Staat reden und diese als eine kopernikanische Wende bezeichnen (2). Es ist SMEND verübelt worden, daß er das faschistische Italien als Beispiel und Beleg seiner Ansichten hervorgehoben hat ; mit Werner HILL (geb. 1930) zu sprechen : « Der Faschismus war 'die große Fundgrube' seiner Theorie. » (3) Andererseits griffen kluge politische Aktivisten die Lehre begierig auf ; Reinhard HÖHN (geb. 1904) z.B., damals noch Großkomtur für Bayern und Österreich des 1920 von Arthur MAHRAUN (1890-1950) gegründeten 'Jungdeutschen Ordens' (4), schrieb folgendes : « ... Mahrauns und Smends Staatstheorien stimmen darin überein, daß sie einen Einblick in das Wesen des Staates geben, die Stellung des Einzelnen im Staat lösen und als Theorie,..., die Grundlage für eine Verfassung geben, in der alle Faktoren enthalten sein müssen, um diesen Ansprüchen zu genügen. » (5)
Als ich SMEND um seine Meinung über C.S. bat, erhielt ich unter dem 6. Januar 1953 diese Antwort : « ... Mir war eine nähere Auseinandersetzung mit ihm (sc. C.S.) deshalb nie aufgegeben, weil unsere Arbeitsweisen und Arbeitsziele durchaus gegensätzlicher Art waren. Ich habe ihn immer in erster Linie als einen Kritikezr größten Stils verstanden, während ich meine Aufgabe im Aufbau im Kleinen suchte... » In einem 1960 erschienenen Liber Memorialis drückte SMEND sich allerdings schärfer aus (6), und 1972 bauschte er den dogmatischen Gegensatz zu C.S. zu einer weiten Kluft auf (7). Dennoch ist nicht zu bestreiten, daß die beiden Gelehrten sich gegenseitig achteten und ungezwungen mit einander korrespondiert haben. Davon legt der nachtstehende Brief, den ich dank dem freundlichen Entgegenkommen der Erben SMENDs veröffentlichen kann, ein beredtes Zeugnis ab ; obendrein ist er wegen der Äußerungen zu dem Leviathan-Buch C.S.s (8) zusätzlich interessant.

P.T.

Torfhaus (Oberharz), 10. Juli 38

Sehr verehrter, lieber Herr Schmitt !

Das Geburtstagsgeschenk zu Ihrem fünfzigsten Geburtstage bringen Sie den Andern – der « Leviathan » hat, wie freilich im Grunde alles von Ihnen, nicht nur die Inhaltsfülle, sondern auch die Anmut, die das echte Ge-

schenk haben muß. Und er wird auch dem Tage gerecht — auch wenn das fünfzigste Jahr für den schaffenden Mann kein eigentlicher Lebensabschnitt ist, der zum abschließenden Rückblick genügt, so machen Sie es doch jedem Glückwünschenden leicht, sich an diesem anmutigen Werk ihre geistige Gestalt ohne Mühe noch einmal deutlich zu machen, um zu wissen, wofür er Ihnen danken und Sie und sich selbst zu beglückwünschen hat.
Ich nehme Ihre Gabe mehr als Bestätigung dessen, was ich bewußt zu sehen glaube – und die freundlichen Worte, mit denen Sie sie begleiten, auch als Ausdruck Ihres Einverständnisses mit meiner Deutung. Ich wiederhole Ihnen heute diese Deutung nicht. Ich vermute, daß Sie sich und Ihr Werk heute etwa in dem Lichte sehen, in das Sie in den letzten Sätzen Ihres Buches Ihren Helden und sein Werk rücken – aber ist der Einschlag von Resignation darin nicht das Schicksal jedes bedeutenden schöpferischen Lebens ? Und ist Ihr Schicksal nicht doch glücklicher ? Einmal im Bereich der überwältigenden Evidenz, die Sie nun doch einmal vor dem alten Engländer voraushaben – nehmen Sie doch nur die kleine Münze davon, die Sie immer wieder so verblüffend hinstellen – Ihr Buch enthält wieder eine Anzahl, das für mich eindrücklichste und schönste die glänzende Kontrastierung Hobbes-Spinoza S. 88. Und das ist nur Ihr Kleingeld ! Aber vor allem : die Linie nach vorwärts und nach rückwärts, die Sie deutlich machen wie kein Zeitgenosse. Zurückhaltender in der Zukunft — da kann man ja auch nur Alternativen zeigen, und vielleicht gehen wir da auseinander, vielleicht sehen wir die vor uns liegende neue Stufe der Geschichte und des Geistes noch sich klären. Entschiedener in die Vergangenheit : die aufgegebene Begründung und Ausrichtung unseres Denkens haben Sie so nachdrücklich herausgestellt, daß hier in der That nur etwas von den Andern zu fordern ist. Von Hobbes ist ja doch irgendwie, wenn auch nicht im Sinne seines Autors, das Ranke'sche Wort wahr, daß er zu den großen Agonien des 17. Jahrhunderts gehört. Sie gehören nicht zu denen des 19. oder des 20., ganz im Gegenteil — es sei denn, daß wir endgültig in das nachwissenschaftliche Zeitalter eingetreten wären. Das wäre, glaube ich, in der That die Grenze Ihrer Wirkung und Ihrer Geltung — und zuweilen möchte man bei den Jungen, zuweilen sogar bei Ihren Schülern an dergleichen glauben. An die Endgültigkeit dieser Wendung und damit Ihrer Wirksamkeit glaube ich einstweilen aber ganz und gar nicht — das Gegenteil wünsche ich der Welt, uns Allen, und zum Geburtstage Ihnen auf das Dringendste !
Möchte es ein fröhlicher Festtag sein, den Sie begehen, und möchte er voll guter Vorzeichen sein für die vor Ihnen liegenden Jahrzehnte ! Noch immer in der Rekonvaleszenz begriffen, können meine Frau und sich übermorgen nur in Gedanken mitfeiern — das tun wir aber aufs herzlichtste !
Mit den wärmsten Wünschen und Grüßen Ihnen und Ihrer Frau von uns beiden.

der Ihrige
(S)

(1) (PT) R. SMEND, *Verfassung und Verfassungsrecht,* München/Leipzig : Duncker & Humblot, 1928, 178 S.

(2) (PT) E.W. ESCHMANN, « Moderne Soziologen III : Rudolf Smend », *Die Tat,* 23. Jahrg. Nr. 2, Mai 1931, S. 139-152 ; dort S. 144. Der Autor bedient sich allerdings einer eigenwilligen Interpretation der Soziologie und des Soziologischen.

(3) (PT) W. HILL, *Gleichheit und Artgleichheit,* Berlin : Duncker & Humblot, 1966, 309 S., Nr. 28 in der Reihe 'Schriften zum öffentlichen Recht' ; dort S. 162. Vgl. die kritische Würdigung von Helmut QUARITSCH (geb. 1930) in *Das Historisch-Politische Buch,* 15. Jahrg. Nr. 1, 1967, S. 52-53. — HILLs Buch ist bekanntlich auch wichtig im Hinblick auf C.S.

(4) (PT) Vgl. u.a. Klaus HORNUNG (geb. 1927), *Der Jungdeutsche Orden,* Düsseldorf : Droste, 1958, 160 S., Nr. 14 in der Reihe 'Beträge zur Geschichte des Parlamentarismus und der politischen Parteien'.

(5) (PT) R. HÖHN, *Der bürgerliche Rechtsstaat und die neue Front. Die geistesgeschichtliche Lage einer Volksbewegung,* Berlin : Jungdeutscher Verlag, 1929, 135 S. ; dort S. 119. — Über HÖHN, vgl. *infra* S. 151 FN 14.

(6) (PT) R. SMEND, « Zur Geschichte der Berliner Juristenfakultät im 20. Jahruhundert », S. 109-128 in *Studium Berlinense. Aufsätze und Beiträge zu Problemen der Wissenschaft und zur Geschichte der Friedrich-Wilhelms-Universität zu Berlin,* Berlin : W. de Gruyter & Co, 1960, XII-930 S. ; dort S. 124-125.

(7) (PT) Franz NUSCHELER (geb. 1938) und Winfried STEFANI (geb. 1927) (Hrsg.), *Pluralismus. Konzeptionen und Kontroversen,* München : Piper, 1972, 345 S., Nr. 13 in der Reihe 'Piper Sozialwissenschaft' ; dort S. 26-27 (längerer Auszug aus einem Brief SMENDs an die beiden Herausgeber des Bandes). An dieser Einschätzung SMENDs meinte Jürgen MEINCK in seiner Dissertation erhebliche Zweifel anbringen zu müssen : *Weimarer Staatslehre und Nationalsozialismus. Eine Studie zum Problem der Kontinuität im staatsrechtlichen Denken in Deutschland 1928 bis 1936,* Frankfurt a.M./New York : Campus, 1978, 367 S., Nr. 41 in der Reihe 'Campus Forschung' ; dort S. 52.

(8) (PT) Vgl. *supra* S. 62 FN 35.

8. Jean-Edouard Spenlé (1873-1950)

Auf Grund einer beiläufigen Bemerkung C.S.s in seinem an Julien FREUND (geb. 1921) gerichteten Brief vom 15. April 1960, derzufolge er sich 1925 in Straßburg mit Jean-Edouard SPENLÉ über Friedrich NIETZSCHE (1844-1900) unterhalten habe (vgl. « Schmittiana II », S. 44), konnte ich in einer Fußnote einiges über diesen bedeutenden Germanisten mitteilen (vgl. « Schmittiana II », S. 65-66 FN 26). Diesmal bin ich in der Lage, die Empfangsbestätigung abzudrucken, die er C.S. nach dem Eingang der französischen Übersetzung der « Politischen Romantik » geschickt hat (vgl. supra S. 136 FN 10). Sie bestätigt die soeben angedeutete Bekanntschaft, die deutlich weiterging als kollegiales Geplauder, und beweist obendrein, daß die C.S. -Lektüre SPENLÉs nicht auf diese eine Veröffentlichung beschränkt geblieben ist.

Als die in jenem Schreiben angezeigte Besprechung erschien, urteilte Pierre LINN (1897-1966 ; vgl. supra S. 59 FN 23, sowie S. 134) in seinem Brief an C.S. vom 15. September 1928 wie folgt : « Ich bin sehr zufrieden mit dem Artikel von Spenlé, der sympathisch und erfreulich ist. » (1). Es schadet wohl nicht, daß ich gleichfalls diese Besprechung abdrucke. Die beiden Dokumente, der Brief und die Besprechung, führen mittelbar an das wichtige Thema C.S. und Frankreich heran (2).

P.T.

Mainz, le 2 juin 1928

Cher Monsieur et honoré collègue,

Laissez moi vous remercier de l'envoi que vous avez bien voulu me faire faire de la traduction française par Mr. Linn de votre livre sur 'le romantisme politique'. Je l'ai trouvée remarquablement bien rédigée : on croirait presque que vous vous êtes exprimé directement en français, tant le tour de la phrase est vivant et naturel. D'ailleurs, déjà en vous lisant dans le texte allemand, j'avais le sentiment que votre mode de penser se rapprochait beaucoup de la pensée française. Je me promets bien de faire un compte rendu de votre 'romantisme politique' dans 'Le Mercure de France' (probablement dans le numéro du 1er septembre). Je me réjouis aussi d'emporter en vacances votre 'Verfassungslehre' (3) que je voudrais pouvoir lire et méditer à tête reposée.

J'espère que ces lignes vous trouveront en bonne santé et que l'état de santé de Madame Carl Schmitt ne vous inspire point d'inquiétudes. A-t-elle donné suite à son projet d'aller à Lugano ? (4) Ma femme a été rappelée dans le midi par la mort de son père. Veuillez bien présenter mes hommages à Madame Carl Schmitt et vous-même, cher Monsieur et honoré collègue, soyez bien remercié pour toutes vos attentions et croyez à mes sentiments tout dévoués.

(S)

Besprechung (5)

... Au reste, qu'on accepte ou qu'on conteste les formules de l'auteur, voici un livre qui fait penser, une de ces fortes discussions qui vraiment ventilent les problèmes et qui, bien loin d'amasser des nuages, apportent de la lumière et de l'air pur à flots.

On en pourrait dire autant du livre de M. Schmitt sur le Romantisme politique, livre tout pétillant de verve, bourré d'aperçus originaux, et dont nous est présentée aujourd'hui une traduction française due à la plume alerte et vive de M. Pierre Linn. M. Carl Schmitt est professeur de Droit public. Ses théories sur la dictature ont jeté naguère un jour très nouveau sur nos idées modernes de souveraineté et il vient de publier une *Théorie de la Constitution* appelée à devenir dans l'Allemagne de Weimar un ouvrage fondamental et classique. Mais il ne s'est pas cantonné dans ce domaine strictement juridique. Et d'ailleurs l'histoire des idées politiques peut-elle s'isoler de ces grands renouvellements de la sensibilité et de l'idéologie humaines qui trouvent leur expression également dans la littérature et dans la philosophie ? A ce titre le romantisme peut intéresser même un professeur de Droit Public.

Certes, M. Schmitt n'aime pas le romantisme. Son esprit de juriste, épris de définitions exactes et de solides constructions doctrinales, s'irrite de cette chose fuyante, flottante, informulable, dont tout le monde parle et que jamais personne n'a pu définir. *Tot capita, tot sensus.* Quel Bossuet écrira l'Histoire de ces variations du romantisme (6) où se connaîtra l'erreur initiale d'une doctrine frappée dès l'origine de contradictions irrémédiables ? Romantisme, pour les uns, signifie retour au passé, à la tradition, réaction politique et religieuse. Pour d'autres, comme M. Seillière, c'est au contraire une doctrine essentiellement révolutionnaire individualiste, anarchique, issue en droite ligne de Rousseau (7). Les uns y voient un allié du catholicisme, du moins en Allemagne ; d'autres y dénoncent une hypertrophie du Moi et le principe du protestantisme poussé jusqu'à ses dernières conséquences. Le romantisme, c'est l'irrationalisme, entend-on dire ; mais voici Hegel qui nous présente un cas superbe de ce qu'on pourrait appeler « le romantisme de la Raison ». — En littérature, on ne s'entend guère mieux. On discute sur le romantisme des classiques et sur le classicisme des romantiques.

Pour certains, lisons-nous, le romantisme, c'est la jeunesse et la santé ; un autre brandit, comme un étendard, le mot de Goethe disant que le classique, c'est ce qui est sain, et le romantique ce qui est malade. Il existe un romantisme de l'énergie, un autre de la décadence. Un romantisme de l'expérience immédiate de la vie, un autre pour ceux qui veulent fuir dans le passé et la tradition...

Qu'est-ce à dire, sinon que ce mot n'a aucun contenu positif, que c'est « un tonneau vide où l'on verse dans chaque cas un contenu différent », ou plutôt une épithète qu'on se renvoie, tantôt élogieuse, tantôt injurieuse, selon l'époque, selon les dispositions de chacun : car on est toujours le « romantique » de quelqu'un.

Faut-il conclure à l'inexistence du romantisme, de cette impossibilité de le définir « objectivement » ? L'auteur ne le pense pas. Mais, au lieu d'essayer de le définir dans son « objet », il propose de le saisir dans le « sujet » dont il exprime une simple attitude. Un romantique, disait Novalis, c'est un homme qui tire un roman de n'importe quoi, c'est-à-dire qui s'excite sur n'importe quoi, sur la vie et sur la mort, sur la Révolution et sur la tradition, sur le pape et sur le grand Turc, sur la Cité future ou sur le Khalife de Bagdad (8). Au fond, l'objet lui est indifférent ou plutôt ne lui fournit qu'une *occasion,* un prétexte à rêverie ou à divagation romantique. Et M. Carl Schmitt croit découvrir dans Malebranche (9) la justification philosophique d'une pareille attitude d'esprit. Il définit donc le romantisme *« un occasionnalisme subjectivé ».* Je doute fort qu'aucun romantique allemand ait jamais lu Malebranche et je ne suivrai pas l'auteur dans l'exposé de cette très subtile dialectique où il croit reconnaître la marque propre d'un esprit romantique, et qui consiste à grouper les contrastes, les oppositions, les antithèses, simples prétextes pour s'évader ensuite hors du réel par l'artifice de ce que l'auteur appelle « le principe du tiers supérieur ». Je me demande simplement si « l'occasionnalisme » ainsi défini est une attitude spécifiquement romantique. N'est-ce point le propre de l'art en général, du moins dans les temps modernes, d'être « occassionnaliste », c'est-à-dire, de ne demander à la réalité que des *occasions,* des prétextes, des sujets, des motifs, peu importe la chose représentée en elle-même ; et de chercher à se placer d'emblée en dehors de toute définition scientifique, de toute causalité empirique, de toute éthique politique ou sociale ? L'erreur du romantisme a été simplement de n'avoir pas eu le sentiment de la relativité de l'art dans l'économie totale des valeurs humaines, d'avoir érigé en religion suprême l'illusionnisme esthétique et l'ironie géniale, et de n'avoir pas compris que dans le partage entre l'artiste et le bourgeois, auquel il lui a fallu, en fin de compte, tout de même se résigner, c'est toujours le bourgeois qui tient le bon bout. Reconnaissons donc – et si c'était là le but que se proposait la démonstration de M. Carl Schmitt, elle l'a pleinement atteint – que le romantisme ne saurait constituer une doctrine *politique,* pas plus que morale, ni donner le jour à un programme d'action précis. « Le romantisme politique, conclut l'auteur, finit là où commence l'activité politique réelle. » D'accord. Mais est-ce une raison, comme le voulait Platon, pour expulser de la Cité ces rêveurs ou ces « occasionnalistes » impénitents ? Et ne serait-elle pas terriblement ennuyeuse, sans eux, cette République politique ?

---

(1) (PT) Der französische Text lautet : « J'ai été très content de l'article de Spenlé qui est sympathique et agréable. »

(2) (PT) Das Thema ist bislang nur einspurig in Angriff genommen worden, am solidesten von Manfred BALDUS (geb. 1935), « Carl Schmitt im Hexagon. Zur Schmitt-Rezeption in Frankreich », *Der Staat,* 26. Jahrg. Nr. 4, 1987, S. 566-586. Ich hoffe, in meinen drei Schmittiana-Bänden einige Materialien zu einer zweispurigen Untersuchung beigesteuert zu haben.

(3) (PT) C.S., *Verfassungslehre,* Berlin : Duncker & Humblot, (1928) [6] 1983, XX-404 S.

(4) (PT) Vgl. *Schmittiana I,* S. 54 FN 17, sowie in diesem Band, S. ... Nachweislich war Frau SCHMITT ab Anfang Oktober 1928 monatelang im Kaiser-Friedrich-Krankenhaus in San Remo.

(5) (PT) Die Besprechung ist der Schußteil einer 'Lettres allemandes' überschriebenen Sammelrezension in der Zeitschrift *Mercure de France,* 1. August 1928, S. 715-720. Aus diesem Grund fängt der Abdruck mit dem Schlußsatz der Besprechung eines Buches des Literaturhistorikers Fritz STRICH (1882-1963) an *(Dichtung und Civilisation,* München : Meyer und Jessen, 1928, XVII – 251 S.).

(6) (PT) Es handelt sich um eine Anspielung auf ein Buch des berühmten Kanzelredners Jacques-Bénigne BOSSUET (1627-1704) : *Histoire des variations des églises protestantes* (1688).

(7) (PT) Über SEILLIÈRE und seine Romantik-Deutung, vgl. *supra* S. 133.

(8) (PT) SPENLÉ ist der Verfasser eines Werkes über NOVALIS (Friedrich VON HARDENBERG ; 1772-1801) : *Novalis. Essai sur l'idéalisme romantique en Allemagne,* Paris : Hachette, 1904. No. 2 in der 'Bibliothèque de la Fondation Thiers'.

(9) (PT) Merkwürdigerweise erwähnt C.S. nirgends die Leipziger Dissertation von Emile FARNY (1864-?), wovon er ein Exemplar in seiner Bibliothek besaß : *Etude sur la morale de Malebranche,* Chaix-de-Fonds : Imprimier du National Suisse, 1886, 42 S.

9. Moritz Freiherr von Bethmann (1916-1942)

Zu meinem Bedauern ist es mir noch nicht gelungen, Näheres ausfindig zu machen über die Beziehungen, die zwischen C.S. und Moritz Freiherr VON BETHMANN bestanden haben. Sogar sein Bruder, der als Autor wirtschaftspolitischer Bücher bekannt gewordene Johann Philip Freiherr VON BETHMANN (geb. 1924), schrieb mir unter dem 13. Dezember 1990, insofern sei er überfragt. Daß er dennoch dem Abdruck des nachstehenden Briefes zustimmte, ist um so erfreulicher, als es sich um ein aufschlußreiches Dokument handelt. Seine Lektüre ermöglicht einen Einblick in die Gedankenwelt eines jungen deutschen Offiziers im Zweiten Weltkrieg, der aus einer idealistischen Haltung heraus bestrebt war, « Ausdrücke der nationalsozialistischen Doktrin mit Sinn zu erfüllen » und so mittelbar die Leere der sog. nationalsozialistischen Weltanschauung dokumentierte (1). Schade indes, daß das Nicht-Vorhandensein des von C.S. kommentierten Textes des Freiherrn die Deutung einiger Briefstellen erschwert. Es sei noch erwähnt, daß C.S. auch mit dem Bankier Moritz Freiherr VON BETHMANN (1887-1966), dem Vater der Brüder Moritz und Johann Philipp, in Verbindung gestanden hat (2).

P.T.

Leutnant Frhr. v. Bethmann — Hamburg, 6.4.41
6.U.E.A.20
Hamburg-Rahlstedt

Lieber, sehr verehrter 'Herr Schmitt',

noch unter dem Eindruck des schönen Abends in der Kaiserwerther Strasse las ich auf der Fahrt nach Kopenhagen ihre Randbemerkungen zu meiner Arbeit und freute mich herzlich über Ihre eingehende Stellungnahme.

Zunächst möchte ich zu der Schlangenlinie unter der 'biologischen Methode' bemerken (3), dass es sich hier um einen jener Fälle handelt, in denen ich bestrebt bin, ganz planmässig Ausdrücke der nationalsozialistischen Doktrin mit Sinn zu erfüllen ; aus dem gleichen Grunde habe ich auch Rosenberg zitiert, obwohl ich zugeben muss, dass 'Mythus und Typus' die beste Bezeichnung für das 'Gesetz von Stempel und Prägung' (Jünger) ist (4), die mir bisher untergekommen ist ; d.h. die beste Bezeichnung für dieses Gesetz im Bereich des Politischen in der Sphäre des Reiches. Insofern wäre also Rosenberg recht brauchbar, vorausgesetzt, dass diese Formulierung von ihm stammt, während er sonst dem typischen Nietzschischen Fehler der Einseitigkeit auch gegen Priestertum folgt.

Ihre Bemerkung, ob auch nicht ehrlos sei, der seine Steuern nicht bezahlt, ist sehr bedeutend und ein Schlüssel zu einer umfassenderen Betrachtung des ‘Reiches’ (5). In der Tat gehört nämlich das Steuerzahlen der priesterlichen Seite der Herrschaft an. Es ist dabei interessant, zu beobachten, dass heutzutage des öfteren Proteste unglücklicher Individualisten laut werden, in denen die ‘Sakralisierung’ des Staates als bedauerlicher Vorgang beklagt wird, die sich dadurch ausdrücke, dass das Steuerzahlen, am typischsten in der Form des W & W, als ‘Opfer’ angesprochen wird. Dies wäre allerdings bedenklich insofern, als ein primitiver Nationalkult Wodans hier ausbrechen könnte ; mir scheint aber doch, schon nach dem Satz, ‘das nichts sein kann, was eigentlich nichts ist’, der Vorgang bedeutender, und ich erinnere mich dabei an jene babylonischen Tontäfelchen, auf denen säumige Steuerzahler aufgefordert werden, doch endlich dem Marduk die schuldigen Widder abzuliefern. (Das Reich entstand zuerst in Babylonien, heisst es im Sachenspiegel) (6). Sie haben also vollkommen recht : Wer seine Steuern nicht bezahlt, ist nicht ehrlos, sondern sündig.

Die Beziehung der Wirtschaft zur Herrschaft, ihr kultischer Hintergrund also, ist überhaupt eine Entdeckung, von der noch mancher Aufschluss zu erwarten ist. In Othmar Spanns kleinem Lehrbuch über die ‘Haupttheorien’ fand ich ausser der bedeutenden Formulierung jeder Art des Geldes als ‘Kapitals höherer Ordnung’ (7) noch einen Hinweis auf die Entdeckung eines anderen Forschers, dass das Geld ursprünglich entstanden sei als Symbolisierung der Sonne im Golde, des Mondes im Silber (8). Dies steht der Frobenischen Deutung der Herrschaft des Staates, als ‘Repraesentation des Sternenhimmels’ in frühen Zeiten, in denen die Sterne des Kosmos ‘auf Erden gespielt’ wurden – Sonne und Mond von König und Königin (oder umgekehrt, was mir noch sehr rätselhaft ist) – offenbar sehr nahe (9). Nur so lässt sich auch eine brauchbare Deutung des Zinses finden, der offenbar die typische säkularisierte Form der Abgabe an die Herrschaft ist, wann diese die Form der Plutokratie angenommen hat. (Die verschiedenen ‘Enthaltsamkeits’– und übrigen Theorien können jedenfalls nichts erklären).

In dieser Ursprungslehre Frobenius’ vom Staate (oder besser Reich) ist jedenfalls auch der geheimnisvolle Zusammenhang enthalten, in dem die beiden einzig bedeutenden Erscheinungen des Lebens, die Liebe und die Herrschaft, zueinander stehen ; (ich glaube nämlich, dass alle anderen von diesen beiden eigentlich selbständigen abgeleitet sind). Was aber diese Zweiheit bedeutet, und wie sie ineinandergreift, ist mir noch durchaus dunkel – wenn auch Spengler das, was ich ‘Wille zur Macht’ und ‘Bereitschaft zur Hingabe’ genannt habe, auf das männliche und weibliche Prinzip sehr eindrucksvoll zurückführt (10), und wenn auch in Korea die sich paarenden Fische das Staatswappen sind – und ich wäre begierig zu hören, welche Meinung Sie in dieser Sache haben. Ich bin jedenfalls überzeugt, dass man genau den gleichen philosophischen Vorstoss, den ich im Bereich der Herrschaft ° in Bezug auf Sitte, Moral und Recht unternommen habe, auch im Bereich der Liebe demnächst zu erwarten hat (derartige Vergleiche sind ja in meiner Arbeit häufig) ; in dem Buch des Münchner Arztes Hans von

Hattingberg (11) über die Liebe sind sie schon angedeutet, wenn es auch noch nicht tief genug geht, aber immerhin ein köstliches Zeichen unserer Revolution in seiner grundanständigen und dabei doch höchst wissenschaftlichen Gesinnung ist ; als Motto steht darüber « Lieben heisst im Stand der Gnade sein. » (Mit 'grundanständig und doch wissenschaftlich' meine ich, dass die saubere begriffliche Untersuchung durchaus nicht unausweichlich pornographische Zersetzung zu sein braucht.)

Ich habe mich sehr gefreut, dass Sie in Ihrer neuen Arbeit über Land und See Ihrem im Herbst erwähnten 'Steckenpferd' der Piraterie nachgegangen sind – oder besser, um im Bilde zu bleiben, es geritten haben ; es ist wirklich Grossartiges dabei herausgekommen (12). Wie verblüffend ist zum Teil die Parallele zu meiner Untersuchung – über die Freimaurerei, die Sie, wenn ich mich nicht irre, noch nie so deutlich behandelt haben, und dann über Hobbes' 'Leviathan', wo Sie jetzt, im Gegensatz noch zu Ihrer früheren Arbeit über diesen Gegenstand, klar aussprechen, dass dieser Engländer mit Symbolen doch nichts anfangen kann ; das Element des Meeres aber steht noch deutlicher im Mittelpunkt als in meiner Untersuchung, und das bedeutet elementare Unwiderstehlichkeit der Darlegung. (Es ist übrigens seltsam, wie verwandt See und Steppe sind ; haben doch die Engländer die Landschaft ihrer Insel zu einer Llanos-Landschaft für die Jagden auf ihren Steppentieren, den Pferden, gemacht !).

Ihre Arbeit über das 'Zweite Reich' (13) gibt wirklich entscheidenden Aufschluss über Wesen und Untergang dieses Gebildes ; erstaunlich, dass eigentlich niemand vordem hier gewusst hat, weshalb wir eigentlich den grossen Krieg verlieren mussten – oder besser den ersten Teil des 'grossen Krieges'. Selbst Jünger hat hier noch nicht alles gesagt, obwohl er den Weg grossartig bereitet hat. Was Höhn anlangt, so scheint er in der Tat einige Assistenten auf Ihre Spur gesetzt zu haben (14).

Ihre Erkenntnis, dass 'Raum' mehr ist als materialistisches 'Milieu', ist mir auch durch eine Bemerkung von Peter Feldes jüngerem Bruder, (der damals 16 Jahre alt war), schon vor einiger Zeit aufgegangen, wenn ich auch bei Ihrer Bezugnahme auf die neue Physik und überhaupt die ganze Durchführung im Einzelnen bekennen muss, dass ich hier noch nicht mitkomme (15). Grossartiges ist hier jedenfalls enthalten, und die Formel 'Blut und Boden' ist somit mehr als das, was hier gewöhnlich gesehen wird, ein Kompromiss, bei dem 'Blut' zwar das (primitiv ausgedrückt) Irrationale, 'Boden' aber der materialistische Pferdefuss ist. (Für das Bauerntum ist dies zwar absurd, doch zweifle ich nicht, dass sich die meisten Leute die Sache allenfalls so vorstellen).

Den wunderwollen Brief Ernst Jüngers, versehentlich mitgenommen, schikke ich ebenfalls zurück, und grüsse Sie ganz von Herzen als Ihr ergebener

(S)

PS Wie Sie sehen, sitze ich in der Tinte ; von Kopenhagen als Überzähliger – was der dortigen Dienststelle nicht verübelt werden kann – nach Hamburg zum Ersatzheer zurückversetzt, kann ich jetzt hier bis in die Puppen Rekruten ausbilden und Sondermeldungen anhören ; denn dass meine Vorgesetzten selbst Wünschen des O.K.H. gegenüber taub bleiben dürfen, das konnte ich gestern bereits zu meinem Entsetzen feststellen.

PS Ich komme noch einmal : wann lesen Sie Spengler ; vor allem 'Preussentum und Sozialismus' (16) ? Jetzt aber endgültig, Ihr dankbarer (S).

(°) Die nahe Beziehung des Philosophen zum Herrscher ist sehr schön in Bergengrüns 'Am Himmel wie auf Erden' (17) in Kurfürst Joachim und Dr. Carion ausgedrückt. Es gibt doch schöne Bücher, auch Romane, bei uns, und wir können Thomas Mann gern den Amerikanern lassen.

---

(1) (PT) Diese Feststellung paßt zu neuren Interpretationen des Dritten Reiches. Vgl. u.a. Jürgen VON KEMPSKI (geb. 1910), « Gefährdung der Wissenschaft durch politische Macht. Reflexionen zum Schicksal der Wissenschaft im Dritten Reich », S. 427-441 in Klaus Jürgen GANTZEL (geb. 1934) (Hrsg.), *Wissenschaftliche Verantwortung und politische Macht,* Berlin/Hamburg : Reimer Verlag, 1986, XIV-453 S., Nr. 2 in der Reihe 'Hamburger Beiträge zur Wissenschaftsgeschichte' ; dort S. 438.

(2) (PT) Das geht aus einem Schreiben des Freiherrn vom 28. September 1941 einwandfrei hervor.

(3) (PT) *A priori* ist der Einfluß von Ernst JÜNGER (geb. 1895) nicht auszuschließen, denn das Schlangensymbol spielt in seinem Werk eine gewisse Rolle. Vgl. dazu Henri PLARD (geb. 1921), « Ex ordine shandytorum. Das Schlangensymbol in Ernst Jüngers Werk », S. 95-116 in *Freundschaftliche Begegnungen. Festschrift für Ernst Jünger zum 60. Geburtstag,* Frankfurt a.M. : Klostermann, 1955, 235 S.

(4) (PT) a) Alfred ROSENBERG (1893-1946), *Der Mythus des 20. Jahrhunderts. Eine Wertung der seelisch-geistigen Gestaltenkämpfe unserer Zeit,* München : Hoheneichen-Verlag, (1930) 1940, XXI-712 S. ; dort u.a. den programmatischen Satz : « ... Das ist die Aufgabe unseres Jahrhunderts : aus einem neuen Lebensmythus einen neuen Menschentypus schaffen. » Für den genauen Sinn dieser Zentralbegriffe, vgl. die Einführung des Philosophen Alfred BAEUMLER (1887-1968), *Alfred Rosenberg und der Mythus des 20. Jahrhunderts,* München : Hoheneichen-Verlag, 1943, 111 S. ; dort S. 71-72 (Mythus) und 92-93 (Typus).
b) Zu dieser im Werk E. JÜNGERs ebenfalls oft wiederkehrenden Metapher, vgl. Erich BROCK (1889-1976), *Das Weltbild Ernst Jüngers. Darstellung und Deutung,* Zürich : Hans Niehans, 1945, XII-279 S. ; dort S. 171-177 (« Grund und Oberfläche »).

(5) (PT) Vgl. C.S., *Über die drei Arten des rechtswissenschaftlichen Denkens,* Hamburg : Hanseatische Verlagsanstalt, 1934, 67 S. ; in der Reihe 'Schriften der Akademie für Deutsches Recht' ; dort S. 18 und 61-63. Auch *supra, S.47.* S. C.S. hatte sich schon 1927 mit dieser Problematik befaßt ; vgl. *Positionen und Begriffe im Kampf mit Weimar/Genf/Versailles 1923-1939,* Berlin : Duncker & Humblot, (1940) [2]1988, 322 S. 85-87 (« Demokratie und Finanz »). Dieser Aufsatz wurde ins Italienische übersetzt von Clemente FORTE : « Democrazia e finanza », *Behemoth,* 4. Jahrg. Nr. 1, Juli 1988 – März 1989, S. 39-42 (mit interessanten Bemerkungen vom Übersetzer und von Luigi CLAURRO).

(6) (PT) Vom *Sachensenspiegel* (13. Jahrh.) des Eike VON REPGOW veröffentlicht die Wissenschaftliche Buchgesellschaft (Darmstadt) demnächst eine Neuausgabe.

(7) (PT) a) Othmar SPANN (1878-1950), *Die Hauptlehren der Volkswirtschaftslehre auf lehrgeschichtlicher Grundlage,* Leipzig : Quelle & Meyer, (1930) 1932, XVI-231 S., Nr.

193-194 in der Reihe 'Wissenschaft und Bildung' ; dort S. 184 : « ... Nach dem Verfasser dieses Buches (*sc.* KNAPP) ist Geld eine bestimmte Darstellung von 'Kapital höherer Ordnung', die in Form von Ware, Urkunde, Buchung, Versprechen erfolgen kann : Waren-, Zeichen-, Giral-, Wortgeld. » SPANN meinte Georg Friedrich KNAPP (1842-1926), *Staatliche Theorie des Geldes,* Leipzig : Duncker und Humblot, (1905) ^{4}1928, X-398 S. Ich benutzte die Gelegenheit, um zu erwähnen, daß C.S. in seiner Bibliothek mehrere Bücher über die Geldproblematik besaß, u.a. Melchior PALYI (1892-1970), *Romantische Geldtheorie* (seine Münchener Inauguraldissertation), Tübingen : Laupp, 1916, III-56 S. ; Bruno MOLL (1885-1968), *Logik des Geldes,* München/Leipzig : Duncker & Humblot, 1916, 104 S. ; Bernhard LAUM (1884-?), *Über das Wesen des Münzgeldes. Eine sach- und begriffsgeschichtliche Studie,* Halle (Saale) : Riechmann, 1929, 72 S.
b) Aus seinem Brief an Alfred BAEUMLER (vgl. *supra* S. 129 FN 6) vom 6. August 1925 (vgl. Piet TOMMISSEN, » Problemen rond de houding van Carl Schmitt in en na 1933 », S. 167-199 in *Liber memorialis. Tien jaar Economische Hogeschool Limburg,* Diepenbeek : V.W.O.L., 1979, XII-246 S. ; dort S. 180-81) geht hervor, daß C.S. SPANN gegenüber geradezu allergisch war. Ist später eine Änderung eingetreten ? Diese Möglichkeit leite ich aus einem Brief der Frau SPANN (geb. Erika RHEINISCH ; 1880-1967) an Frau C.S. vom 11. Dezember 1934 ab.

(8) (PT) O. SPANN, *op. cit.* (vgl. *supra* FN 7), S. 14 FN 1 : « ... Die Erscheinungsformen des Geldes haben wesentlich religiöse und magische Gründe ; z.B. ist Gold die Entsprechung zur Sonne, Silber zum Mond » – unter Bezugnahme u.a. auf das Buch von LAUM (vgl. *supra* FN 7).

(9) (PT) Es ist schwer zu sagen, welchem Buch von Leo FROBENIUS (1873-1938) das Zitat entnommen ist, aber es ist als These ohnehin in vielen seiner Bücher enthalten ; vgl. z.B. seinen Aufsatz « Kulturattachés », *Europäische Revue,* 3. Jahrg. Nr. 8, November 1927, S. 561-570, dort S. 568-569 (« 13. Kultur als Kapital »). Über den Afrikaforscher, Vater der Kulturkreislehre und Kaiserfreund, vgl. u.a. Johann Michael MÖLLER, « Das trügerische Glück bei den Naiven. Leo Frobenius und die Versuchungen des Kolonialismus », *Frankfurter Allgemeine Zeitung,* Nr. 193, 20. August 1988. Lehrreich ist ein Vergleich zweier Würdigungsversuche ; der erste ist von Wilhelm Emil MÜHLMANN (1904-1987). « Zum Gedächtnis von Leo Frobenius », *Archiv für Anthropologie,* 25. Jahrg. Nr. 1, 1939, S. 47-51, der andere von Laszlo VAJDA (geb. 1923), « Leo Frobenius heute », *Zeitschrift für Ethnologie,* 98. Jahrg. 1973. S. 19-29.

(10) (PT) O. SPENGLER (1880-1936), *Der Untergang des Abendlandes, Umrisse einer Morphologie der Weltgeschichte,* München : Beck, (1918) 1923, XVI-557 S. ; dort S. 180.

(11) (PT) Hans VON HATTINGBERG (1879-1944), *Über die Liebe. Eine ärztliche Wegweisung,* München : Reinhardt, (1936) ^{2}1949, 373 S. Der Autor war Psychiater und stand der 'Schule der Weisheit' (vgl. *infra* S. 153) nahe.

(12) (PT) C.S., « Staatliche Souveränität und freies Meer. Über den Gegensatz von Land und See *(sic)* im Völkerrecht der Neuzeit », S. 91-117 im Tagungsband *Das Reich und Europa,* Leipzig : Koehler & Amelang, 1941, XXII-158 S. ; dort S. 104-107 (Piraterie) und 110 (HOBBES' Fehler).

(13) (PT) C.S., *Staatsgefüge und Zusammenbruch des zweiten Reiches. Der Sieg des Bürgers über den Soldaten,* Hamburg : Hanseatische Verlagsanstalt, 1934, 49 S., Nr. 6 in der Reihe 'Der deutsche Staat der Gegenwart'.

(14) (PT) M.W. liegt noch keine größere Abhandlung über den erstaunlichen Lebenslauf von Reinhard HÖHN (geb. 1904) vor ; obgleich seiner wichtigsten Nachkriegsleistung, der Erfindung des sog. Harzburger Modells (einer Grundlage der bekanntesten und bestfunktionierenden deutschen Management-Schule), zugewandt, enthält dennoch biographische Einzelheiten der Beitrag von Rudolf HICKEL (geb. 1942), « Eine Kaderschmiede bundesrepublikanischer Restauration. Ideologie und Praxis der Harzburger Akademie für Führungskräfte der Wirtschaft », in Martin GREIFFENHAGEN (geb. 1928) (Hrsg.), *Der neue Konservatismus der siebziger Jahre,* Reinbek : Rowohlt, 1974, 236 S., Nr. 1822 in der Reihe 'Rororo aktuell' ; dort S. 108-154 und die FN S. 218-225. HÖHN soll sich nach 1933, gelinde gesagt, an Intrigen gegen C.S. beteiligt haben ; vgl. *Schmittiana I,* S. 47 und 49. – Vgl. auch *supra* S. 142 FN 5 ; auch *supra* S. 51 FN 6.

(15) (PT) Wer gemeint ist, entzieht sich meinen Kenntnissen.

(16) (PT) Oswald SPENGLER, « Preußentum und Sozialismus », S. 1-105 im Aufsatzband *Politische Schriften,* München : Beck, (1932) Volksausg. = 1933, XIV-338 S. Es ist durchaus möglich, daß C.S. die Originalausgabe vom Herbst 1919 gelesen hat. Von SPENGLER besaß er in seiner Bibliothek den anderen Aufsatzband *Reden und Aufsätze,* München : Beck, (1937) ^{2}1938, X-295 S., sowie das Buch von Manfred SCHROETER (1880-1965), Der *Streit um Spengler. Kritik seiner Kritiker,* München : Beck, 1922, VIII-168 S. Auch war er eine Zeitlang abonniert auf die von Hans Erich STIER (1902-1979) 1935 im Sinne SPENGLERs gegründete Zeitschrift für universalgeschichtliche Forschung *Die Welt als Geschichte ;* in dieser Zeitschrift hat er manchen Beitrag mit Gewinn studiert, auch SPENGLERs hinterlassene Fragmente « Zur Weltgeschichte des zweiten vorchristlichen Jahrtausends », veröffentlicht im 1. Jahrg., sorgfältig gelesen.

(17) (PT)s Werner BERGENGRÜN (1892-1964), *Am Himmel wie auf Erden,* München : Nymphenburger Verlagshandlung, (1940) ^{2}1950, 703 S. Vgl. den Aufsatz von Hans SCHOMERUS (vgl. *infra* S. 162 FN 23), « Mythische Landschaft. Über Werner Bergengrün », *Deutsches Volkstum,* 18. Jahrgang Nr. 12, Dezember 1936, S. 909-916.

10. Bernhard Ludwig von Mutius (1913-1979)

Sogar heute begegnet einem gelegentlich noch die aus der Luft gegriffenen Behauptung, Ernst Rudolf HUBER (1903-1990) und Günther KRAUSS (1911-1989) seien Assistenten C.S.s gewesen (vgl. supra S. 46). Demgegenüber ist von den wirklichen Assistenten fast nie die Rede ; ich denke nur an Herbert GUTJAHR (1911?-1941) (1) und an Bernhard Ludwig VON MUTIUS. Letzterer studierte in Berlin, München, Cambridge und Paris und war vom Dezember 1934 bis Oktober 1935, neben seine Referendarausbildung, Assistent von C.S. in Berlin ; seine 'Intervention', über die G. KRAUSS in diesem Band berichtet (supra S. 49), fand in jener Zeit statt. Anschließend an das Assessorexamen wurde er 1939 zum Militär eingezogen so daß eine Promotion nicht mehr möglich war. Nach dem Krieg war er bis 1978 Abteilungsleiter im Sekretariat des Europarats in Straßburg. Sein Onkel, Gerhard VON MUTIUS (1872-1934), der der vom Grafen Hermann KEYSERLING (1880-1946) in Darmstadt gegründeten 'Schule der Weisheit' nahestand, hat diplomatische Posten bekleidet (er war u.a. Gesandter in Oslo, Kopenhagen und Bukarest) und Bücher geschrieben (2).

Der nachstehende Brief, den abzudrucken Frau Adelheid VON MUTIUS mir freundlicherweise gestattete, ist nicht nur interessant, weil er das Thema Großraum berührt, sondern ebensosehr, weil sein Autor eigene Ideen entfaltet, die für die damalige Lage als charakteristisch gelten dürfen. Nicht von ungefähr hat C.S. einige Stellen angekreuzt und überdies drei umfängliche (leider in Kurzschrift abgefaßte) Randbemerkungen gemacht. Schade, daß seine schriftliche Reaktion nicht zur Verfügung steht...

P.T.

München 8,
Äußere Prinzregentenstr. 26
29/10/40

Hochverehrter Herr Staatsrat,

Die Lektüre des Buches von Reichhold, für dessen Zusendung ich Ihnen sehr dankbar bin (3) habe ich gerade beendet. Es ist in der Tat ein gescheites und lesenswertes Buch, wenn es auch in jenem etwas schwülstigen und mir persönlich sehr unangenehmen 'Pastorenstil' geschrieben ist, den die Hanseatische Verlagsanstalt bei ihrer Reichsliteratur zu bevorzugen scheint. Sein großes Verdienst liegt darin, daß es die biologische Revolution mit dem Vorgang der imperialen Gegenwartskämpfe und der Entstehung der technischen Welt in Beziehung setzt.

Der Begriff Großraum, dem Sie, Herr Staatsrat, seine politische Gegenwartsbedeutung gegeben haben, bildet das Thema des Reichhold'schen Buches, ja es beherrscht es in jeder einzelnen Zeile und doch wartet der Leser bis zum Schluß vergeblich, daß dieses Wort fällt. Obwohl der Verfasser das Wort 'kleinräumig' verwendet, meidet er offenbar den Begriff Groß raum. Statt dessen arbeitet er mit den Gegensatzpaaren 'europäisch-planetarisch' und 'Kolonialvölker und Kontinentalvölker'. Sollte tatsächlich ein Gegensatz zwischen planetarisch und großräumig bestehen ?

Offenbar bestehen zwei Möglichkeiten. Entweder ist die großräumige Organisation die dem planetarischen Weltbewußtsein angemessene Ordnungsform, so daß die neue Welteinheit nur in Großräumen erscheinen kann, oder aber es bilden die imperialen Kämpfe um die neuen Großräume nur eine Vorstufe und vielleicht sogar ein Hindernis für das Entstehen der Welteinheit.

Jedenfalls vollzieht sich heute überall eine soziale und technische Revolution und verbünden sich die traditionellen Religionen gegen die Revolution. Schon daraus folgt, daß der heutige Krieg nicht nur ein imperialer, sondern zugleich ein sozialer und ein Religionskrieg ist. (Vielleicht liegt gerade in dieser Einheit von planetarischem Eroberungskrieg, Bürger- und Religionskrieg das Wesen seiner Totalität ?) Dabei tarnt der imperiale Krieg seine dunkleren Kampfgefährten in gleichem Maße, in welchem die imperialen Organisationsfragen und -sorgen um die Großräume den Blick von den Vorgängen der sozialen Revolution und der religiösen Umwandlung abzulenken haben. Großraumpolitik der Achsenmächte gegen die planetarische Einheit der angelsächsisch-amerikanischen Welt ! Sollte Sinn und Rechtfertigung der Großraumpolitik nicht gerade darin liegen, daß erst hinter den chinesischen Mauern der Großreiche, unter der dünnen Decke imperialer Führung und Staatsreligion und in dem trächtigen Erdreich der breiten, verlorenen Massen die soziale und religiöse Revolution die günstigsten Voraussetzungen findet und am Ende jene Weisheit erzeugen wird, die die ganze Welt umfaßt, wirklich total und planetarisch ist, weil sie nämlich über die Welt hinaus ist und Diesseits und Jenseits in sich zu schauen gelernt hat ?

Verzeihen Sie bitte diesen geschwätzigen Brief. Mit der Bitte, mich Frau Schmitt zu empfehlen, und den besten Wünschen für Ihr und Ihrer Familie Wohlergehen verbleibe ich mit verehrungsvollen Grüßen, Ihr sehr ergebener

(S)

---

(1) (PT) H. GUTJAHR, der fest im evangelischen Glauben verwurzelte Sohn des Leiters des Obdachlosenheims 'Palme' in Berlin-Nord stieß vermutlich über seinen Onkel Arthur GÖRLITZER, den stellvertretenden Gauleiter der NSDAP in Berlin, zur Allgemeinen SS. Im Winter 1940-41 wollte man ihn zum persönlichen Referenten des Reichserziehungsministers Bernard RUST (1883-1945) ernennen, aber er lehnte ab und kehrte zu seinem In-

fanterieregiment zurück. Als enttäuschter Idealist hat er wohl den Tod gesucht : Im Sommer 1941 fiel er an der Ostfront. Für diese Einzelheiten bin ich Herrn E. VON MEDEM zu aufrichtigem Dank verpflichtet (Brief vom 10. Oktober 1989).

(2) (PT) Vgl. den einfühlsamen Nachruf von Helene VON NOSTITZ (geb. VON BENEKKENDORFF UND VON HINDENBURG ; 1878-1944), « Gerhard von Mutius † », *Europäische Revue,* 10. Jahrg. Nr. 1, Januar 1934, S. 133-135.

(3) (PT) Ludwig REICHHOLD (geb. 1911), *Die Schicksalsstunde des Westens. Eine politische Wertung der kolonialen Frage,* Hamburg : Hanseatische Verlagsanstalt, 1940, 374 S. Der Autor ließ sich 1938 in Berlin nieder, kehrte nach dem Kriege nach Österreich zurück. Er war gelernter Buchhändler und hat nach 1950 vor allem über die deutschen und österreichischen Gewerkschaften geschrieben.

11. Lilly von Schnitzler (1889-1981)

Mit ihren drei Brüdern wuchs Lilly (eigentlich : Lillianne) VON MALLINKKRODT im Elternhaus in Antwerpen auf. Sie heiratete 1919 den Juristen Georg VON SCHNITZLER (1884-1962). Die Jahre bis Kriegsausbruch verlebte sie in Köln, zog dann aber nach München, wo ihr Mann beim stellvertetenden Generalkommando des bayerischen 1. Armeekorps seinen Militärdienst ableistete (1), und kam dort mit einem Kreis von Künstlern und Intellektuellen in Verbindung. Nach Beendigung des Krieges übersiedelte sie nach Frankfurt a.M., wo ihr Mann bei den Höchster Farbwerken tätig war, bevor er Vorstandsmitglied der I.G. Farben wurde. Es gelang ihr, ein den Krieg überdauerndes Zentrum der Begegnung und der Gespräche für Geisteswissenschaftler aller Interessengebiete zu schaffen, erst in ihrem schönen Haus in Frankfurt a.M., ab 1945 in einer kleinen Dachwohnung nahe dem Mainufer und seit 1952 auch in ihrem Landhaus in Murnau (Oberbayern). Bis in die letzten Tage ihres Lebens blieb sie die stets engagierte, phantasievolle, aufgeschlossenen Geistes und warmen Herzens den Menschen und Künsten zugewandte Persönlichkeit.

Daß der weitgespannte Freundeskreis dieser dynamischen Frau wirklich bedeutende Menschen ihrer Zeit umfaßte, möge an Hand einiger Namen belegt werden : der Schweizer Psychologe und Psychoanalytiker Carl Gustav JUNG (1875-1961), der Philosoph Erich PRZYWARA S.J. (1889-1972 ; vgl. supra S. 83), der eigenbrödlerische Denker Hermann Graf VON KEYSERLING (1880-1946), die Sinologen Pater Richard WILHELM (1873-1930) und Erwin ROUSSELLE (1890-1949), der Ethnologe Leo FROBENIUS (1873-1938 ; vgl. supra S. 148), der Kunsthistoriker Benno REIFENBERG (1892-1970), der ehemalige evangelische Theologe Heinrich OBERHEID (1894-1977 ; vgl. infra S. 163), der Zeitkritiker Karl Anton Prinz VON ROHAN (1898-1975), mit dem sie 1925 die « Europäische Revue » gründete, die Maler Max BECKMANN (1884-1950), Ernst Wilhelm NAY (1902-1968) und Emil NOLDE (1867-1956), der Architekt Ludwig Mies VAN DER ROHE (1886-1944), die Autoren Rudolf G. BINDING (1867-1938) und Elisabeth LANGGÄSSER (1899-1950) – und C.S.

Die Freundschaft mit C.S. begann 1915 in München (vgl. « Schmittiana II », S. 115) und währte bis zu ihrem Tode. Begegnungen über Jahrzehnte in München, Berlin, Frankfurt a.M., Murnau und Plettenberg sowie ein ausgedehnter Briefwechsel geben davon Zeugnis. Der nachstehende Brief gibt wenigstens eine Idee von den Themen, die in Gesprächen und Briefen erörtert wurden. Ich bin Frau L. VON SZILVINYI, der Tochter des Ehepaares VON SCHNITZLER, zu großen Dank verpflichtet, denn sie genehmigte den Abdruck des Briefes und war stets bereit, meine oft schwierigen Fragen im Rahmen des Möglichen zu beantworten.

P.T.

Sanatorium Möller
Dresden – Loschwitz
14.4.40

Mein sehr lieber Carl Schmitt,

warmen Dank für Ihren guten Brief. Er brauchte 4 Tage zur Reise Berlin-Dresden. Die Aussicht, Sie hier zu einem Wochenende zu sehen, ist sehr beglückend. Ich möchte das nächste, sonst das übernächste, vorschlagen ? Der 20./21. April wäre das beste, weil das nächste. – Man kann heute nie wissen, was kommt. Es ist wieder so viel zu sagen, seit wir uns sahen. Ich bin neugierig, was Frau Oberheid (2), Frau Jünger (3) Ihnen erzählten welchen Eindruck Sie hatten ? – Oberheid hat mich ergriffen, sehr tief und bewegend, bei unserer letzten Begegnung, vor 4 Wochen. Er ist der Jüngsten Einer heute, – der reinste, brennendste Ausdruckdessen worum es geht. Zugleich ist er schon überholt. Möchte seine Welt siegen, dann wäre alles in Ordnung, und käme aus dem gärenden Wein wirklich der neue « ordo » (4).

Der Brief Müllers ist sehr klug (5), und so wahr empfunden ! Seine Fragestellung entspricht mehr meiner Reaktion, wie der, auch sehr tiefgründige, aber mir zu « unmenschliche » Brief Rohans (6). Müller legt den Finger auf Jüngers Wunde : ich las die Marmorklippen zweimal um mich meines ersten Eindrucks, der vor allem Staunen war, zu vergewissern (7). Ein falscher Ton darin, bei aller Ästhetik oder darum, – das Konstruierte, (das sich darin dem « Arbeiter » (8) auf ganz anderem Wege nähert) war mir peinlich. Es ist eben irgendwo, auch « unmenschlich », daher unwahr, künstlich, peinlich. Dabei ein wunderbares Kunstwerk, das ich mit dem größten Genuss am l'art pour l'art las. Welche Bilder ! Rohans Vergleich mit dem Stil der neuen Malerei, fand ich hervorragend, und sehr eigenständig empfunden.

Aber Müller trifft den Kern, bei aller Anerkennung. Ich freute mich der Abkehr von der Zukunftsvision des kommenden Menschen- und Staatstyps im « Arbeiter », und dennoch war mir das Buch lieber wie die Marmorklippen, substanzmässig. Und das abenteuerliche Herz ! Wahrer, echter, ehrlichter, menschlicher.

Ich möchte Jünger sehr gern kennen lernen. Auch Müller muss ein sehr feiner Mensch sein. Dieses Elmau war doch eine merkwürdige Sache ! (9).

Ich beendete soeben den bei (?) herausgekommenen Novellenband von Dr. Andric (10). Ein erstaunliches Buch, auch so gestaltet, und ganz im Stil des Landes, seines Lebensgefühls. Aber schon die Resignation, der Pessimismus des Orients ! Wie ergibt sich der Osten in seine Erdgebundenheit, wie will daneben der nordische Mensch das Feuer und Licht vom Himmel holen ! Auf meiner kurzen, 48 std. Pause in Berlin, war ich vorigen Sonntag 2 Std. bei Nolde (11). Da ist der Kämpfer ! Ich war sehr beeindruckt, u. irgendwie befreit u. beglückt, von Andric's Buch ; daß es sowas gibt, Minister im Frack und schreibt gerade dieses so tief leidenschaftliche, menschliche, sensible Buch !

Grüßen Sie Ihre beiden lieben Frauen. Auf Wiedersehen !

(S)

---

(1) (PT) Vgl. *Schmittiana II,* S. 115-116.

(2) (PT) Frau Margarethe OBERHEID (geb. SOPP ; 1896-1977) hat dem Bauhaus angehört. Vgl. *infra* S. 167 FN 6a).

(3) (PT) Über Gretha JÜNGER (geb. VON JEINSEN ; 1906-1960), vgl. *Schmittiana I,* S. 111-112. Sie war Frau SCHMITT während ihrer letzten Krankheit in jeglicher (auch finanzieller) Hinsicht behilflich.

(4) (PT) Über OBERHEID (1895-1977), vgl. *infra* S. 163.

(5) (PT) Es handelt sich um den an C.S. gerichteten Brief des Unteroffiziers Hans-Michael MÜLLER vom 28. März 1940. Aus der mir vorliegenden Abschrift geht hervor, daß er auf Anregung von C.S. ein Exemplar der *Marmorklippen* (*infra* FN 7) geschenkt bekommen hatte. Die Lektüre flößte ihm sowohl Gefühle der Anerkennung als der Enttäuschung ein : « ... Die unser Leben sicherstellende Wirklichkeit – die wortlose, unästhetische Bejahung des Ungesicherten – fehlt. Was Jünger gibt, gleicht einem Kristall, das sich neigt, um zu zerschellen, – oder um aufgefangen zu werden. Man weiß es noch nicht. – Weil aber dies genau dem Stande der europäischen Gegenwart entspricht, bleibt Jünger hintergründig wahr – in einem nun fast schlimmen Sinne wahr. Möge uns die Wahrheit eines guten Überdauerns geschenkt werden... » Über diesen Briefschreiber ist mir sonst nichts bekannt.

(6) (PT) Gemeint ist der oben bereits genannte Prinz ROHAN : *supra* S. 157.

(7) (PT) E. JÜNGER, *Auf den Marmorklippen,* Tübingen : Reichl, (1939) 1949, 162 S.

(8) (PT) E. JÜNGER, *Der Arbeiter. Herrschaft und Gestalt,* Stuttgart : Klett-Cotta, (1932) 1982, 322 S., Nr. 1 in 'Cotta's Bibliothek der Moderne'.

(9) (PT) Schloß Elmau liegt in einem Gebirgstal bei Garmisch-Partenkirchen (Oberbayern) ; es war und ist eine Stätte der Begegnung geistiger Menschen. Zur Gründungsgeschichte, vgl. Karl KUPISCH, "Bürgerliche Frommigkeit im Wilhelminischen Zeitalter", *Zeitschrift für Religions- und Geistesgeschichte*, 14. Jahrg. Nr. 2, 1962, S. 123-141 ; dort S. 136 : "..., gründete Müller 1904 als 'Freistätte persönlichen Lebens' auf Schloß Mainberg in Oberfranken ein Erholungsheim (seit 1916 in Elmau in Oberbayern). ... Johannes Müller hat von der Elmau aus noch lange zwischen den beiden Weltkriegen gewirkt." (In FN 36 wird mitgeteilt, daß MÜLLERs Schwager Karl SATTLER schloß Elmau erbaut hatte).

(10) (PT) Über Ivo ANDRIC (1892-1975), vgl. *supra* S. 86 FN 50 Punkt b).

(11) (PT) Gemeint ist der expressionistische Maler Emil NOLDE (Ps. von HANSEN ; 1867-1956), der auch im Hause C.S.s verkehrte.

12. Friedrich Vorwerk (1893-1969)

Der im Oldenburger Land geborene Friedrich VORWERK erlernte das verlegerische Handwerk bei Diederichs in Jena. Nach dem Ersten Weltkrieg war er in der Hanseatischen Verlagsanstalt in Hamburg tätig und Schriftleiter der seit 1928 von Heinrich VON GLEICHEN (1882-1959) herausgegebenen Wochenzeitung « Der Ring » (1). 1933 wurde er Leiter der Berliner Redaktion der Zeitschrift « Deutsches Volkstum » (2) und machte vermutlich in dieser Eigenschaft die Bekanntschaft C.S.s (3). Jedenfalls entfaltete er eine rege Tätigkeit zugunsten von Autoren, die er für förderungswürdig hielt. Auch soll er sich anfänglich für das neue Regime enthusiasmiert haben (4). Nachdem er sich 1936 an einer Obelisk-Verlagsgesellschaft beteiligt hatte, gründete er noch vor dem Krieg seinen eigenen Verlag, den er nach Kriegsende in das Evangelische Verlagswerk (Stuttgart) einbrachte, später aber wiederum autonom machte (Vorwerk Verlag, Stuttgart). Er verlegte Bücher evangelischer Theologen, u.a. von Paul TILLICH (1886-1965) (5), zog jedoch auch andere bedeutende Autoren an, darunter Armin MOHLER (geb. 1920) (6) und Ferdinand Otto MIKSCHE (geb. 1910) (7). Das mindeste zu sagen, VORWERK hatte ein Gespür für Talent.

Im Mittelpunkt der nachstehenden verlagsoffiziellen Briefe steht der in diesem Band bereits kurz erwähnte Maler und Romancier Albert Paris GÜTERSLOH (Ps von Albert Conrad KIEHTREIBER ; 1887-1973) (vgl. supra S. 74). Er lernte C.S. um 1920 in München kennen ; Mittelsperson war Franz BLEI (1871-1942) (8), mit dem er 1918-19 die kurzlebige Zeitschrift « Die Rettung » herausgegeben hatte (9) und in dessen Wohnung er zeitweilig lebte. Irrtümlicherweise nahm BLEI an, C.S. verfüge über Geld und hat deswegen versucht, ihn zum Ankauf von einigen Aquarellen GÜTERSLOHs zu bewegen (10). Letzterer erwähnte später Gespräche mit C.S. in einer Weinstube in der (Münchner) Larerstraße. Die Beziehungen ließen mit der Zeit zwar nach, sind aber nie abgebrochen worden. So schickte C.S. ihm 1938 ein Exemplar seines Leviathan-Buches (11). Und als Ferdinand VON STEINHART (geb. 1910) 1939 in Berlin im Wirtschaftsministerium zu arbeiten anfing, hat GÜTERSLOH C.S. diesen jungen Wiener Verehrer empfohlen (12). Als er 1940 für seinen Roman « Eine magische Figur » einen Verlag suchte, fuhr er nach Berlin, hatte jedoch vorher das von C.S. angebotene Gästezimmer abgelehnt (13). Weder der von VORWERK vermittelte Ulrich Riemerschmidt Verlag (Berlin), noch der von C.S. vermittelte Goverts Verlag (Stuttgart) erklärten sich bereit, den Roman herauszugeben. Vielleicht hingen die Ablehnungen damit zusammen, daß GÜTERSLOH kurz vorher als Maler Berufsverbot bekommen hatte.

Wie aus den Briefen ersichtlich, riß der Kontakt auch nach dem Krieg nicht ab ; es kam sogar zu einem kurzen Briefwechsel (14). Wie dem ferner auch sei, der von C.S. auf GÜTERSLOH ausgeübte Einfluß ist bislang in der Sekundärliteratur kaum berücksichtigt worden (15). Dennoch ist dieser

Einfluß in mehreren Werken erkennbar, so im Roman « Sonne und Mond » (16)die Diktaturanalyse und in der « Großen und kleinen Geschichte » (17) andere Themen. Vielleicht gibt es außerdem Berührungspunkte in dem ein Torso gebliebenen Buch « Das Saeculum und die Krone » (18).

Ich habe mich bei zwei Personen sehr zu bedanken. Erstens bei Herrn Heinrich RUNTE, ohne dessen Telephonate und sonstigen Recherchen ich über VORWERK nicht hätte berichten können (Sendung vom 21. Februar 1991). Zweitens bei Frau Dr. Irmgard HUTTER, deren Auskünfte über GÜTERSLOH in die beiden obigen Abschnitten eingegangen sind und die auch sonst wertvolle bio-bibliographische Einzelheiten mitgeteilt hat (19).

P.T.

1

16.9.48

Lieber und verehrter Herr Schmitt !

Haben Sie vielen Dank für Ihren Brief vom 10. September. Selbstverständlich schicke ich Ihnen immer gern unsere Wochenzeitung « Christ und Welt ». Ich hoffe nur, dass sie immer besser wird und dass es uns gelingt, die nun einmal notwendigen Sensationen so seriös wie möglich zu wählen.

Barion (20) liest unsere Zeitung ebenfalls gern und sorgfältig. Und ich freue mich immer überseine kluge und im Produktiven liegende Kritik.

Gegenwärtig lese ich die beiden Bücher von Gütersloh « Die Fabeln vom Eros » und « Eine sagenhafte Figur » (22). Er ist ja wohl wirklich ein Dichter, aber er ist vor allem auch in den sog. Dichtungen ein lebendig-denkerischer Mensch, auf dessen intensiven denkerischen Darlegungen das Dichterische in pointilistischer Manier auf- und eingesetzt ist. Wie sympathisch ist diese Klugheit ! Und selbst wo sie schrecklich ist in ihren Feststellungen, ist doch ein äquilibristisches Gleichgewicht da, wie es sich für ein barock begriffenes Grosses Welttheater gehört. Im übrigen ist seine Sprache so, dass man zu einer ausserordentlichen Disziplin des Lesens gezwungen wird.

Vielen Dank für das Vertrauen, das Sie mir mit den weiteren Darlegungen Ihres Briefes erweisen. Darf ich Sie bitten, dass Sie mir im Raum dieses Vertrauens jenes Gutachten zum Thema der « Kriminalisierung des Angriffskrieges » (22) einmal schicken, und zwar an meine Privatadresse Hauptmannsreute 90. Ich werde Ihnen dann etwas sagen können. Vielleicht auch, dass ich mich entschliesse, im Zusammenhang einer Reise nach Essen Sie in Plettenberg aufzusuchen, wenn Ihnen das recht ist. Aber ich müsste die Arbeit wohl bald haben.

Mit herzlichen Grüssen und den besten Wünschen für Ihr Wohlergehen bin ich.

Ihr getreuer
(S)

P.S. In der Anlage sende ich Ihnen die Schrift von Hans Schomerus « Bindung und Freiheit in der Verkündigung », die Ihnen vielleicht Freude macht (21).

2

25.10.48

Lieber Herr Schmitt !

Ich habe in diesen Tagen sehr viel Gütersloh gelesen. Da inzwischen ein 2. Exemplar seines Romans « Eine sagenhafte Figur » eingetroffen ist, erlaube ich mir, Ihnen mein 2. Exemplar zu schicken.

Sie kennen ja Gütersloh wohl am längsten von uns allen, haben sicher auch alles von ihm gelesen. Hätten Sie wohl Lust und Laune, gelegentlich einmal für unsere Portrait-Spalte in « Christ und Welt » etwas über Gütersloh zu schreiben ? Ich wäre Ihnen sehr dankbar.

Gestern Abend war eine Wienerin, die als Lektorin in unserem Verlag arbeitet, bei mir zu Besuch, nachdem sie von ihrem vierwöchentlichen Urlaub in Wien zurückgekommen war. Auf meine Bitte hatte sie Gütersloh besucht, der zweimal ausgiebig Zeit für sie hatte und anscheinend sehr glücklich über diese Botschafterin aus Deutschland war. Es geht Gütersloh wirtschaftlich durch seine Tätigkeit an der Akademie nach dem Bericht recht gut. Doch sehnt er sich nach Deutschland, vor allem möchte er ausschliesslich schreiben und sucht das deutsche Publikum.

Mit herzlichen Grüssen bin ich Ihr getreuer
(S)

---

(1) (PT) Es handelte sich um eine der vielen Emanationen der sog. Ring-Bewegung ; vgl. Hans-Joachim SCHWIERSKOTT, *Arthur Moeller van den Bruck und der revolutionäre Nationalismus in der Weimarer Republik,* Göttingen/Berlin/Frankfurt a.M. : Musterschmidt Verlag, 1962, 202 S., Nr. 1 in der Reihe 'Veröffentlichungen der Gesellschaft für Geistesgeschichte', dort S. 39-87 (VORWERK wird erwähnt S. 74-75 FN 124).

(2) (PT) Heinrich KEẞLER, *Wilhelm Stapel als politischer Publizist. Ein Beitrag zur Geschichte des konservativen Nationalismus zwischen den beiden Weltkriegen,* Nürnberg : Spindler Verlag, 1967, VI-326 S. ; dort S. 143 FN 3.

(3) (PT) Dr. Franz SCHRANZ lernte VORWERK im Februar 1933 in Berlin bei C.S. kennen ; über die Rolle VORWERKs im sog. Siedlinghäuser Kreis,vgl. *supra,* S. 65, 66, 67, 68.

(4) (PT) Vgl. *supra* S. 81 FN 14 Punkt a).
(5) (PT) Über diesen engagierten Theologen, vgl. Hermann FISCHER (Hrsg), *Paul Tillich,* Frankfurt a.M. : Athenäum, 1989, 368 S.
(6) (PT) VORWERK gab MOHLERs Standardwerk heraus vgl. *supra* S. 80 FN 6.
(7) (PT) Über diesen Militärschriftsteller, vgl. Johann Georg REISSMÜLLER, « Offizier der Ehrenlegion ohne Vaterland », *Frankfurter Allgemeine Zeitung,* Nr. 52, 2. März 1991, Beilage 'Bilder und Zeiten' (mit Bild).
(8) (PT) Über BLEI, vgl. *infra* S. 173.
(9) (PT) Über *Die Rettung. Blätter zur Erkenntnis der Zeit* (Wien), vgl. Paul RAABE (geb. 1927), *Die Zeitschriften und Sammlungen des literarischen Expressionismus,* Stuttgart : Metzler, 1964, XV-263 S., Nr. 1 in der Reihe 'Repertorien zur deutschen Literaturgeschichte' ; dort S. 86-87.
(10) (PT) Die diesbezüglichen Briefe BLEIs befinden sich im Archiv Gütersloh (Wien).
(11) (PT) C.S., *Der Leviathan ;* vgl. *supra* S. 60 FN 35.
(12) (PT) C.S. hat sich des Ehepaars VON STEINHART herzlich angenommen, wie mir Frau HUTTER schrieb (Brief vom 26. März 1987).
(13) (PT) GÜTERSLOH hat in Berlin einen Vortrag über José DONOSO CORTÉS (1809-1853) gehalten ; darüber gibt es Notizen im Archiv Gütersloh.
(14) (PT) Vgl. Reinhold TREML (Hrsg.), *Heimito von Doderer/Albert Paris Gütersloh. Briefwechsel 1928-1962,* München : Biederstein Verlag, 1986, 315 S. ; dort S. 19.
(15) (PT) Zwei Publikationen legen von dieser Ignoranz beredtes Zeugnis ab : a) *Albert Paris Gütersloh. Autor und Werk,* München : Piper, 1962, 78 S. ; b) Jeremy ADLER (geb. 1947) (Hrsg.), *Allegorie und Eros. Texte von und über Albert Paris Gütersloh,* München : Piper, 1987, 285 S., Nr. 682 in der Reihe 'Serie Piper'.
(16) (PT) A.P. GÜTERSLOH, *Sonne und Mond. Ein historischer Roman aus der Gegenwart,* München : Piper, 1962, 819 S., Nr. 305 in der Reihe 'Serie Piper'.
(17) (PT) Veröffentlicht unter dem falschen Titel *Bekenntnisse eines modernen Malers,* Wien : Zahn & Diamant,1926, 162 S., Nr. 2 in 'Die österreichische Reihe'.
(18) (PT) Das geplante politisch-philosophische Buch sollte im Vorwerk Verlag erscheinen. VORWERK hat das ihm vorgelegte (inzwischen verschollene) erste Kapitel als zu schwierig zurückgewiesen.
(19) (PT) Ich kann diese 'Einführung' nicht abschließen, ohne zu erwähnen, daß C.S. das ältere Buch GÜTERSLOHs *Die Rede über Blei oder der Schriftsteller in der Katholizität* (Hellerau : Hegner, 1922, 144 S.) gründlich studiert hat, wie die vielen Anstreichungen und Bleistiftnotizen beweisen.
(20) (PT)Über Hans BARION (1899-1973), vgl. *supra* S. 83 FN 27.
(21) (PT) A.P. GÜTERSLOH, *Eine sagenhafte Figur. Ein platonischer Roman mit einem Nachwort in usum Delphini,* Wien : Luckmann, 1946, 483 S. ; *Die Fabeln vom Eros,* Frankfurt a.M. : Insel Verlag, (1947) 1963, 129 S., Nr. 778 in der Reihe 'Insel-Bücher'.
(22) (PT) Gemeint ist das noch immer nicht gedruckt vorliegende Gutachten, das C.S. 1945 erstellt hat : Es gibt eine vollständige und eine gekürzte Version.
(23) (PT) Hans SCHOMERUS (1902-1968), *Bindung und Freiheit, in der Verkündigung,* Stuttgart : Vorwerk, 1948, 31 S. Vgl. *supra* S. 80 FN 7 und S. 152 FN 17. Über den Theologen, vgl. u.a. Wolfgang TILGNER, *Volksnomostheologie und Schöpfungsglaube. Ein Beitrag zur Geschichte des Kirchenkampfes,* Göttingen : Vandenhoeck & Ruprecht, 1966, 268 S., Nr. 16 in der Reihe « 'Arbeiten zur Geschichte des Kirchenkampfes » ; dort S. 130-136 (« Zur schriftstellerischen und kirchenpolitischen Wirksamkeit von Hans Schomerus »). – Ich benutze die Gelegenheit, um auf eine zeitgemäße Intervention aufmerksam zu machen : Die von der Evangelischen Akademie Baden vorbereitete Tagung 'Konservative und Reaktionäre', die vom 7. bis 10. Mai 1953 unter der Leitung von SCHOMERUS stattfinden sollte, mußte in letzter Minute auf Betreiben des Kultusministers des Landes Baden-Württemberg abgeblasen werden, weil C.S. als Redner eingeladen war (er hatte das Thema « Der Antichrist und was ihn aufhält » übernommen).

13. Heinrich Oberheid (1895-1977)

Dem von Günther KRAUSS (1911-1989) in « Schmittiana I », S. 65, gezeichneten Bild Heinrich OBERHEIDs (vgl. auch in diesem Band, S. 73 und S. 85 FN 41) ist im vorliegenden Kontext unbedingt diese Aussage C.S.s hinzuzgen : « ... Er (sc. OBERHEID) wurde für mich, der ich aus dem katholischen Teil Westfalens stamme, zu einem wahren Indikator in die Welt, ohne deren innerste Eroberung man nicht Deutscher sein kann – in die Welt des lutherischen Christentums, lutherischer Gottes- und Gnadengläubigkeit, Luther-Sprache – Muttersprache ! » (1) Sein nachstehender Brief, den zu veröffentlichen sein Sohn, Herr Peter OBERHEID, mir freundlicherweise gestattete, ist an Edgar SALIN (1892-1974) gerichtet (2). SALIN hat dem Stefan George-Kreis nagestanden und ihm sogar ein Buch gewidmet (3) ; auch ist er in der Friedrich List-Gesellschaft aktiv tätig gewesen (vgl. « Schmittiana II », S. 116-119). Von 1927 bis zu seiner Emeritierung hat er ununterbrochen an der Universität Basel gelehrt und ist vor allem als Nationalökonom und Soziologe bekannt geworden (4), obzwar er sich für philosophische Themen interessierte (5). Aus erhaltenen Briefen darf geschlußfolgert werden, daß SALIN sich wenigstens enige Zeit lang sehr gut mit C.S. vertragen hat.

Wohl aus letzterem Grunde fühlte OBERHEID sich verplichtet, zur Feder zu greifen, als er das in der Festschrift für Erwin VON BECKERATH (1889-1964) erschienene Grußwort SALINs erhielt und darin auf diesen C.S. betreffenden Absatz stieß (6) : « Der Freund, der Petersons Konversion in Langen Diskussionen erleichterte, war der böse Dämon von Universität und Politik in diesen Jahren, war Carl Schmitt. Er ist verdientermaßen heute verfemt ; denn geistige Missetaten wie die seinen wiegen mindestens so schwer wie die Morde geborener Verbrecher. Aber geziemt es sich nicht für uns, daß wir dessen gedenken, wie oft wir uns an seinen geschliffenen Reden erfreuten, wie gern wir mit ihm diskutierten, wie er uns als einer der ganz Wenigen erschien, dessen politische Bildung und dessen juristische Schärfe jedes Gespräch bereicherte und würzte ? Ich stehe gewiß nicht im Verdacht, daß ich etwas zugunsten des Halbirren sage, der 1936 die deutsche Rechtswissenschaft zerstöirte, oder zugunsten des eitlen Monomanen, der den großen Bodinus als seinen 'Bruder im Geiste' bezeichnete, – der wilde Antisemit instinktlos den Maranen... Aber gab es nach dem allzufrühen Tod von Rothenbücher einen Staatsrechtslehrer vom Rang und von der Intensität dieses politischen Chamäleons, und hatten lautere Charaktere wie Anschütz oder Radbruch das gleiche Gespür für den Umbruch der Welt ? Wir haben uns zeitweise in den Schlingen des Dämons verfangen ; aber es gebührt sich, daß wir auch zu unseren Schwächen stehen. »

P.T.

31.10.1964

Herrn
Professor Dr. Edgar Salin

Hardtstrasse 110
Basel/Schweiz

Lieber Edgar !

Von unserer Griechenlandreise haben wir nicht geschrieben. Wir konnten nicht schreiben.

Am Morgen unserer Abreise traf Dein Sonderdruck « E. Beckerath » ein. Dörn (6a) und ich haben ihn durchblättert, stießen auf den Abschnitt Peterson/Schmitt und haben nach den ersten Zeilen das Heft beiseite gelegt. Wir gaben uns der trügerischen Hoffnung hin, während unseres Urlaubes schmerzlichem Nachgrübeln zu entgehen. Entgangen sind wir ihm nicht. Es ging kein Tag und keine Nacht vorüber, in denen mir nicht Sätze nachgingen, die sich beim ersten Blick in meinem Gehirn festgesetzt hatten.

Nach unserer beider Rückkehr will ich Stellung nehmen.

In einer skizzenhaften Erinnerung an frühere Arbeiten und Begegnungen, die Du mit Beckerath gemeinsam hattest, stellst Du aus der Bonner Zeit den Kauz Peterson (7) und den Bösewicht Schmitt vor. Bei Peterson gedenkst Du mit Wehmut eurer stillen Trinkstunden in der Bonner Weinstube.

Wie war das in Wirklichkeit ?

Bei einem Vortrag, den Du 1927 oder 1928 – jedenfalls nach Erscheinen Deiner Civitas – in Bonn hieltest, habe ich Dich mit Schmitt und Peterson, sicher mit einem von ihnen, bekannt gemacht. Ich glaube aber, Du kanntest damals beide noch nicht persönlich (8).

Am Abend nach Deinem Vortrag waren wir in den Weinstuben Streng (9) und am nächsten Tag zum Mittagessen im Hause von Carl Schmitt. Worüber Du bei Deinem Vortrag sprachst, weiß ich nicht mehr. In Erinnerung ist mir nur, daß er in seltsam gehobener Sprache und getragener Weise gehalten wurde.

Peterson war entsetzt und gab Dir den Spitznamen « Ölsardine ». Kurz darauf schrieb er eine Recension über die Civitas. Er hat das Buch, das mich sehr beeindruckte, mit pfäffischem Hochmut abgetan. Du warst mit Recht verletzt. Ich distanzierte mich von Peterson und brach bald, bevor für ihn Rom akut wurde, alle Beziehungen ab. Über die Gründe will ich nicht schreiben. Es mag genügen, daß Dörn nach seinem Besuch-

in Schlechtenbeck mich bat, diesen Mann nicht mehr in unser Haus zu bringen.

Daß Du Peterson in Bonn noch einmal wiedergesehn haben könntest, ist nahezu unmöglich. Von Trink*stunden* in der Weinstube kann nach meiner Meinung keine Rede sein.

Im Zusammenhang mit der Konversion von Peterson behauptest Du, daß er den Schritt unter dem Einfluß von Schmitt getan hat.

Das ist eine freie Erfindung von Dir (10).

Wir, Schmitt, Peterson und ich, waren in jener Zeit wöchentlich viele Male zusammen. Natürlich sprachen wir dabei oft über Theologie. Peterson ließ seine Konversionsabsicht durchblicken. Schmitt und ich, die wir fest in und zu der Konfession stehen, in der wir geboren und getauft sind, haben ihm immer wieder abgeraten. Wir lieben beide keine Konvertiten. Schmitt hat das noch viel schärfer betont als ich.

Über die Gründe für seine Konversion hat Peterson hin und wieder mit mir gesprochen. Ich will das hier nicht ausführen. Pate gestanden hat bei der Konversion eine dunkle Figur jener Zeit, ein Journalist namens Gurian (11).

Du sagst an dieser Stelle, daß der Katholik Schmitt in Wirklichkeit urheidnisch sei. Wie Du zu dieser Behauptung kommst, ist mir unerfindlich. Carl Schmitt selbst und seine katholischen Freunde, deren es noch viele gibt, haben ungeachtet seiner Kritik an der Kirche, die ja schließlich zum Glauben gehört, nie an seiner Katholizität gezweifelt. Als Lutherscher Theologe, der ich Schmitt und die katholische Kirche zu kennen glaube, kann ich nur bestätigen, daß dieser Mann ein echter homo catolicus ist.

Deine Erinnerungen an die Bonner Begegnungen mit Schmitt erwecken den Eindruck, als ob Beckerath und Du in gleicher Weise mit Schmitt bekannt, und von dem « Dämon » in seine Schlingen eingefangen worden wäret.

Davon kann nicht die Rede sein.

Wie oft Du Schmitt gesehen hast, weiß ich nicht. Aber ich weiß, daß Deine Verbindung zu ihm vorübergehend und ganz lose war. Beckerath dagegen stand in einem ungleich engeren Verhältnis zu ihm, das sich auf die Familien erstreckte. Er hat auch nach 1945 seine Beziehungen zu Schmitt aufrecht erhalten und z.B. in einem Sauerländer Industriellenkreis einen durch Schmitt organisierten Vortrag gehalten. Erst vor einiger Zeit hat mir Beckerath, als wir über Schmitt sprachen, gesagt, daß ihn seine jetzige Verbundenheit mit Dir veranlaßt habe, sich von Schmitt zurückzuziehen, da man nicht gleichzeitig mit Dir und Schmitt befreundet sein könne (12). Damals habe ich meinen Kopf geschüttelt. Vielleicht habe ich ihn zu früh geschüttelt.

Zur Rechtfertigung Deiner flüchtigen Bonner Bekanntschaft mit dem schon « damals bösen Dämon von Universität und Politik, der 1936 die deutsche Rechtswissenschaft zerstörte » hageln nun Deine Beschimpfungen.

Du nennst Carl Schmitt einen verdientermaßen Verfemten. Unterstellen wir das einmal theoretisch. Dann frage ich Dich, wo in aller Welt hat ein Edelmann einen Verfemten, der wehrlos ist, öffentlich beschimpft und geschmäht ? Bist Du Dir klar darüber, daß Du mit Deinen Schimpfworten mitten in das hitlerische Injurien-Vokabularium hineingegriffen hast ? « Roosevelt der halbirre Paralytiker, Churchill der halbirre Whiskysäufer » und Verbrecher und Mörder nannte er alle Intellektuellen, die nicht seiner Meinung waren.

Wenn Du Dich gehalten und berufen fühlst, Schmitt sachlich anzugreifen oder zu erledigen, so magst Du das tun. Aber ihn im Vorbeigehen mit Schimpfworten im Stil schlechter Volkstribune abzutun, das nehme ich Dir nicht ab. Das nimmt Dir kein Mann von Rang und Takt ab.

Edgar, Du hast einen Sonderdruck des Beckerath-Briefes für Dörn und mich ausgeschrieben. Du weißt, daß wir beide seit 27 Jahren mit Carl und Duska Schmitt in Freundschaft verbunden sind und von dieser Freundschaft nicht lassen werden. Hast Du Dir überlegt, in welche Lage Du mich bringst ? Ich muß Stellung beziehen nicht nur gegenüber Schmitt und Beckerath, sondern gegenüber den Freunden und Bekannten, die um meine gleichzeitige Freundschaft mit Dir und Carl Schmitt wissen : Popitz, Thomas, Barion, Forsthoff, Weber (Göttingen), Siebert, Ernst Schneider, Pastor Tiesler (13) und anderen.

Wie ich das machen soll, weiß ich noch nicht. Ich will nichts unternehmen, bevor wir uns ausgesprochen haben. Wann und wo können wir uns sehen ?

Ich grüße Dich in großem Kummer und großer Ratlosigkeit.

(S)

---

(1) (PT) H. QUARITSCH (geb. 1930), *Positionen und Begriffe Carl Schmitts,* Berlin :Duncker & Humblot, (1989) ^{2}1991, 130 S. ; dort S. 27 FN 34 (zur Quelle, vgl. *supra* S. 123 FN 12).

(2) (PT) Einige Sätze aus diesem Brief OBERHEIDs habe ich schon mitgeteilt in meinem Beitrag « Bausteine zu einer wissenschaftlichen Biographie (Periode : 1888-1933) », S. 71-100 im Speyerer Tagungsband *Complexio Oppositorum,* Berlin : Duncker & Humblot, 1988, 600 S. ; dort S. 82.

(3) (PT) a) E. SALIN, *Um Stefan George,* München/Düsseldorf : Küpper, (1948) ^{2}1954, 360 S. (mit vielen Briefen). Aber außerdem : *Hölderlin im George-Kreis,* Bad Godesberg : Küpper, 1950, 31 S.
b) Interessant ist eine Bemerkung von Klaus LANDFRIED (geb. 1941), *Stefan George-Politik des Unpolitischen,* Heidelberg : Stiehm, 1975, 285 S., Nr. 8 in der Reihe 'Literatur und Geschichte' ; dort S. 30 FN 21 : « ... Dieser polemische, nur einen psychologischen Aspekt des romantischen Denkens erfassende Romantikbegriff (*sc.* von C.S.) trifft ziemlich gut die ästhetische Perspektive, unter der George die Umwelt bewertete. »

(4) (PT) Vgl. u.a. E. SALIN, *Politische Ökonomie. Geschichte der wirtschaftspolitischen Ideen von Plato bis zur Gegenwart,* Tübingen : Mohr (1923) ^{5}1967, X-205 S., in der Reihe 'Hand- und Lehrbücher aus dem Gebiet der Sozialwissenschaften' (C.S. besaß in seiner Bibliothek ein Exemplar der Erstausgabe 1963) ; *Lynkeus. Gestalten und Probleme aus Wirtschaft und Politik,* Tübingen : Mohr, 1963, , XII-412 S.

(5) (PT) E. SALIN, *Platon und die griechische Utopie,* München/Leipzig : Duncker & Humblot, 1921, 288 S. ; *Jakob Burckhardt und Nietzsche,* Heidelberg : Lambert Schneider, (1937) ^{2}1948, 264 S. ; auch noch *infra* FN 8.

(6) (PT) E. SALIN, Grußwort ohne Titel, S. 13-17 in *Systeme und Methoden in den Wirtschafts- und Sozialwissenschaften. Erwin von Beckerath zum 75. Geburtstag,* Tübingen : Mohr, 1964, VII-732 S. ; dort S. 16-17. VON BECKERATH war ein in Bonn lehrender bedeutender Nationalökonom und Soziologe, der aber auch ein Buch über das faschistische Italien geschrieben hat ; es wurde von C.S. 1929 rezensiert (vgl. den Wiederabdruck dieser Rezensionsabhandlung in C.S., *Positionen und Begriffe im Kampf mit Weimar – Genf – Versailles 1923-1939,* Berlin : Duncker & Humblot, (1940) ^{2}1988, 322 S. ; dort S. 109-115 : « Wesen und Werden des faschistischen Staates »). Sehr zum Schaden der C.S.-Forschung ist der Nachlaß VON BECKERATHs bis zum Jahr 2000 für die Benutzung gesperrt (schriftliche Mitteilung der Bonner Universitätsbibliothek vom 5. August 1985). Erstaunlicherweise werden C.S. und SALIN nicht mal genannt im ausführlichen Bericht « Erwin Emil von Beckerath 1889-1964 », S. 75-90 in Matthias Ernst KAMP (geb. 1909) und Friedrich H. STAMM, *Bonner Gelehrte. Beiträge zur Geschichte der Wissenschaften in Bonn. – Staatswissenschaften,* Bonn : Verlag Bouvier + Verlag Röhrscheid, 1969.
b) Zu den von SALIN genannten Juristen ist Folgendes anzumerken :
— BODINUS (d.h. Jean BODIN ; 1529-1596) ist der Vater des Souveränitätsgedankens in der Staatslehre ;
— Karl ROTHENBÜCHER (1880-1932) lehrte in München ;
— Gerhart ANSCHÜTZ (1867-1948) lehrte bis zu seiner selbst beantragten Emeritierung 1933 in Heidelberg ;
— Gustav RADBRUCH (1867-1948) lehrte bis zu seiner Amtsenthebung 1933 in Heidelberg und war 1922-23 in zwei Kabinetten (sozialdemokratischer) Reichsjustizminister.

(6a) (PT) Dörn war des Kosename der Frau OBERHEID (vgl. *supra* S. 158 FN 2).

(7) (PT) Über ihn, vgl. *supra* S. 82 FN 18.

(8) (PT) E. SALIN, *Civitas Dei,* Tübingen : Mohr, 1926, VII-245 S. Vgl. die interessante Besprechung des Soziologen Alfred VON MARTIN (1882-1970), « Civitas Dei oder von der Leibwerdung des Geistes ». *Hochland,* 24. Jahrg. Nr. 7, April 1927, S. 87-92.

(9) (PT) Es sei daran erinnert, daß C.S. in seiner Bonner Zeit sozusagen der *spiritus rector* einer Intellektuellengruppe war, die sich regelmäßig, aber völlig freibleibend in den Weinstuben Streng trafen.

(10) (PT) Tatsächlich teilte PETERSON C.S. am 17. Dezember 1930 brieflich mit, daß seine Konversion bevorstünde ; er bat jedoch um Diskretion. C.S. antwortete unter dem 21. Dezember 1930, die Mitteilung habe ihn tief erschüttert. Es steht also einwandfrei fest, daß SALIN – gelinde gesagt – im Irrtum war. Es ist auch die Meinung des italienischen Forschers Michele NICOLETTI (geb. 1956), *op. cit.* (vgl. *supra* S. 82 FN 18), S. 415 FN 73 : « ... : in realtà una unfluenza diretta è esclusa, ... » Vgl. ferner Barbara NICHT-

WEIß, « Erik Peterson. Leben, Werk, Wirkung », *Stimmen der Zeit,* 208. Bd., 1990, S. 529-544 ; dort ist S. 544 FN 1 ihre bevorstehende Dissertation (mit Informationen über die Konversion) angezeigt.

(11) (PT) Gemeint ist Waldemar GURIAN (1902-1954) ; über ihn, vgl. H. QUARITSCH, *op. cit.* (FN 1), S. 64 FN 119.

(12) (PT) Es trifft zu, daß das zwischen den Familien VON BECKERATH und C.S. existierende freundschaftliche Verhältnis in den fünfziger Jahren endete. OBERHEID deutet den Grund der Entfremdung an. Es ist übrigens bezeichnend für die geänderte Lage, daß VON BECKERATH einen Aufsatzband herausgegeben hat, der denselben Titel führte wie der *supra* FN 3 erwähnte Aufsatzband SALINs : *Lynkeus. Gestalten und Probleme aus Wirtschaft und Politik,* Tübingen : Mohr, 1962, V-354 S.

(13) (PT) Der belesene Pastor Karl TIESLER (1904-1988) war Mitglied der 'Academia Moralis' (vgl. *supra* S. 88 FN 66).

14. Jacob Taubes (1923-1987)

Kurz nachdem Jacob TAUBES, Sohn des Oberrabbiners von Zürich und bekannter Religionswissenschaftler (1), von einer schleichenden Multiplen Sklerose hingerafft worden war, wurde sein Verhältnis zu C.S. in einem anspruchslosen Bändchen genau dokumentiert (2). Wäre ich vorher von diesem Vorhaben informiert gewesen, ich hätte den nachstehenden Brief gerne zur Verfügung gestellt. Ich veröffentliche ihn hier, im Einverständnis mit Frau Kollegin Dr. Margherita VON BRENTANO (3). Vollständigkeitshalber sei jedoch erwähnt, daß ich den Brief in Speyer herangezogen und den entscheidenden Satz des 4. Abschnitts zitiert habe ; darauf nahm Friedrich BALKE Bezug während der C.S. gewidmeten Kasseler Tagung vom Juli 1988 (3a).

P.T.

MAISON DES SCIENCES DE L'HOMME. Fondation reconnue d'utilité publique 54 boulevard Raspail, 75270 Paris Cédex 06

14.8.85

Sehr verehrter Herr Tommissen,

Ihre Post erreicht mich en route. Ich brauche Ihnen nicht zu sagen, wie sehr ich mich gefreut habe mit Ihren Zeilen. Ich stimme vollkommen zu. « Der Fürst dieser Welt » ist vage, redet um den Brei herum. Ich war schon krank als ich den Band redigierte (wie das Vorwort bezeugt) (4). Das ist kein leerer Spruch.

Dagegen C.S. Vortrag war anders. Nach einem schweren Herzinfarkt entschloss ich mich zu sagen, was ich auf der Seele hatte. Ein Mss. gab es nicht, sondern Notizen u. Bücher : Max Weber, Albert Salomon, C.S. : ex Captivitate Salus, Nomos der Erde, PT. Also Rohmss. gibt es nicht (5).

Ich weiss nicht ob Sie 'bemerkt' haben : im Brief W. Benjamins taucht als Vermittler Albert Salomon auf, 'also' kannte A.S. C.S. sehr gut usw. usw. Ich habe A.S. 'Plagiat' auf den Kopf zugesagt, er konnte nur die Tür zuschlagen. Aber das ist unterm Strich (6).

Wichtiger und nicht richtig 'rausgekommen ist die Kojève-Geschichte (7). Jedenfalls meine Conclusion : ich meine dass Kojèves gewaltige Hegelinterpretation 1933-39 durchfurcht ist von einem Begriff des Politischen der von C.S. stammt. Das freilich ist mir erst nach der Begegnung mit Kojève in Berlin aufgegangen. Persönlich herangetreten war C.S. an Kojève, der für ihn sofort ein Wendepunkt darstellte. Was er Sombart und Koselleck immer wieder angedeutet hat. Dass alles andere akademisches Gesäusel über Hegel war, dachte C.S. in unseren Gesprächen bereits voraus, mit Ausnahme von Joachim Ritters... Bändchen : Hegel und die Französische Revolution (8) – sprach auch von seinem Spaziergang mal oben über ein kleine Brücke als 'Ritterweg'.

C.S. hat die Freundschaft auch Joachim Ritters Sohn : Henning Ritter angedeihen lassen.

Ich will den Vortrag in verbesserter und erweiterter Form herausbringen. Wo ? NZZ (Martin Meyer) wird sich wohl sperren nicht das Original gehabt zu haben... Vielleicht gehört auch eine erweiterte Fassung in ein anderes Medium : Merkur (9).

Man spricht gerade in Paris von einer Neuauflage der Abendländischen Eschatologie 1947 (10). Das MSK ist mit einem deutschen Verlag Campus verbunden. Maschke wollte es für seinen Verlag, der aber inzwischen zugrunde gegangen ist.

Über die Gespräche mit C.S. später, wenn ich wieder in Berlin bin. Bökkenförde weiss einiges darüber. Es ging von Juden/Judentumsfrage aber nicht wie der Sombart mit Disraeli als Zeuge (11), sondern um Petersons Theologie, die ihn ausserordentlich beschäftigte wo Kirche gebunden bleibt an Jude. Solange Jude, solange Kirche. Ist der letzte Jude konvertiert verschwindet auch Kirche : das Reich Gottes bricht an (12). Sie kennen doch Peterson's « Theologische Traktate » (13) ? C.S. kannte sie auswendig. Während er von Löwith nur mit Verachtung sprach (kein Grund, ausser dass Löwith C.S. als Occasionalist entlarvte) (14) wurde er mit Peterson nicht fertig, auch nach PT II.

... (15) Es grüsst Sie freundlichst

(S)

---

(1) (PT) a) Der Vater hatte die Schweizer Staatsbürgerschaft erhalten, aber seine Kinder nicht. Deswegen mußte Jacob TAUBES sich im Krieg monatlich einmal bei der Fremdenpolizei melden und nachweisen, daß er sich um Ausreise bemüht hatte. Daher sein ambivalentes Verhältnis zur Schweiz.
b) Für biographische Einzelheiten und bibliographische Ausknuft, vgl. Armin MOHLER (geb. 1920), « Der messianische Irrwisch. Über Jacob Taubes (1923-1987) », *Criticón,* 17. Jahrg., Nr. 103, Sept.-Oktober 1987, S. 219-221. Interessant ist ferner das Gespräch mit Florian RÖTZER, « Zeit heißt : Frist », *Frankfurter Rundschau,* 4. April 1987, S. ZB 2.

(2) (PT) J. TAUBES, *Ad Carl Schmitt. Gegenstrebige Fügung,* Berlin : Merve Verlag, 1987, 80 S., Nr. 134 in der Reihe 'Internationaler Merve Diskurs'.

(3) (PT) Das undatierte Schreiben traf am 14. August 1985 ein.

(3a) (PT) H. QUARITSCH (Hrsg.), *op. cit.* (vgl. *supra* S. 166 FN 1). S. 91. – Fr. BALKE, « Zur politischen Anthropologie Carl Schmitts », S. 37-65 in Hans-Georg FLICKINGER

(Hrsg.), *Die Autonomie des Politischen. Carl Schmitts Kampf um einen beschädigten Begriff,* Weinheim : VCH-Acta Humaniora, 1990, V-149 S. ; dort S. 58 FN 32.

(4) (PT) J. TAUBES (Hrsg.), *Der Fürst dieser Welt. Carl Schmitt und die Folgen,* München : Fink + Paderborn : Schöningh, (1963) [2] 1985, 321 S., Nr. 1 in der Reihe 'Religionstheorie und Politische Theologie' ; dort S. 5 : « ...Eine hartnäckige Krankheit hat mich für lange Zeit außer Gefecht gesetzt ».

(5) (PT) J. TAUBES, « Carl Schmitt – ein Apokalyptiker der Gegenrevolution », *op. cit.* (vgl. *supra* FN 2), S. 7-30.

(6) (PT) TAUBES maß dem Brief Walter BENJAMINs (1892-1940) offenbar große Bedeutung bei, denn er wird zweimal *in extenso* zitiert in *op. cit.* (vgl. *supra* FN 2), S. 27 und 63-64. – Das angebliche Plagiat des Soziologen Albert SALOMON (1881-1966) bedarf einer eingehenden Erörterung : vgl. *op. cit.* (vgl. *supra* FN 2), S. 16.

(7) (PT) Der Briefwechsel C.S.-Alexandre KOJÈVE (1902-1968) wird von mir im Laufe des Jahres veröffentlicht.

(8) (PT) Joachim RITTER (1903-1974), *Hegel und die französische Revolution,* Köln/Opladen : Westdeutscher Verlag, 1957, 118 S., Nr. 63 in der Reihe 'Arbeitsgemeinschaft für Forschung des Landes Nordrhein-Westfalen. Geisteswissenschaften'. C.S. erhielt ein Geschenkexemplar und bedankte sich bei RITTER in einem ausführlichen Schreiben vom 28. Juli 1957, worin er u.a. sein Bedauern zum Ausdruck brachte, daß in der Bibliographie das HEGEL-Buch KOJÈVEs fehlt.

(10) (PT) J. TAUBES, *Abendländische Eschatologie,* Bern : Francke Verlag, 1947, 208 S., Nr. 3 in der Reihe 'Beiträge zur Soziologie und Sozialphilosophie'. M.W. ist die 2. Fassung nie zustande gekommen.

(11) (PT) Nicolaus SOMBART (geb. 1923), *Jugend in Berlin 1933-1943. Ein Bericht,* Frankfurt a.M. : Fischer, (1984) [2] 1986, 290 S. ; dort S. 19, 248-249, 252-253.

(12) (PT) Vgl. *op. cit.,* (vgl. *supra* FN 2), S. 25.

(13) (PT) Über PETERSON und das hier genannte Buch, vgl. *supra* S. 82 FN 18.

(14) (PT) Gemeint ist Karl LÖWITH (1897-1973). Vgl. sein postumes Erinnerungsbuch *Mein Leben in Deutschland vor und nach 1933. Ein Bericht,* Stuttgart : Metzler, 1986, XVI-160 S. ; dort S. 86-87.

(15) (PT) Ich habe hier einige Zeilen gestrichen : nur Adressen und Vortragspläne.

PIET TOMMISSEN

« Schmittiana I » und « Schmittiana II ». Einige Berichtigungen und viele Ergänzungen

Bedauerlicherweise überlebten orthographische Fehler und einige Stileigenheiten, Flamismen sozusagen, das Korrekturlesen des Bandes « Schmittiana I ». Im Anhang zur zweiten Auflage habe ich sowohl etliche störende Fehler korrigiert als eine Reihe von Ergänzungen mitgeteilt. Diese Liste wurde in der dritten Auflage unverändert übernommen. Da ich mir aber darüber im klaren bin, daß den Besitzern und Benutzern der Originalausgabe vor allem die Ergänzungen fehlen, stelle ich hierunter eine leicht erweiterte Liste zur Verfügung. Außerdem drucke ich eine auf den Band « Schmittiana II » bezogene ähnliche Liste ab.

I. « Schmittiana I »

A. Berichtigungen

Seite	Zeile oder Fußnote	unrichtig	richtig
22	3	9. Mai 1965	9. Mai 1955
23	11	verbrochen und	geschrieben und
40	5	Besuches an C.S.	Besuches, im Hause C.S.s
45	31	Hans EISLER	Fritz EISLER
45	FN 7	a) C.S. + Hans EISLER),	a) C.S. und Fritz EISLER),
		b) Vater von Hans,	b) Vater von Fritz,
50	FN 12	zu helfen versucht.	geholfen.
56	19-20	Schablonen ein, Sämtliche	Schablonen. Sämtliche
57	34	hätte sich nicht auch diese	hätten sich diese
58	FN 6	Pieper	Piper
88	11	wo er folgendes sagt:	wenn er folgendes sagt:
89	33	des romantischen	des romanischen
90	7	Bericht über	Buch über
93	32	3. Briefe vom 27.	3. Brief vom 27.
99	29	die Achse	der Mentor
107	FN 39	(39) Die Antwort	(39) (PT) Die Antwort
109	FN 2	*Bibliographie* usw. C 145.	*op. cit.* (FN °°), C 145.
113	FN 18	verstarb Eliade in	verstarb ELIADE in
115	FN 28	, S. (s. Anm. 7).	, in diesem Buch, S. 54.
119	6	vom 13. Mai 1958	vom 4. Oktober 1958
130	8	qu'elle s'est levés,	qu'elle s'est levée,

B. Ergänzungen

Seite	Zeile oder Fußnote	
11	7	... Thierry de MARTEL, ein Sohn der Schriftstellerin GYP (= Sybille RIQUETTI DE MIRABEAU, comtesse de MARTEL ; 1850-1932), Hand an ...
13	FN 9	... Aufsatz ist unter seinem Namen abgedruckt in *Der Bund* (Bern), Beilage 'Der kleine Bund', 19. Jahrg. Nr. 46, 13. November 1938, S. 370-372 (« Carl Schmitt ») und übernommen in ... (Brief vom 29. Oktober 1965). Die Version vom Jahre 1940 wurde nachgedruckt in *Der Pfahl,* 2. Jahrbuch, 1988, S. 293-298. - Über BLEI, vgl. u.a. Erhard WEINHOLZ, « Franz Blei : Nachträge zu einem Porträt », *Sinn und Form,* 41. Jahrg., 1989, S. 414-421.
14	FN 13	... BLOY (1846-1917) ; für die genaue Fundstelle, vgl. in diesem Band (also *Schmittiana III),* S. 60 FN 32. ...
18	FN 15	... ZIELINSKI (1859-1944) zu einen ...
22	FN 4	... dort S. 49. Von dieser Schrift gibt es einen Raubdruck (vgl. *infra* S. 52 FN 15.
42	FN 3	... Juli 1954 ; er wurde übernommen in : « Ritt nach Westen », *Der Spiegel,* 22. Jahrg. Nr. 28, 8. Juli 1968, S. 52-53, dort S. 53. Vgl. ferner ...
45	FN 7	... Heinrich EISLER (1853-1924), dem Vater von Fritz (1887-1914), gedruckt ...
48	FN 9	... empfohlen. Es gab übrigens eine von R. KRAUSHAAR angefertigte deutsche Übersetzung, Berlin : Herbig, 1938, 112 S. ; vgl. dazu Hermann STRESAU (1894-1945), « Herman Melville », *Europäische Revue,* 14. Jahrg. Nr. 4, April 1938, S. 329-331. Von dieser Übersetzung hat C.S. damals mehrere Exemplare verschenkt.
49	FN 11	... eruiert werden. Dazu schrieb mir Herr G. MASCHKE am 18. April 1988 : « Tatsächlich steht das nirgendswo gedruckt. Ich habe es im Manuskript geschrieben - und die FAZ strich es mir. »
50	FN 12	... nach 1933 geholfen. Die Schwester Lilly, verheiratet mit dem Professor der Rechte, Rudolf ISAY (1886-1956), starb zu Lebzeiten des Vaters, bei der Geburt ihres zweiten Kindes, eines Sohnes, der nach seinem gefallenen Onkel Fritz genannt wurde. Letztere Auskunft verdanke ich Frau Dr. Annie KRAUS (1900-1991) (Brief vom 10. September 1988). Über diese bemerkenswerte Frau, die 1942 in aller Heimlichkeit zum katholischen Glauben übertrat und im Alter von 67 Jahren in Innsbruck den philosophischen Doktortitel erwarb, vgl. den Nachruf von Bernhard GERVINK, « Ungewöhnliche Frau : Annie Kraus gestorben/Leidgeprüfte Autorin », *Westfälische Rundschau,* 29. März 1991.
51	FN 13	... Beschlagnahme im Oktober 1945 geschah... erst 1963 zurückgegeben. In seinem Kommentar zum Tagungsband *Complexio Oppositorum* (vgl. *supra* S. 9) teilt Roman SCHNUR (geb. 1927) interessante Einzelheiten mit (« Aufklärung. Bemerkungen zu einem Sammelband mit Studien über Carl Schmitt », *Der Staat,* 27. Jahrg. Nr. 2, 1988, S. 437-452 ; dort S. 442-443). Dem ist hinzuzufügen, daß C.S. später die Restbibliothek, sowie ..., an das Frankfurter Antiquariat KERST, das Bonner Antiquariat SEMMEL und das Antiquariat AUVERMANN in Glashütten (Taunus), verkauft hat. Die Kataloge dieser Antiquariate sind besonders lehrreich, auch der ... wegen.
54	FN 17	... sie sich schon im Mai und im Juli 1929 in Sankt Gallen (Schweiz) bei dem Chirurgen A. BRUNNER einer Behandlung

		hatte unterziehen mussen.
58	FN 8	... Reichswehroffiziere, Hanns LUDIN (1905-1948), Richard SCHERINGER (1904-1986) und Hans Friedrich WENDT (geb. 1903), vom...
60	FN 13	... HUBER (1903-1990),...
61	FN 15	..., 1938, 578 S. Im gleichen Verlag erschien später noch ein zweites Buch der Tamara : *Drei Jahre bei der Berliner Sowjethandelsvertretung,* 1939, 228 S.
61	FN 14	... Tafeln). Er war Universalgelehrter im buchstäblichen Sinne des Wortes. Die von ihm angeregte Fassung des westgotischen Codex war von entscheidender Bedeutung für die Entwicklung der spanischen (d.h. kastellianischen) Sprache und Prosa.
62	FN 17	... *Zentrums.* – Von Herrn A. RAITHEL erfuhr ich vor kurzem (Sendung vom 24. Mai 1991), daß Paul ADAMS für die 5. Auflage des im Auftrag der Görres-Gesellschaft hrsg. *Staatslexikons* zwei Artikel geschrieben hat : « Bonald » und « Merkel, Adolf M. », im 1. (1926), bzw. 3. Band (1929), Sp. 991-995, bzw. Sp. 1256-1257.
62	FN 18	... *Merkur.* Er schrieb das Buch *Das rote Imperium,* München : Kösel, 1933, 214 S., rezensiert von Ernst JÜNGER (geb. 1895), « Ein neuer Bericht aus dem Lande der Planwirtschaft », *Widerstand,* 8. Jahrg., 1933, S. 279-283.
64	FN 28	... mit C.S. befreundet. Sein Bruder Gerhard GÜNTHER (1889-1976), nach 1945 Leiter der Evangelischen Akademie Hamburg, hat über den Krieg hinaus mit C.S. in Verbindung gestanden.
65	FN 31	... VERCEL (Ps. von Roger CRETIN ; 1894-1957) ... Goncourt-Preis ein. Am 7. Mai 1985 schrieb mir G. KRAUSS folgendes : « ... Ich hatte immer gemeint, Roger Vercel sei eine Entdeckung E. Jüngers gewesen ; mir ist aber gesagt worden, C.S. habe ihn zuerst entdeckt... Von Vercel erwähnte er auch 'Remorques', das einmal im Fernsehen erschien. Es gibt von Vercel auch ein Buch über Duguesclin, das ich aber nie erhalten konnte. »
66	FN 32	... *1969,* Privatdruck, ohne...
66	37	... Konrad ADAM (geb. 1942) stammt, ...
68	FN 36	... - 1945) erfunden (vgl. die von ihm, S. KUNISCH und Chr. SPIELER hrsg. Propagandaschrift *Das Gemeinschaftslager 'Hanns Kerl',* Berlin : Spaeth und Linde, 1934), war eine ... erste juristische Staatsexamen (sog. Referendarprüfung) bestanden hatten. ... vor dem Abschlußexamen (sog. Assessorprüfung) genommen werden... solide juristische Ausbildung. Vgl. auch *Deutsche Juristen-Zeitung,* 39. Jahrg. Nr. 23, 1. Dezember 1934, Sparte 1480, und 41. Jahrg. Nr. 4, 15. Februar 1936, Sparte 247.
70	FN °°	... erschienen dazu drei Diskussionsaufsätze. Frau KENNEDY veröffentlichte eine Replik in *Telos,* Nr. 73, Herbst 1987, S. 101-116.
88	FN 1	... ; dort S. 11. Von diesem Sammelband gibt es eine Reprint-Ausgabe, Struckum : Verlag für ganzheitliche Forschung, 1988, 496 S., Nr. 3 in der Reihe 'Wehrgeschichte und Wehrpolitik'.
88	FN 2	... *Nation. Über die politische Verführbarkeit des bürgerlichen Geistes,* Stuttgart : Kohlhammer, (1935) Nachdruck = 1959, 174 S. ; dort S. 16. Von diesem Buch gibt es eine Taschenbuchausgabe, Frankfurt a.M. : Suhrkamp, 1974, 300 S., Nr. 66 in der Reihe 'Wissenschaft'.
89	19	... *Apostata oder die Philosophie des Ärgernisses,* Erfurt ...
89	FN 5	... gehütet werden. » Vgl. jedoch *infra* S. 107 (Brief vom 14. Januar 1936).
90	FN 7	... zu tun hat »). - Vgl. ferner über FISCHER einige Seiten im

		Buch des Amerikaners Jerry Z. MULLER (geb. 1954), *The Other God that Failed. Hans Freyer and the Deradicalization of German Conservatism,* Princeton, N.J. : University Press, 1987, XIV-449 S. ; dort S ; 149-150, 286 (interessant), 288-289.
90	25	... sche Philosophie (hrsg. von FISCHER und Günther IPSEN, geb. 1899). ...
90	FN 9	... dort S. 98. Es gibt außerdem zwei von Jean-Pierre FAYE (geb. 1925) mitgeteilte Äußerungen FISCHERs in Sachen C.S. : *Theorie der Erzählung. Einführung in die 'totalitären Sprachen'* (deutsche Übersetzung), Frankfurt a.M. : Suhrkamp, 1977, 189 S. ; dort S. 161-162. Frau Anni STAND hat mir mitgeteilt, daß FISCHER sich nach 1956 wiederum in Plettenberg gemeldet hat (Postkarte vom 11. Mai 1988). - M.W. hat ...
92	FN 11	... hervorgetan. 1936 trat er jedoch aus, da « er die negierenden, antichristlichen Elemente in der Denk- und Werbeweise der Glaubensbewegung, die mit der eigentlichen Aufgabe der Weckung von religiösen Gefühlen unvereinbar sind, nicht billigen könne » *(Europäische Revue,* 12. Jahrg. Nr. 5, Mai 1936, S. 346).
95	FN 18	... -1965), Sohn eines deutschen Textilfabrikanten in Lodz und 1920 Deserteur des polnischen Heeres, als politisches ...
108	9	... hat Horst MÜHLEISEN (geb. 1943) (°°) nützliche ...
108	FN°°	... von Hans Peter DES COUDRES (1905-1977) besorgte ...
118	FN (k)	... 1939 gewohnt. Ich bin von Herrn H. RUNTE darauf aufmerksam gemacht worden, daß JÜNGER von Ende 1936 bis Frühjahr 1939 in Überlingen gewohnt hat und erst dann nach Kirchhorst übersiedelte (Brief vom 6. September 1988).
119	FN 1	... ; dort S. 103 FN 13. Für den Kontext, vgl. Karl EPTING (1905-1979), « Das Experiment de Gaulle. Zwischenbilanz der Fünften Republik Frankreichs », *Wort und Wahrheit,* 16. Jahrg. Nr. 3, März 1961, S. 191-205.
119	FN 2	..., *Politique. Revue de doctrine et d'action,* 6. Jahrg. Nr. 3, 15. März 1932, S. 216-229 ; übernommen in seinem posthum erschienenen Aufsatzband *Ecrits constitutionnels,* Paris : Eds du CNRS, 1982, 485 S., dort S. 435-445. Außerdem gab es...
120	7	(hinter dem Briefkopf) Davon erfährt man nichts im Interview « De Gaulle hat über den Wolken geschwebt », *Der Spiegel,...* Jahrg. Nr. 22, 1969, S. 108-111. Die wenigen...

II. « Schmittiana II »

Seite	Zeile oder Fußnote	
66	FN 26	..., S. 121-133. Vgl. auch in diesem Band (also *Schmittiana III*), S.
66	FN 32	... das Buch von Arnold A.T. EHRHARDT ... 2 Bände (der 3. Band erschien erst 1969).
66	FN 39	... 444 S. G. KRAUSS schrieb mir unter dem 12. Juli 1984 : « ... Hier fällt mir noch ein, dass C.S. auf meine Äußerungen über Andric nie reagiert hat. Ich vermute, daß er die Darstellung der Juden bei A. mißbilligt hat. » Am 8. August 1985 präzisierte er folgendermaßen : « ... Nur gelang es mir nie, ihn zu einem Gespräch über Andric zu bringen. Ich nehme an, daß er ihm verübelte, daß am Ende seiner 'Wesire und Konsuln' als Deus ex machina ein Jude auftaucht. » Einwandfrei belegt ist die Verstimmung also nicht.
67	FN 51	... ; dort S. 101. Über ihn, vgl. Gabriel DE BROGLIE, *Guizot,*

		Paris : Perrin, 1990. 550 S., und den Tagungsband, hrsg. von Marianne VALENSIVE, *François Guizot et la culture politique de son temps,* Paris : Gallimard, 1990, 320 S.
67	FN 55	134 S. Vgl. die Rezension von Felix ERMACORA (geb. 1923) in *Der Staat,* 3. Jahrg. Nr. 1, 1964, S. 99-100.
67	FN 56	... Brief an C.S. Übrigens rezensierte er den *Nomos der Erde* in der *Österreichischen Zeitschrift für öffentliches Recht,* 4. Jahrg, Nr. 2, 1951, S. 249.
70	FN 88	... Oktober 1989). Von POLIN erschien neulich : *Hobbes. Dieu et les hommes,* Paris : P.U.F., 1981, 240 S. ; vgl. dazu die ausführliche Rezension von Diana THERMES in *Storia e politica,* 1984, S. 682-687.
102	FN 4	... ; dort S. 96 FN 5). In Wirklichkeit soll Helmut MERZDORF, (1900-1945), der bei Gustav Adolf WALZ (1897-1948) promovierte, der Urheber gewesen sein, wie mir Dr. Manfred LAUERMANN mitteilte (Brief vom 8. Mai 1990). Der angebliche...
103	FN 10	... CRIPS (geb. 1945), « Magnus ... S. 104-114. Ferner Jean-Pierre HAMMER, « Le paragraphe 175 ou l'homosexualité en Allemagne de 1869 à 1989 », S. 189-207 im Tagungsband *Aspects du darwinisme social du XIXème au XXème siècle,* Paris : CERG, 1989, II-208 S., Nr. 3 in der Reihe 'Sexe et race'.
103	FN 11	... Über ihn u.a. Kurt SKALNIK, ... 182 S., in der Reihe 'Beiträge zur neueren Geschichte des christlichen Österreichs'.
105	FN 20	... TSCHAIKOTIN (1883-1973), der ..., 196 S. + 47 Abb. Demgegenüber gibt es ein großes Kapitel über ihn in Richard ALBRECHT (geb. 1945), *Exil-Forschung. Studien zur deutschsprachigen Emigration nach 1933,* Bern/Frankfurt a.M. : Lang, 1988, 376 S., Nr. 1092 in der Reihe 'Europäische Hochschulschriften' ; dort S. 339-370 (« S.S. Cachotins langandauerndes Exil »).
105	FN 21	... SOHN-RETHEL (1899-1990) zufolge ...
106	FN 29	Victor V. LEONTOVITSCH (1902-1959) war seit 1934 in Berlin und u.a. Dozent ... S. 202-237. Vgl. den Nachruf von Helmut NEUBAUER in den *Jahrbüchern für die Geschichte Osteuropas,* 1959. Ich danke Frau Julia OSWALT, der Tochter des Gelehrten, für die erteilten bio-bibliographischen Informationen (Brief vom 9. Januar 1991).
108	FN 61	... -1976) findet sich in seinem Buch *Moral und Hypermoral. Eine pluralistische Ethik,* Frankfurt a.M. : Athenäum Verlag, (1969) 1973, 193 S. ; dort S. 179 (telephonische Mitteilung von Herrn A. RAITHEL vom 23. Juni 1990).
109	FN 77	... HUBER (1903-1990), *Deutsche ... ;* dort S. 1158-1159 ; auch Axel SCHILDT, *Militärdiktatur mit Massenbasis ? Die Querfrontkonzeption der Reichswehrführung unter General v. Schleicher am Ende der Weimarer Republik,* Frankfurt/New York : Lang, 1981, 370 S., Nr. 225 in der Reihe 'Campus Forschungen'.
111	FN 98	... SCHMITZ (geb. 1912) gebührt ...
126	19 bis 23	... /Süd überführt. In diesem Lager war die Ministerialbürokratie, u.a. Staatssekretär Franz SCHLEGELBERGER (1876-1970), fast vollständig versammelt. Auch Kollegen fehlten nicht, darunter Carl BRINKMANN (1885-1954). C.S. fällte nach seiner Entlassung ein geradezu vernichtendes Urteil über die meisten dieser Männer : Die erste Gruppe hätte nur aus reinen Technikern des Rechts ohne eigene Ideen bestanden. Am 27 Juni 1946 von einem ... befunden, verfügte am 2. August 1946 der zuständige ...
129	37	... KOGON (1903-1987), dem ...
131	38	... ABENDROTH (1906-1985) berichtete ...
149	7 und 8	(diese Information über EPPERT stimmt nicht)

150 34 ... Berufungsvorschläge (138). Erwähnenswert ist das nach seiner Entlassung (1933) von Kurt RIEZLER (1882-1955), im Kampf um seine Beamtenrechte, ins Feld geführte Argument, er habe sich als Kurator der Frankfurter Universität eingesetzt für die Berufung von führenden Wissenschaftlern, darunter C.S. ; vgl. Karl Dietrich ERDMANN (Hrsg.), *Kurt Riezler. Tagebücher, Aufsätze, Dokumente,* Göttingen : Vandenhoeck & Ruprecht, 1972, 766 S., Nr. 48 in der Reihe 'Deutsche Geschichtsquellen des 19. und 20. Jahrhunderts', dort S. 144 FN 6.

151 FN 4 ... RAITHEL, geb. 1960), ...

152 FN 19 ... Generalstaatsanwalt. ROTHs Tätigkeit als Minister wurde selbstverständlich von den linken Aktivisten angegriffen. So von Erich MÜHSAM (1878-1934), « Niederschönenfeld. Eine Chronik in Eingaben », S. 205-211 in Hansjörg VIESEL (geb. 1941) (Hrsg.), *Literaten an der Wand. Die Münchner Räterepublik und die Schriftsteller,* Frankfurt a.M. : Büchergilde Gutenberg, 1980, 831 S. ; dort S. 209-210.

153 FN 32 ..., 11-X-394 S. C.S. erwähnt das amerikanische Buch in seiner Rede über die Lage der europäischen Rechtswissenschaft ; vgl. *op. cit.* (FN 74), S. 423 FN 40. Über COMMONs Ideen, vgl. u.a. Raffaella BARITTONO, « Conflitto sociale e 'collective bargaining' nel pensiero di John R. Commons », *Il Mulino,* 35. Jahrg., Nr. 306, Juli-August 1986, S. 561-585.

154 FN 36 ... die Rede ist. Allerdings hatte ROHDEN in seiner Studie "Die politische Gedankenwelt der Neuzeit in ihren weltanschaulichen Grundlagen » *(Archiv für Politik und Geschichte,* 2. Jahrg. Nr. 2 und Nr. 3, 1924, S. 167-202 und 318-351) schon geschrieben : « ... Unter den Kategorien, mit denen die moderne geistesgeschichtliche Forschung arbeitet, ist der Begriff der 'politischen Romantik' sicherlich einer der allerfatalsten. » (S. 327). ROHDEN veröffentliche noch einen Sammelband, *Demokratie und Partei,* Wien : Siedel, 1932, 364 S. und eine fünfteilige Studie « Die klassische Diplomatie im Kampf um das europäische Gleichgewicht », *Europäische Revue,* 15. Jahrg., Januar-Juni 1939.

154 FN 37 ... FN 69 und 70). In diesem Zusammenhang ist erwähnenswert, daß der Literaturwissenschaftler Lothar KÖHN (geb. 1938) in seiner tiefschürfenden Studie « Überwindung des Historismus. Zu Problemen einer Geschichte der deutschen Literatur zwischen 1918 und 1933 » *(Deutsche Vierteljahrschrift für Literaturwissenschaft und Geistesgeschichte,* 48. Jahrg., 1974, S. 704-766, und 49. Jahrg., 1975, S. 94-165) folgendes schreibt : « Die totale Reflexion Mannheims, die in Gefahr geraten ist, den Boden unter den Füssen zu verlieren und zu keinem Ende zu gelangen (*sc.* in *Ideologie und Utopie),* stellt sich methodologisch gesehen dem Dezisionismus eines Carl Schmitt kontradiktorisch entgegen. »

154 FN 41 ... näher anschauen. Vgl. die Besprechung von Georg HOLTHAUSEN (Ps. von Ernst FORSTHOFF ; 1903-1974), « Radikale Politik », *Deutsches Volkstum,* 14. Jahrg. Nr. 16, 1. Oktoberheft 1932, S. 811-812. Für eine Zusammenfassung der Ideen VON SCHRAMMs, vgl. Klaus-Peter HOEPKE. *Die deutsche Rechte und der italienische Faschismus. Ein Beitrag zum Selbstverständnis und zur Politik von Gruppen und Verbänden der deutschen Rechten,* Düsseldorf : Droste, 1968, 348 S., Nr. 38 in der Reihe 'Beiträge zur Geschichte des Parlamentarismus und der politischen Parteien' ; dort S. 102-106 (« Entwürfe einer Reichserneuerung »). – Warum hat C.S. sich für VON SCHRAMM eingesetzt ? Vielleicht hat er in München seine Bekanntschaft gemacht. Denn als

der avantgardistische Verleger Heinrich F.S. BACHMAIR (1889-1960) seiner Beteiligung an der Räterepublik München wegen 1919-20 in Haft war, leitete VON SCHRAMM, ein Verwandter seiner Frau Maria Luise (geb. WEIßMANN ; 1899-1929), sowohl den Verlag als den angegliederten Buchladen 'Die Bücherkiste' ; vgl. sein Buch *Die Bücherkiste, Das literarische München 1919-1924,* München : Langen-Müller, 1979, 240 S. – Nach dem Zweiten Weltkrieg brachte VON SCHRAMM noch Bücher heraus, u.a. den Dokumentationsband *Verrat im Zweiten Weltkrieg. Vom* Kampf der Geheimdienste in Europa, Düsseldorf : Econ, 1967, 400 S.

154 FN 43 ... November 1988). Vgl. die Kritik von Herbert SULTAN (1894-1954), *Archiv für Sozialwissenschaft und Sozialpolitik,* 56. Jahrg. Nr. 2, Oktober 1926, S. 562-563. Der Text ist übernommen im bekannten Buch des Autors *Die Massenwelt im Kampf um ihre Form. Zur Soziologie der deutschen Gegenwart,* Hamburg : Hanseatische Verlagsanstalt, 1936, 580 S., (dort S. 313-355), ausführlich besprochen von Wilhelm STAPEL (1882-1954), « Masse und Totalität », *Deutsches Volkstum,* 18. Jahrg. Nr. 3, März 1936, S. 189-198.

155 FN 50 ... , S. 75-76). Dieser Briefwechsel liegt jetzt als Buch vor : *Wilhelm Fraenger und Wolfgang Frommel im Briefwechsel. 1947-1963,* Amsterdam : Castrum Peregrini Presse, 1990, 176 S.

155 FN 56 ... ; vgl. S. 726 ; sowie Oliver R. SCHOLZ, « Vater der Verfassungshüter ? Wie Carl Schmitt Einfluß auf die Entstehung des Grundgesetzes nahm", *Frankfurter Allgemeine Zeitung,* vom 9. Juli 1953, S. 3). Nebenbei gesagt, ECKERTZ ist der Verfasser einer für die C.S.-Forschung wichtigen Freiburger Dissertation : *Die Kriegsdienstverweigerung aus Gewissensgründen als Grenzproblem des Rechts. Zur Überwindung des Dezisionismus im demokratischen Rechtsstaat,* Baden-Baden : Nomos Verlagsgesellschaft, 1986, 471 S. ; vgl. dazu die ausführliche Besprechung von Dörte VON WESTERNHAGEN, « Wider den Schlaf des Gewissens. Ein Versuch, Carl Schmitt durch Carl Schmitt zu überwinden », *Die Zeit,* Nr. 48, 21. November 1986, S. 47.

156 FN 59 ... Sorge getragen, nachdem C.S. die Möglichkeit einer Veröffentlichung im schweizerischen Verlag Schifferli (Zürich) nicht ausgenutzt hatte. Es war ... mit Carl Schmitt »). Nach 1951 sind keine weiteren Beiträge von C.S. mehr in *Universitas* erschienen. Der für das Februarheft 1952 bestimmte Aufsatz « Das Problem der Legalität » war druckfertig als Roland SCHMIEDEL (1888-1967), Inhaber und Leiter der Wissenschaftlichen Verlagsgesellschaft, aus unbekannten Gründen anordnete, daß er nicht gebracht werden soll. Wie mir Dr. Christian ROTTA freundlicherweise bestätigte, befindet sich der Text des Aufsatzes nicht mehr im Archiv der Zeitschrift (Brief vom 17. Mai 1991)... – Übrigens ist dem...

157 FN 72 ... G. KRAUSS hat seinen Aufsatz später veröffentlicht : « Francisco de Vitoria, fundador del moderno derecho internacional », *Archivo de derecho publico,* Nr. 4, 1951, S. 123-139.

158 FN 83 ... S. 110-111). Über das patriotische Wirken KAUFMANNs in der Weimarer Republik (worüber C.S. bestens informiert war), vgl. Ludwig BIEWER, « Erich Kaufmann - Jurist aus Pommern im Dienste von Demokratie und Menschenrechten », *Baltische Stimmen,* NF Band 75, 1989, S. 115-124.

158 FN 85 ... ; dort S. 130. Gestützt auf diese Quelle kolportiert Ingo MÜLLER (geb. 1942) dieselbe ungenaue Geschichte : *Die unbewältigte Vergangenheit unserer Justiz,* München : Knaur, (1987) ^{2}1989,

		319 S., Nr. 3960 in der Reihe 'Knaur' ; dort S. 53.
158	FN 87	... Februar 1983). Da in der Anlage II darüber nicht berichtet zu werden brauchte, erwähne ich hier den ironisierenden Leserbrief von C.S., « Futurologie », *Politica,* 2. Jahrg. Nr. 5, Juni 1964, S. 4. Dazu schrieb mir C.S. am 11. Januar 1968 : « ... ; es war keine eigentliche Leserzuschrift, sondern ein Schreiben an einen jungen Mann, von der Redaktion ; aber es macht mir Vergnügen, daß es gedruckt ist, ... ».
160	FN 105	... Bibliothek' ; vgl. die zeitgenössische Besprechung von Hans Eduard HENGSTENBERG (geb. 1904), « Vom Aufgang und Niedergang des männlichen Zeitalters », *Die Schildgenossen,* 13. Jahrg. Nr. 6, Juli-August 1934, S. 545-548.
160	FN 110	... 1953, S. 57-58. Er schrieb außerdem eine lesenswerte Studie « Totaler Staat und totale Persönlichkeit », *Schweizer Monatshefte,* 18. Jahrg. 1938-39, S. 623-635. Über SCHUBART... November 1943). ; auch *Siebzig verweht II,* Stuttgart : Klett-Cotta, 1981, 641 S., dort S. 212 (unter dem 7. Mai 1975) : « ... Oft zitiert Walter Schubart, mit dem ich mich während des Zweiten Weltkrieges und auch danach viel beschäftigte. » S. MAIWALD ...
161	FN 110	... - zu schreiben ? » C.S. hat sich wohl bei seinem Freund Paul ADAMS (vgl. in diesem Band, also *Schmittiana III,* S, 117) erkundigt ; dessen Antwortkarte vom 18. April 1944 entnehme ich diese Stelle : « Von Schubart kenne ich nur 'Religion und Eros'in der Bearbeitung von Seifert bei Beck. Ein rührendes Buch. Das andere Buch ist in der Schweiz (Luzern) erschienen. Es dürfte kaum aufzutreiben sein. »
161	FN 111	..., 1934, 62 S. Vgl. in diesem Band (also *Schmittiana III),* S. 87 FN 54.

Zusammenfassung

Wie schon in « Schmittiana II » angekündigt, ist auch « Schmittiana III » aus Inedita, Zeugnissen und Dokumenten zusammengestellt, die sich alle auf Carl Schmitt beziehen.
Die Rubrik « Inedita » umfaßt nicht nur eine deutsche Übersetzung eines italienischen und eines spanischen Textes, sondern auch die deutsche Originalfassung einer nur in spanischer Sprache verfügbaren Übersetzung.
Die Zeugnisse umfassen Erinnerungen eines in Argentinien ausässigen Schweizers, eine abschließende Überlegung des verstorbenen Dr. Krauss, und einen ausführlichen Bericht über den sogenannten 'Siedinghäuser Kreis' !
Zu den Dokumenten gehören eine Gelegenheitsansprache, eine Synthesenotiz aus dem Jahre 1942, ein übersehener Artikel und einige an C.S. gerichtete Briefe.
Das Ganze wird mit einer Liste « Addenda » bezüglich « Schmittiana I » und « Schmittiana II » abgeschlossen.

Samenvatting

Zoals in « Schmittiana II » aangekondigd, bestaat ook « Schmittiana III » uit inedita van, getuigenissen over en documenten i.v.m. Carl Schmitt. De rubriek 'inedita' omvat de Duitse vertaling én van een Italiaanse én van een Spaanse tekst, alsmede de originele Duitse versie van een tot dusver enkel in het Spaans beschikbare vertaling. Bij de getuigenissen gaat het om herinneringen van een in Argentinië levende Zwitser, een afsluitende mijmering van wijlen Dr. G. Krauss en een uitvoerig relaas over de z.g. 'Siedlinghäuser Kreis'. Wat tenslotte de documenten betreft, dit keer komen aan bod : een gelegenheidstoespraak, een synthese-nota uit 1942, een over het hoofd gezien artikel en een aantal aan C.S. gerichte brieven. Het geheel wordt afgerond met een lijst addenda bij « Schmittiana I » en « Schmittiana II ».

Résumé

Comme déjà annoncé dans « Schmittiana II », « Schmittiana III » est également constitué d'inédits de Carl Schmitt, de témoignages et de documents sur lui. La rubrique des inédits contient la traduction en allemand d'un texte italien et d'un texte espagnol, et encore la version originale en allemand d'une traduction disponible seulement en espagnol. Les témoignages concernent des souvenirs d'un Suisse vivant en Argentine, une méditation de feu M.G.Krauss et un récit détaillé du nommé 'Siedlinghäuser Kreis'. En ce qui concerne finalement les documents, cette fois sont présentés : une conférence de circonstance, une note de synthèse de 1942, un article méconnu et un certain nombre de lettres adressées à C.S. L'ensemble se clot sur une liste d'addenda à « Schmittiana I » et « Schmittiana II ».

Summary

As already announced in « Schmittiana II », « Schmittiana III » also consists of inedited works by, testimonies about and documents concerning Carl Schmitt. The heading 'inedita' comprises the German translation of an Italian as well as a Spanisch text, and also the original German version of a translation available only in Spanish. The testimonies include memories of a Swiss living in Argentina, a concluding meditation by the late Dr. G. Krauss and an extensive account about the so-called 'Siedlinghäuser Kreis'. The published documents are an occasional speech, an abstract of 1942, an overlooked article and a number of letters addressed to C. S. The whole is rounded off with a list of addenda to « Schmittiana I » and « Schmittiana II ».

Resumen

Como ya se ha anunciado en « Schmittiana II », « Schmittiana III » asimismo se compone de escritos inéditos de Carl Schmitt, de testimonios y de documentos acerca de su persona. La rúbrica « ineditos » contiene a la vez la traducción alemana de dos textos, uno italiano, otro espanõl y la versión original alemana de una traducción disponible sólo en espanõl. Los testimonios consisten en recuerdos de un suizo residente en Argentina, unas consideraciones finales del Doctor G. Krauss y un relato extenso sobre el llamado « Siedlinghäuser Kreis ». Finalmente, en lo que toca a los documentos, esta vez se tratan un discurso ocasional, una nota sintética de 1942, un artículo pasado por alto y un número de cartas dirigidas a C.S. El conjunto se acaba con una lista de addenda referentes a « Schmittiana I » y a « Schmittiana II ».

« ECLECTICA »
Reeks monografieën uitgegeven door de
ECONOMISCHE HOGESCHOOL SINT-ALOYSIUS, Brussel

Administratie : Economische Hogeschool Sint-Aloysius
Stormstraat 2 - 1000 Brussel

1ste Jaargang

1. Dr. E. Panneels : De diplomatieke activiteit van Koning Leopold II
2. Dr. Ir. L. D'Hooge : Numerieke behandeling van kettingreacties
3. Dr. P. Tommissen : De wet van Pareto
4. Dr. P. Janssens : De politieke filosofie van Aron (uitgeput)

2de Jaargang

5-6. Dr. M. Goossens : De hoofddorpen in het hiërarchisch stedenpatroon van België

7. Drs L. Laevaert : Konsumentengedrag

10. Dr. A. Keersmaekers : De Koopman in onze literatuur (uitgeput)

3de Jaargang

11. Dr. E. Andres : Het heterogene object van de economische wetenschap
12. Dr. H. De Bolle : Een exploratie doorheen de na-oorlogse Nederlandse organisatieliteratuur
13. Drs P. Coppieters en Dr. M. Goossens : De tertiaire sector in de post-industriële maatschappij
14. K. De Brock en Dr. M. Goossens : Van industriële groeipolen naar stedelijke systemen (uitgeput)

4de Jaargang

15. Dr. P. Janssens : De historische methodologie tegenover de menswetenschappen
16. Dr. E. Panneels : Rond het Verdrag van London, 19 april 1839

17-18. Drs J. Hendrickx : Vormen van financieel-ekonomische ontwikkelingssamenwerking

19. Dr. A. Heirman : Veranderingen in de struktuur van de distributiesektor (deel 1 : Hypothesen en Onderzoeksmethoden) (uitgeput)

5de Jaargang

20. Dr. R. Pourvoyeur : Het Britse «JA» aan Europa

21-22-23 Dr. P. Tommissen : Over en in zake Carl Schmitt (uitgeput)

24. Drs. J. Hendrickx : De financiële coöperatie binnen de Nederlandse Ontwikkelingssamenwerking
25. Dr. A. Heirman : Veranderingen in de struktuur van de distributiesektor (deel II : De evolutie in België 1947-1970)

6de Jaargang

26. Dr. A. Tiberghien : De Tweede Penning : de belasting gisteren, vandaag en morgen

27-28. Dr. R. Pourvoyeur : Jacques Offenbach (essay in toegepaste muziek- en toneelsociologie)
29. Dr. A. Heirman : Veranderingen in de struktuur van de distributiesektor (deel III : Schets van de situatie in de E.E.G.)

7de Jaargang
30. Dr. R. De Groot in samenwerking met J. de Kerf en M.J. Goovaerts : Algebra der Schakelingen
31-32. Drs M. Van Caenegem : De negatieve inkomstenbelasting
33. Dr. Mark Eyskens : Onze economie tussen hoop en crisis

8ste Jaargang
34. Dr. L. Van Depoele : Evolutie in de leer van de Internationale Betrekkingen
35. Dr. R. Delbeke : Actuele Belgische Comptabiliteit : een nieuw boekhoudkundig ABC ?
36-37. Dr. F. Vanhemelryck : Het daensisme in het arrondissement Brussel

9de Jaargang
38-39. Dr. R. Donckels : K.M.O. en werkverschaffing in crisistijd
40-41. Dr. E. Faucompret : Vrede in het nabije Oosten ?

10de Jaargang
42. Mr. J. Lievens : Recente tendensen inzake Aansprakelijkheid van Beheerders en Zaakvoerders van Vennootschappen (uitgeput)
43-44. Dr. C. De Munter : Pregeordende verzamelingen en het Wiskundig denken
45. Dr. R. Embrechts : Protec tie van jonge industrieën : analyse van de mogelijkheden en de toepassingen in het kader van de Algemene Overeenkomsten inzake Handel en Tarieven (GATT)

11de Jaargang
46-47. Drs J. Drouillon : Karel Pinxten, een bio-bibliografische proeve (uitgeput)
48. Drs G. De Jonghe : Persoonlijke levenssfeer en gegevensbanken
49. Drs. E. Jacobs : Nauwkeurigheid en bruikbaarheid van economische statistieken

12de Jaargang
50-51. Dr. R. Pourvoyeur en Dr. P. Roosens : Het EG-integratieproces. Proeve van globale benadering (uitgeput)
52. Dr. E. Van De Voorde : Econometrische modellen van de vraag naar goederenvervoer in de haven van Brussel en langs het Zeekanaal naar de Rupel
53. Dr. E. Marquenie : De rol van de KMO's in de handel BLEU-Oost-Europa

13de Jaargang
54. Dra N. Heijerick : Het internationaal testament (uitgeput)
55-56-57. Dr. P. Tommissen : Anti-totalitair denken in Frankrijk

14de Jaargang
58. Drs J. Drouillon : Bibliografie van - Bibliography of - Bibliographie de - Herbert A. Simon - Nobelprijs voor Economie - Nobel Prize for Economics - Prix Nobel d'Economie
59. Dr. P. Janssens, met medewerking van Prof. Dr. P. Tommissen : Eigentijdse geschiedenis : een vraaggesprek met Raymond Aaron
60-61. Dr. P. Tommissen : Conflictsociologische studiën - Eerste reeks

15de Jaargang
62. Drs C. Hocepied : De Belgische senaat vandaag (uitgeput)

63. Dr. P. De Meyere : Het Amortisatiesyndicaat (1822-1840)
64. Dr. J. Billiet : De Belgische concessiewet : een situatieschets
65. Dr. E. Faucompret : Alexis de Tocqueville (1805-1859) en «De la démocratie en Amérique» : een kritisch -thematische beschouwing

16de Jaargang
66. Dra D. De Hauwere : Nationale beleidsvorming in de EG
67-68. Drs E. Vandewalle : Van het in-de-wereld-zijn naar ver-inner-lijking. Existentie en sacraliteit bij Martin Heidegger. Inwendigheid en transcendentie bij Louis Dupré
69. Drs N. Van Robaeys : Organisatorische aspecten van een fusie

17de Jaargang
70. Dr. R. Pourvoyeur : Jules Verne en zijn werk : een reëvaluatie
71-72. Dr. P. Tommissen : Schmittiana I (twee oplagen in 1988 ; derde oplage in 1990) (uitgeput)
73. Dra R. Stevens : Coöperatieve speltheorie

18de Jaargang
74. Dr. E. Omey : Multivariate regular variation and applications in probability theory
75. Drs L. Bruggeman : De internationale schuldenproblematiek. Funktie en werking van de Club van Parijs. Rol van het I.M.F. in het schuldenvraagstuk
76. Dra R. Bellemans : De Eurotunnel (uitgeput)
77. Dr. P. Tommissen : Conflictsociologische studiën - Tweede reeks

19de Jaargang
78. A. De Coen, Ph. D. : De toepassing van statistische schattingstechnieken in de audit
79-80. Dr. P. Tommissen : Schmittiana II
81. Dr. J. Freund : Essais de sociologie économique et politique

20ste Jaargang
82. Drs C. Martens : De opzeggingstermijnen voor hogere bedienden
83. Drs J. Popma : The worker : on nihilism and technology in Ernst Jünger
84-85 Dr. P. Tommissen : Schmittiana III

Buiten reeks : Dr. P. Tommissen : De economische epistemologie van Vilfredo Pareto (1971) (uitgeput)
O. Van Acoleyen : Successierechten deel I-II-III (1976)